100 Jahre S. Fischer 1886-1986

Das Klassische Programm

Ein Lesebuch

S. Fischer Verlag

Die Texte für dieses Lesebuch wurden
von Reiner Stach zusammengestellt

Erstverkaufstag dieser Ausgaben: 2. Januar 1986

© 1985 S. Fischer Verlag GmbH, Frankfurt am Main
Satz: Fotosatz Otto Gutfreund, Darmstadt
Druck und Einband: Clausen & Bosse, Leck
Umschlagentwurf:
Jan Buchholz/Reni Hinsch
Printed in Germany 1985
ISBN 3-10-000035-8

Liebe Leser,
dieses Buch will Begegnungen schaffen.
In einem Moment des Innehaltens gibt es hier eine Fülle von
Autoren und Themen zu entdecken, die unser Jahrhundert
spiegeln. Die ausgewählten Texte und Bilder wollen zu einer
ersten Berührung verhelfen. Letzten Endes zu dem, was auch
der Gründer dieses nunmehr hundertjährigen Verlages,
Samuel Fischer, immer suchte: Begegnung mit Menschen; sie
mußten ihm nicht verwandt sein, aber menschlich echt und
geistig frei und womöglich mit einem Zeichen an der Stirn.
Es ist unserem Haus eine Freude und eine Notwendigkeit, aus
Anlaß seines Jubiläums an wesentlichen Beispielen aus der
Verlagsarbeit die Bedeutung und Lebensfähigkeit der
schöpferischen Werte, wie sie große Autoren schaffen,
ins Blickfeld zu rücken.
Wir haben durch ein außergewöhnlich günstiges Verhältnis von
hoher Qualität an äußerer Ausstattung zum Preis die Bände
dieses Programms zu wirklichen Geschenkbüchern gemacht,
mit denen Bibliotheken begonnen und wesentlich erweitert
werden können.
Zusammen mit allen Mitarbeitern
des S. Fischer Verlages
grüße ich Sie
mit freundlicher Empfehlung

Monika Schoeller

P.S. Eine große Ausstellung zur Verlagsgeschichte, die das
Deutsche Literaturarchiv in Marbach am Neckar erarbeitet hat:
S. Fischer, Verlag. Von der Gründung bis zur Rückkehr aus dem Exil
wird 1986 im Sommer in Berlin in der Akademie der Künste zu
sehen sein, ab Herbst dann in Frankfurt am Main im Museum
für Kunsthandwerk.

Inhalt

Drei Anthologien
aus 100 Jahren S. Fischer Verlag

Spiele
ohne Ende
Erzählungen aus
100 Jahren
S. Fischer Verlag

Herausgegeben von
Hans Bender

S. Fischer

Spiele ohne Ende

Erzählungen
aus hundert Jahren
S. Fischer Verlag
Herausgegeben von
Hans Bender

846 Seiten · Leinen · DM 24,–

»Erzählungen aus hundert Jahren S. Fischer Verlag«: Der Titel sagt genau, was das Besondere dieser Anthologie ist. Erzählungen, erschienen zwischen 1893 und 1985, die nicht nur die hundertjährige Geschichte dieses Verlags, nicht nur Geist und Entdeckerlust von Samuel Fischer und seiner Nachfolger bezeugen, sondern auch als Geschichten an sich gelesen und gewertet sein wollen. Erzählungen deutschsprachiger, europäischer, internationaler Autoren, von denen mindestens ein Dutzend zu den »Klassikern der Moderne« gehört. Leitfiguren, Nobelpreisträger, Repräsentanten ihrer Nationen. Schriftsteller aber auch, die einmal berühmt waren, heute halb vergessen sind und es doch verdienen, wiederentdeckt zu werden. Erzähler und Erzählerinnen unterschiedlicher Intentionen, Richtungen, Temperamente. Die einen, die ihrer Zeit und Umgebung den Kampf ansagten; andere, die nur ihr Verlangen nach Freiheit bekunden wollten: als Künstler und Individuen. Und wieder andere, die eine Chronistenpflicht erfüllten, indem sie von dem erzählten, was sich zu ihrer Zeit ereignete: Krieg, Diktatur, Exil, Stagnation, eben Krisen und wie der einzelne sie zu erleiden hatte.

Dieser Band enthält Bilder vom Menschenleben: von der Kindheit, der Jugend, dem Alter, dem Sterben und, wie eh und je, von der Liebe. Die Erzählungen beweisen die Vielfalt und Offenheit ihrer Gattung, sei es, daß sie mal novellistisch konzentriert und pointiert als »unerhörte Begebenheiten« angelegt sind, mal episch, dramatisch oder lyrisch. Geschichten sind es, die merkwürdige Fälle erzählen oder kriminalistische Geschichten von kleinen Leuten in kleinen Verhältnissen oder Grotesken, Satiren, Momentaufnahmen. Es gibt dabei Erzählungen, die aufklären, sogar etwas lehren und andere, die den Leser zwingen innezuhalten, weil er in ihr seine vergleichbare Situation erkennt. Manche Texte scheinen bestäubt zu sein von der Patina einer vergangenen Epoche; andere aus der jüngsten Vergangenheit und unmittelbaren Gegenwart widersprechen aller Skepsis, es gehe zu Ende mit dem Erzählen. Im Gegenteil hat die Erzählung – dies beweisen die Beispiele der achtziger Jahre – ihre Glaubwürdigkeit zurückgewonnen. Die Autoren setzen sie fort. Die Leser hören zu.

Die hundert Jahre zwischen 1886 und 1985 stehen in den Literaturgeschichten in Kapitel eingeteilt, in Strömungen, die sich ablösten, die sich bekämpften. Auf den Naturalismus, den der Verlag in den Jahren vor der

Jahrhundertwende durchzusetzen verhalf, folgten Impressionismus, Symbolismus, Neuromantik, Jugendstil, Expressionismus und Neue Sachlichkeit. Es ist ein immer wieder anders akzentuierter Realismus; bis zu den Erzählweisen von heute, die noch kein Begriff festlegt. Für den S. Fischer Verlag ist es kennzeichnend, daß er sich dem Nacheinander der Richtungen und Programme nicht verschlossen, sondern geöffnet hat. Dies geschah und geschieht im Sinne des Gründers Samuel Fischer, über den Thomas Mann schrieb, er sei bestrebt gewesen, »das Revolutionäre ins Klassische münden zu lassen«. So liest man sich zugleich in die Zeit- und Literaturgeschichte hinein, und dies verleiht den »Erzählungen aus hundert Jahren« eine zusätzliche Spannung.

Autoren dieser Anthologie

Ilse Aichinger · Peter Altenberg · Leopold Andrian
Wolfgang Bächler · Hermann Bahr · Herman Bang
Gerrit Bekker · Björnstjerne Björnson · Tania Blixen
Joseph Breitbach · Günter de Bruyn · Iwan Bunin
Hermann Burger · Italo Calvino · Karel Čapek
Daniil Charms · Joseph Conrad · Tibor Déry
William Faulkner · Hubert Fichte · Ota Filip
Otto Flake · Albrecht Goes · William Golding
Nadine Gordimer · Felix Hartlaub · Otto Erich Hartleben
Gerhart Hauptmann · Manfred Hausmann · Herbert Heckmann
Wolfgang Hegewald · Moritz Heimann · Hermann Hesse
Wolfgang Hilbig · Klaus Hoffer · Hugo von Hofmannsthal
Jens Peter Jacobsen · Johannes V. Jensen
James Jones · Peter Stephan Jungk · Franz Kafka
Eduard von Keyserling · Gerhard Köpf
Annette Kolb · Reiner Kunze · Alexander Lernet-Holenia
Joachim Maass · Klaus Mann · Thomas Mann
Monika Maron · Gert Neumann · Kenzaburo Oe
Hanns-Josef Ortheil · Alfred Polgar · Christa Reinig
Luise Rinser · Gerhard Roth · Adolf Rudnicki
Gustav Sack · William Saroyan · Paul Schallück
Klaus Schlesinger · Ernst Schnabel · Arthur Schnitzler
Gerold Späth · John Updike · Johanna Walser
Jakob Wassermann · Franz Werfel · Tennessee Williams
Virginia Woolf · Carl Zuckmayer · Stefan Zweig

Italo Calvino
Spiele ohne Ende

*Wenn eine Galaxis verschwindet, wird die Verdünnung des Univer-
sums durch die Bildung einer anderen Galaxis kompensiert, die sich
aus neu entstandener Materie zusammensetzt. Um die durchschnitt-
liche Dichte des Universums zu erhalten, genügt es, wenn sich alle
250 Millionen Jahre ein Wasserstoffatom pro 40 cm³ Ausdehnungsraum
bildet. (Diese Theorie, die man die Theorie des »Kontinuierlichen Zustan-
des« nennt, wurde jener anderen entgegengesetzt, derzufolge das Universum in einem einzigen Augenblick aus einer riesigen Explosion entstanden
sei.)*

Ich war noch ein Kind, und doch merkte ich es bereits – *erzählte
Qfwfq* – ich kannte jedes einzelne Wasserstoffatom, und wenn ein
neues entstand, wußte ich sofort Bescheid. In meiner Kindheit
hatten wir im ganzen Universum kein anderes Spielzeug als die
Wasserstoffatome, und wir taten auch nichts weiter, als mit ihnen
zu spielen, ich und ein anderer kleiner Junge meines Alters namens Pfwfp.
Was für ein Spiel war es? Das ist schnell gesagt. Da der Weltraum
gekrümmt war, ließen wir die Atome wie Billardkugeln auf seiner
Krümmung entlangrollen, und gewonnen hatte derjenige, dessen
Atom am weitesten rollte. Jedesmal, wenn man ein Atom an-
stieß, mußte man die Auswirkungen und die Flugbahn genau be-
rechnen, um die Magnetfelder und die Gravitationsfelder auszu-
nutzen, sonst rollte das Kügelchen aus seiner Bahn und mußte
ausscheiden.
Die Regeln waren die üblichen: mit einem Atom konnte man ein
anderes der eigenen Atome anstoßen und vorwärtsbewegen oder
auch ein gegnerisches Atom aus dem Wege räumen. Natürlich
mußte man achtgeben, daß man nicht zu heftig zustieß, denn
durch den Zusammenprall von zwei Wasserstoffatomen – klick –
konnte sich eines aus Deuterium bilden oder gar eines aus He-
lium, und die waren für unser Spiel verloren, ja, was noch ärger-

licher war, wenn eines der beiden dem Spielpartner gehörte, mußte man es ihm sogar ersetzen.

Ihr wißt ja, wie die Krümmung des Raumes beschaffen ist: so ein Kügelchen rollt und rollt, und im schönsten Rollen schießt es auf einmal die Böschung hinab, verliert sich, und man kann es nicht mehr einfangen. Im Lauf des Spiels wurden also die im Einsatz befindlichen Atome immer weniger, und wer von uns als erster keine Atome mehr besaß, hatte die Partie verloren. Doch da tauchten auf einmal just im entscheidenden Augenblick neue Atome auf. Bekanntlich gibt es zwischen einem neuen und einem bereits gebrauchten Atom einen ganz beträchtlichen Unterschied: die neuen waren blank und glänzend und geradezu taufrisch. Wir stellten neue Regeln auf: eines der neuen sollte genausoviel wert sein wie drei alte; die neuen sollten gleich bei ihrem Entstehen gerecht zwischen uns aufgeteilt werden.

So nahm unser Spiel nie ein Ende und wurde uns auch nie langweilig, denn jedesmal, wenn wir wieder neue Atome hatten, kam es uns vor, als hätten wir auch das Spiel von neuem angefangen und als sei dies unsere erste Partie.

Dann aber, im Lauf der Zeit, verlor das Spiel doch seinen Reiz. Es waren keine neuen Atome mehr aufzutreiben: die verlorengegangenen konnten nicht mehr ersetzt werden, und so stießen wir nur vorsichtig und zögernd zu, aus Furcht, im glatten und sengend heißen Raum auch noch die wenigen zu verlieren, die im Spiel verblieben waren.

Auch Pfwfp hatte sich verändert: er war zerstreut, er ging oft spazieren, er war nicht da, wenn er an der Reihe war, ich rief ihn, aber er antwortete nicht, sondern ließ sich erst nach einer halben Stunde wieder blicken.

»Beeil dich, du bist dran, was treibst du denn, spielst du nicht mehr mit?«

»Freilich spiele ich noch mit, drängle doch nicht so, ich stoß ja gleich.«

»Na, meinetwegen, wenn du dauernd wegläufst, können wir ja auch aufhören zu spielen.«

»Ach! Du ärgerst dich ja bloß, daß du verlierst.«
Das war wirklich so: ich hatte keine Atome mehr, während Pfwfp
– wer weiß, wie er das anstellen mochte – immer noch eines in
Reserve hatte. Wenn keine neuen Atome auftauchten, die wir
untereinander aufteilen konnten, hatte ich keine Hoffnung mehr,
den Rückstand aufzuholen.

Als Pfwfp sich wieder einmal entfernte, schlich ich ihm auf Zehen-
spitzen nach. Solange er noch in Sichtweite war, schlenderte er
scheinbar ziellos und pfeifend umher: doch kaum glaubte er, meinem Gesichtskreis entschwunden zu sein, da lief er auch schon
eilig durch den Raum wie einer, der ein bestimmtes Ziel vor Augen
hat. Und bald bekam ich heraus, was er trieb – wie er mich an der
Nase herumführte, was ihr gleich sehen werdet: Pfwfp kannte alle
Stellen, an denen sich neue Atome bildeten, darum brach er immer wieder zu einem Rundgang auf, las die frisch ausgebrüteten
Atome an Ort und Stelle auf und versteckte sie, darum hatte er
auch immer genügend Atome zum Spielen.

Doch ehe er sie einsetzte, machte der ausgekochte Halunke sie
künstlich alt, indem er ein bißchen an der Elektronenschicht her-
umkratzte, bis sie abgenutzt und glanzlos wurde, um mir weiszu-
machen, daß es sich um ein altes Atom handle, das er zufällig
noch in seiner Tasche entdeckt habe.

Aber das war noch nicht alles. Ich hatte die Zahl der im Spiel
benutzten Atome rasch im Kopf überschlagen und dabei festgestellt, daß sie nur einen Bruchteil von denen ausmachten, die er
heimlich weggenommen und versteckt hatte. Ob er sich in aller
Stille ein Wasserstofflager anlegte? Wozu? Was führte er im Schil-
de? Ein Verdacht keimte in mir auf: Pfwfp wollte sich auf eigene
Faust ein niegelnagelneues Weltall schaffen.

Von dem Augenblick an hatte ich keine Ruhe mehr: ich mußte
ihn übertrumpfen. Ich hätte es ihm gleichtun können: jetzt, wo
ich die Stellen kannte, brauchte ich nur ein paar Minuten vor ihm
da zu sein und die neu entstandenen Atome wegzunehmen, ehe
er sie mit Beschlag belegen konnte! Aber das wäre zu simpel gewesen. Ich wollte ihm eine Falle stellen, wie seine Hinterlist sie

verdiente. Zunächst machte ich mich daran, unechte Atome zu fabrizieren: während er auf seinen verräterischen Beutezügen unterwegs war, stampfte und wog und klebte ich in einem geheimen Versteck alles Material, dessen ich habhaft werden konnte. In Wahrheit waren meine Mittel spärlich genug: ein paar foto-elektrische Strahlungen, Feilspäne von magnetischen Feldern, einige Neutronen, die unterwegs abhanden gekommen waren; das alles formte und knetete ich so lange und feuchtete es mit Speichel an, bis es gut zusammenhielt. Kurz und gut, ich präparierte Teilchen, denen man bei genauer Betrachtung natürlich ansah, daß sie keineswegs aus Wasserstoff oder einem andern erwähnenswerten Element gemacht waren, wer aber eilig daran vorüberging, wie Pfwfp, sie mit hastigen Bewegungen in die Tasche stopfte, konnte sie wohl für nagelneue echte Wasserstoffatome halten.

So eilte ich ihm, dem Ahnungslosen, also auf seinen Ausflügen voraus. Ich hatte mir die betreffenden Stellen gut ins Gedächtnis eingeprägt.

Der Raum ist überall gekrümmt, aber an manchen Stellen ist er noch stärker gebogen als anderswo: das sind eine Art Buchten oder Einschnürungen oder Nischen, wo die Leere sich um sich selber wickelt. In diesen Nischen bildet sich alle 250 Millionen Jahre mit feinem Klingeln ein glänzendes Wasserstoffatom, wie die Perle zwischen Muschelschalen. Wenn ich an einer solchen Stelle vorüberkam, steckte ich das Atom in die Tasche und legte statt dessen ein falsches hin. Pfwfp merkte nichts: habgierig und unersättlich wie er war, füllte er seine Taschen mit dem wertlosen Müll, während ich alle Schätze anhäufte, die das Universum ausbrütete.

Hinfort nahmen unsere Spiele eine andere Wendung: ich hatte immer neue Atome zum Einsetzen, während Pfwfp nichts als Nieten vorzuweisen hatte. Dreimal stieß er zu, und dreimal zerkrümelte sich sein Atom, als sei es im Raum zerdrückt worden. Jetzt suchte Pfwfp nach allen erdenklichen Ausreden, um das Spiel abbrechen zu können.

»Los!« feuerte ich ihn an. »Wenn du nicht weiterspielst, habe ich
die Partie gewonnen.«
Und er gab zur Antwort: »Das gilt nicht, wenn ein Atom ent-
zweigeht, ist das Spiel null und nichtig, und man muß wieder von
vorn anfangen.« Die Regel hatte er sich erst in diesem Augenblick ausgedacht.
Ich ließ ihm keine Ruhe, tanzte um ihn herum, sprang ihm hucke-
pack auf die Schulter und trällerte:

»Spiele, spiele, spiele, spiele,
Spielst du nicht, dann ist dein Spiel verloren,
Jedesmal wenn du nicht spielst, nicht spielst,
Spiel ich, spiel ich, spiel ich!«

»Schluß«, sagte Pfwfp, »wir wollen lieber was anderes spielen.«
»Meinetwegen«, sagte ich. »Lassen wir doch Galaxien steigen!«
»Galaxien?« Pfwfp strahlte plötzlich vor Glück. »Da mach ich
mit! Aber du ... hast ja gar keine Galaxien!«
»Ich schon!«
»Ich auch!«
»Los! Mal sehen, wer seine am höchsten steigen läßt!«
Damit schleuderte ich alle neuen Atome in den Raum, die ich
versteckt hatte. Anfangs schienen sie sich zu zerstreuen, dann
aber verdichteten sie sich zu einer dünnen Wolke, die Wolke wurde immer größer, in ihrem Innern bildeten sich weißglühende
Zusammenballungen und rotierten so lange, bis sie auf einmal zu
einer Spirale aus nie gesehenen Konstellationen wurden, die stieg
empor und öffnete sich wie zu einem Springbrunnen und floh
immer weiter in den Raum, während ich hinunterlief und sie am
Schwanz festhielt. Aber jetzt war nicht ich es mehr, der die Galaxis fliegen ließ, sondern sie ließ mich fliegen, der ich mich an
ihrem Schwanz festklammerte; das heißt, es gab kein Hoch und
kein Tief mehr, sondern nur noch das All, das sich rings um mich
ausdehnte und in dessen Mitte die Galaxis, die sich ebenfalls immer weiter ausdehnte, und ich, der ich dort hing und zu Pfwfp

hinunter Grimassen schnitt, der bereits Tausende von Lichtjahren weit hinter mir zurückgeblieben war. Schon bei meiner ersten Bewegung hatte Pfwfp eiligst seine ganze Beute hervorgekramt und sie emporgeworfen mit der sicheren Gebärde dessen, der überzeugt ist, daß sich alsbald die Spiralen einer unendlichen Galaxis am Himmel entfalten würden. Aber nichts dergleichen geschah. Es gab ein Knattern der Strahlungen, ein kurzes, wirres Aufleuchten, gleich darauf war alles wieder erloschen.

»Ist das alles?« rief ich Pfwfp zu, der wütend hinter mir dreinzeterte:

»Gleich werd' ich's dir zeigen, du Hund von einem Qfwfq!«

Doch meine Galaxis und ich flogen indessen unter tausend anderen Galaxien, und die meine war die neueste, beneidet vom ganzen Firmament, glühend wie sie war in ihrem frischen Wasserstoff und Beryllium und Carbonium von zartester Jugend. Die alten Galaxien flohen uns neidgebläht, und wir stoben vor ihnen davon in hochmütigem Galopp, vor ihnen, die wir sie so altersschwach und trübselig daherkommen sahen. Auf dieser gegenseitigen Flucht durchquerten wir zuletzt Gebiete, die immer dünner und leerer wurden: und da sah ich, wie mitten in der Leere hie und da immer wieder etwas entstand, wie ungewisse Lichtspritzer. Es waren lauter neue Galaxien, aus eben entstandener Materie geformt. Galaxien, die noch jünger waren als die meine. Der Raum wurde bald wieder prall und voll wie ein Weinberg vor der Lese, und so stoben wir dahin in unendlicher Flucht, meine Galaxis floh vor den jüngeren und älteren, die jungen und die alten flohen vor uns. Und weiter ging es in leere Himmelsräume, und auch diese Himmel füllten sich wieder, und so ging es unablässig fort.

Während einer dieser Neuauffüllungen hörte ich plötzlich: »Qfwfq, jetzt zahl ich dir's heim, du Schuft!« und ich sah, wie eine ganz neue Galaxis auf unserer Spur heranstürmte, und auf der äußersten Spitze der Spirale stand, Drohungen und Beschimpfungen gegen mich ausstoßend, mein alter Spielgefährte Pfwfp. Die Verfolgungsjagd begann. Da, wo der Raum anstieg, gewann

Pfwfp's Galaxis an Terrain, jung und beweglich wie sie war, wo der Raum indessen abschüssig war, hatte meine, aufgrund ihres größeren Gewichts, den Vorsprung bald wieder eingeholt. Es ist ja altbekannt, worin das Geheimnis beim Wettrennen liegt: alles kommt darauf an, wie man die Kurven nimmt. Pfwfp's Galaxis hatte die Tendenz, sie möglichst eng zu nehmen, meine dagegen drängte stets weiter nach außen. Das ging soweit, daß wir zu guter Letzt über den Rand des Raumes hinausgeschleudert wurden, und Pfwfp hinterdrein. Wir setzten unser Rennen mit der Methode fort, die man in solchen Fällen anwendet, das heißt, während des Vorankommens schufen wir vor uns immer neuen Raum.

So hatte ich vor mir das Nichts und hinter mir die häßliche Visage Pfwfp's, der mich nach wie vor verfolgte, eine beiderseits unsympathische Aussicht. Immerhin zog ich es vor, den Blick nach vorn zu richten. Und was mußte ich sehen? Pfwfp, den ich doch eben hinter mir gelassen hatte, sauste auf seiner Galaxis gerade vor mir her. »He!« rief ich. »Jetzt hast du mich aber im Nacken!«

»Was?« erwiderte Pfwfp, ich weiß nicht, ob von hinten oder von vorn. »Dabei bin ich doch hinter dir her!«

Ich fuhr herum: Pfwfp folgte mir immer noch auf dem Fuße. Ich drehte mich wieder nach vorn: da eilte er gleichfalls dahin, den Rücken mir zugewandt. Doch als ich genauer hinsah, bemerkte ich, daß vor seiner Galaxis, die vor mir flog, noch eine andere war, und diese andere war die meine, jedenfalls befand ich mich darauf, unverwechselbar, wenn auch von hinten gesehen. Dann drehte ich mich zu Pfwfp um, der mich verfolgte, und als ich meinen Blick anstrengte, sah ich, daß seine Galaxis wiederum von einer anderen verfolgt wurde, und das war die meine, mit mir darauf, haargenau, wie ich mich in diesem Augenblick umdrehte und zurückschaute.

Und so war hinter jedem Qfwfq ein Pfwfp, und hinter jedem Pfwfp ein Qfwfq, und jeder Pfwfp verfolgte einen Qfwfq und wurde von diesem verfolgt und umgekehrt. Der Abstand zwischen uns wurde bald ein wenig kleiner, bald ein wenig größer, doch stand bereits fest, daß der eine den andern niemals einholen würde, und umgekehrt genauso. Wir hatten alle Lust am Fangenspielen verloren, schließlich waren wir ja auch keine Kinder mehr, aber nunmehr mußten wir wohl oder übel dabeibleiben.

Die Erzählung *Spiele ohne Ende* erschien in deutscher Sprache erstmals in dem Band *Kosmokomische Geschichten*. Aus dem Italienischen von Heinz Riedt. Erschienen im S. Fischer Verlag, Frankfurt am Main 1969. – Italo Calvino wurde 1923 in Santiago de las Vegas auf Kuba geboren, er lebt in Turin.

Über, o über
dem Dorn
Gedichte aus
100 Jahren
S. Fischer Verlag

Herausgegeben von
Reiner Kunze

S. Fischer

Über, o über dem Dorn
Gedichte
aus hundert Jahren
S. Fischer Verlag
Herausgegeben von
Reiner Kunze

179 Seiten · Leinen · DM 18,–

Eigene Sprache

Wuchs dir die Sprache im Mund, so wuchs in die Hand dir die
  Kette:
Zieh nun das Weltall zu dir! Ziehe! Sonst wirst du geschleift.

Hugo von Hofmannsthal

Blauer Abend in Berlin

Der Himmel fließt in steinernen Kanälen;
Denn zu Kanälen steilrecht ausgehauen
Sind alle Straßen, voll von Himmelblauen;
Und Kuppeln gleichen Bojen, Schlote Pfählen

Im Wasser. Schwarze Essendämpfe schwelen
Und sind wie Wasserpflanzen anzuschauen.
Die Leben, die sich ganz am Grunde stauen,
Beginnen sacht vom Himmel zu erzählen,

Gemengt, entwirrt nach blauen Melodien.
Wie eines Wassers Bodensatz und Tand
Regt sie des Wassers Wille und Verstand

Im Dünen, Kommen, Gehen, Ziehen.
Die Menschen sind wie grober bunter Sand
Im linden Spiel der großen Wellenhand.

Oskar Loerke

Mein Kind

Ich habe mein Kind
begraben
das ich nicht gebar

Es war
vollkommen

Rose Ausländer

Psalm

Daß aus dem Samen des Menschen
Kein Mensch
Und aus dem Samen des Ölbaums
Kein Ölbaum
Werde,
Es ist zu messen
Mit der Elle des Todes.

Die da wohnen
Unter der Erde
In einer Kugel aus Zement,
Ihre Stärke gleicht
Dem Halm
Im peitschenden Schnee.

Die Öde wird Geschichte
Termiten schreiben sie
Mit ihren Zangen
In den Sand.

Und nicht erforscht wird werden
Ein Geschlecht,
Eifrig bemüht,
Sich zu vernichten.

Peter Huchel

Landschaft der Seele

Kein Himmel. Nur Gewölk ringsum
Schwarzblau und wetterschwer.
Gefahr und Angst. Sag: Angst – wovor?
Gefahr: und sprich – woher?
Rissig der Weg. Das ganze Feld
Ein golden-goldner Brand.
Mein Herz, die Hungerkrähe, fährt
Kreischend über das Land.

Albrecht Goes

Ziehende Landschaft

Man muß weggehen können
und doch sein wie ein Baum:
als bliebe die Wurzel im Boden,
als zöge die Landschaft und wir ständen fest.
Man muß den Atem anhalten,
bis der Wind nachläßt
und die fremde Luft um uns zu kreisen beginnt,
bis das Spiel von Licht und Schatten,
von Grün und Blau
die alten Muster zeigt
und wir zuhause sind,
wo es auch sei,
und niedersitzen können und uns anlehnen,
als sei es an das Grab
unserer Mutter.

Hilde Domin

Sprachgitter

Augenrund zwischen den Stäben.

Flimmertier Lid
rudert nach oben,
gibt einen Blick frei.

Iris, Schwimmerin, traumlos und trüb:
der Himmel, herzgrau, muß nah sein.

Schräg, in der eisernen Tülle,
der blakende Span.
Am Lichtsinn
errätst du die Seele.

(Wär ich wie du. Wärst du wie ich.
Standen wir nicht
unter *einem* Passat?
Wir sind Freunde.)

Die Fliesen. Darauf,
dicht beieinander, die beiden
herzgrauen Lachen:
zwei
Mundvoll Schweigen.

Paul Celan

Gebirgsrand

Denn was täte ich,
wenn die Jäger nicht wären, meine Träume,
die am Morgen
auf der Rückseite der Gebirge
niedersteigen, im Schatten.

Ilse Aichinger

die menschen nehmen einander wegen der stille
man hört sie nur zu zweit   anders nicht
und anders erdrückt sie   anders bricht
der mensch zusammen unter der stille

Jan Skácel
Übertragen von Reiner Kunze

Entwurzelt

Plötzlich sind die Bäume entwurzelt,
heben sich über die Erde,
fliegen über das Wasser.

Die ersten durchstoßen die Wolken
mit ihren Kronen,
reißen den Himmel auf.

Die letzten streifen noch über die Dächer
mit schweren dunklen Wurzeln,
aus denen die Erde bröckelt,
aus denen die Nacht auf uns fällt.

Wolfgang Bächler

Autoren dieser Anthologie

Ilse Aichinger · Rose Ausländer · Wolfgang Bächler
Richard Beer-Hofmann · Richard Billinger
Alexander Blok · Hermann Burger · Paul Celan · René Char
Karl Corino · Richard Dehmel · Hilde Domin
Albert Ehrenstein · Clemens Eich · Albrecht Goes
Yvan Goll · Michael Hamburger · Manfred Hausmann
Hans-Jürgen Heise · Max Herrmann-Neiße · Hermann Hesse
Wolfgang Hilbig · Max Hölzer · Hugo von Hofmannsthal
Peter Huchel · Henrik Ibsen · Hermann Jandl
Sergej Jessenin · Hermann Kasack · Alfred Kerr
Gertrud Kolmar · Reiner Kunze · Alexander Lernet-Holenia
Oskar Loerke · Paula Ludwig · Ossip Mandelstam
Christoph Meckel · Walter Mehring · Henri Michaux
Christian Morgenstern · Hanns Otto Münsterer · Boris Pasternak
Fernando Pessoa · Francis Ponge · Christa Reinig
David Rokeah · Nelly Sachs · Rudolf Alexander Schröder
Jan Skácel · Franz Werfel · Walt Whitman · Bruno Wille
Alfred Wolfenstein · Andrej Wosnessenski · Carl Zuckmayer

Oskar Loerke, früher selbst Lektor und Autor des S. Fischer Verlages, hat 1933 einem eigenen Gedichtband eine träumerische Nachbemerkung gegeben: »Der himmelfüllende Wermutbaum dieses Buches rauscht nicht meine Schwermut, sondern er bewegt die Schwermut der Welt in seiner Krone; ich löge, gäbe ich ihm eine andere Gesinnung als die seines Wachstums, sie ist nichts Großes und nichts Geringes, nichts Demütiges und nichts Hoffärtiges.«

Dieses Zitat stellt Reiner Kunze seiner Gedichtauswahl voran, einer Auswahl, die er aus hundert Jahren Verlagsgeschichte geschöpft hat. Aus dem Buch spricht der Blick des Lyrikers auf Vergangenheit und Gegenwart: empfindsam, subjektiv, behutsam im Umgang mit dieser Poesie eines Jahrhunderts, die mit Walt Whitman beginnt und mit Clemens Eich endet. Große Namen der Lyrik, Namen aus vielen Ländern, klingen hier zusammen: Boris Pasternak und René Char, Rose Ausländer und Peter Huchel, Paul Celan und Ilse Aichinger, und nicht der geringste Reiz dieses Buches liegt in solchem Nebeneinander. Liest man nur die Namen, so steht einem schon fast eine Literaturgeschichte vor Augen – allerdings eine subjektive.

Diese Subjektivität seiner Auswahl leugnet Reiner Kunze nicht. Der Grenzen solcher Wahl bewußt, schreibt er: »Ausgewählt wurden Gedichte, die der Herausgeber liebt, bewundert oder respektiert. Dort, wo dem Herausgeber der Zugang zu einem Werk völlig versagt blieb, so daß ihm die Kriterien fehlten, nach denen er hätte auswählen können, findet der Leser eine Lücke. – Grenzen der Auswahl eines Einzelnen.«

Gedanke
und Gewissen

Essays aus
100 Jahren
S. Fischer Verlag

Herausgegeben von
Günther Busch und
J. Hellmut Freund

S. Fischer

Gedanke und Gewissen
Essays
aus hundert Jahren
S. Fischer Verlag
Herausgegeben von
Günther Busch und J. Hellmut Freund

663 Seiten · Leinen · DM 24,–

Das Unterfangen, die Entwicklung eines Verlags am Beispiel einer literarischen Gattung zu dokumentieren, ist ebenso riskant wie reizvoll: riskant, weil Gestalt und Bild eines Verlags niemals ausschließlich von einem einzelnen seiner Interessen geprägt werden, sondern stets von deren Zusammenspiel – erst wenn die Bücher eines Verlags *miteinander* sprechen, spricht auch sein Programm (zu den Lesern); reizvoll, weil jene Beschränkung zu Bestimmtheit auffordert und Ausweichmanöver in der Sache nicht erlaubt.

In der Geschichte des S. Fischer Verlags hat Essayistik immer eine erhebliche Rolle gespielt: als schriftstellerische Darstellungsform, als kulturelles Sondierungsverfahren, als Waffe in den Auseinandersetzungen der Zeit. *Ein* Beleg dafür ist die Zeitschrift, die seit der Gründungsperiode, mit einer kurzen Unterbrechung während des NS-Regimes, und bis zum heutigen Tage den Verlag begleitet – bereits 1890 erschien die »Freie Bühne für modernes Leben«, die 1892 in »Freie Bühne für den Entwickelungskampf der Zeit« und 1894 in »Neue Deutsche Rundschau« umgetauft wurde und die heute den Titel »Neue Rundschau« führt.

Diesem Umstand ist, aus guten Gründen, in unserem Sammelband gebührend Rechnung getragen worden: Die hier versammelten Texte sind sowohl aus Büchern wie aus der Zeitschrift geschöpft. Dabei wurde der Begriff des Essays, was ja dessen geräumiger, vielgefächerter Aufmerksamkeit durchaus entspricht, nicht engsinnig aufgefaßt. Der Essay ist eine *offene* Form: Übungsfeld der Neugierde, der Arbeit am Ungewissen. Er ist offen in den Beziehungen, die er zu Gegenständen herstellt, und in seinem Ausdruckscharakter – die Grenzen zur Miszelle, zum argumentierenden Aphorismus, zum erfundenen Gespräch einerseits, zur großen Rede, zur Abhandlung andererseits sind unbefestigt und meist nur abstrakt zu ziehen. Die Herausgeber haben diese Erfahrung bei ihrer Auswahl beherzigt: Denkstile und Schreibweisen werden hier in Erinnerung gerufen, nicht Beweisstücke einer ästhetischen Typologie ausgestellt.

Die Beiträge sind chronologisch geordnet. Sie handeln von Themen, die, mittelbar oder unmittelbar, die nunmehr hundertjährige Publikationsgeschichte des Š. Fischer Verlags in bezeichnender Weise gefärbt haben: Themen der Literatur, der bildenden Künste, der Musik, der Politik und öffentlichen Moral, der Lebenswelt der Menschen, der wissenschaftlichen Erkenntnis und Verantwortung. [...]

Der Titel des Bandes mag auch unter solchen Vorzeichen gelesen werden. Er benennt zwei der Orientierungs- und Kraftquellen, aus denen Samuel Fischer und sein Verlag über die schwierigsten Zeitläufte hinweg jeweils Anregungen gewonnen, ja ihr Selbstverständnis gespeist haben. Und sie wirken wohl in der Konfiguration, zu der sich die 50 Beiträge dieses Bandes fügen, ersichtlich fort: Anschauen und Verstehen, Unterscheiden und Urteilen, Gedanke und Gewissen.

Aus dem Nachwort der Herausgeber

Autoren dieser Anthologie

Theodor W. Adorno · Richard Alewyn · Hannah Arendt
Philippe Ariès · Walter Benjamin · Oscar Bie · Otto Brahm
Michel Butor · Paul Claudel · James B. Conant
Ernst Robert Curtius · Alfred Döblin · Umberto Eco
Hubert Fichte · Sigmund Freud · Ernst H. Gombrich
Nadine Gordimer · Moritz Heimann · Wolfgang Hilbig
Hugo von Hofmannsthal · Max Horkheimer · Franz Kafka
Rudolf Kassner · Jürgen von Kempski · Alfred Kerr
Eugen Kogon · Oskar Loerke · André Malraux · Golo Mann
Heinrich Mann · Thomas Mann · Julius Meier-Graefe
Robert Musil · Hanns-Josef Ortheil · Helmuth Plessner
Walther Rathenau · Heinz Schlaffer · Arthur Schnitzler
Arnold Schönberg · Carl E. Schorske · Richard Sennett
George Bernard Shaw · Georg Simmel · Jean Starobinski
Dolf Sternberger · Leo Tolstoj · Paul Valéry
Oscar Wilde · Virginia Woolf · Victor Zuckerkandl

Moritz Heimann
Was ist das: ein Gedanke?

Ich wachte einmal mitten in der Nacht auf und hörte noch von der Straße das Gelächter einer Dirne, das mich aus dem Schlafe gerissen hatte; es klang wie das verzweifelte Schreien eines Menschen, der unter die Mörder gefallen ist. Ich wußte nicht, ob ich die Wand zur rechten oder zur linken Hand hätte, und mußte mich erst darein finden, wo das Bett stand im Zimmer, ja, in welchem Hause und in welcher Stadt ich sei. Über dieser Orientierung wurde ich, so schien mir, ganz lebendig, und ich begann, wie ich glaubte, zu denken. Das Herz aber schlug mir ganz ungestüm und hart in der Brust, wie wenn ein rauher, plötzlicher Griff mich aus dem tiefen Schlafe gerissen hätte. Woher mochte dieses ganz verstörte, ganz feindliche Schlagen des Blutes kommen? Müßte man nicht glauben, daß der Schlaf Verbindungen zwischen sonst unverbundenen Nervengruppen herstellt, deren jähe Zerreißung als ein Schmerz ganz besonderer Art empfunden wird? Ich fühlte mich dem Geheimnis des Schlafes in einer eigentümlich ergreifenden Weise nahe, es war mir aber dabei, als ob ich es durch meine Fragen schon verscheuchte – und da glaubte ich zu erkennen, wie der innere Lärm der Wachheit und der Betrachtung, einem Rudel von Hunden gleich, das jeden Gast abwehrt, mich hinderte, zu erkennen und zu fühlen, was in den Gestalten und Verwandlungen des Lebens einzig wert ist, erkannt und gefühlt zu werden. Seit wie vielen Jahren hatte ich nicht mehr eine Stunde lang unverwandt in das Licht einer Kerze geschaut? Wann hatte ich zum letztenmal auf einer Wiese gelegen, in keinem anderen Begehren, als das weißlich schwankende Blau des Himmels über mir zu haben! Und bei dieser Vorstellung merkte ich, daß das Herz sich beruhigt hatte, *aber der Körper fühlte sich zu leicht*, ohne davon, wie sonst wohl, eine Lust zu haben, und ich drückte den Hinterkopf tief in die Kissen. Mit einem Schlage wurde der Gefühlsinhalt nüchterner. Ich versuchte mir künstlich das Verlangen nach der blauen Himmelsdecke zu erregen; es ge-

lang nicht; und eine ganz prosaische, von einer unmotivierten
Ungeduld bestimmte Gedankenkette aus allzuoft geprüften Glie-
dern begann sich abzuhaspeln. Nicht lange, so verwirrte sie sich.
Es fing an damit, daß ich der Wissenschaft Verdrießliches sagte,
die nun einmal über das Lebendige nichts mitzuteilen wüßte;
aber gegen dieses Mißtrauen nahm ich wieder Partei, und nachdem ich eine Weile in einer mehr gefühlten als gedachten und
mehr geschauten als gefühlten Art den Kampf gegen und für die
Wissenschaft sich hatte auskämpfen lassen, kam ich, in dem
Wunsche, mich wieder zum Schlaf zu legen, zu einem Ergebnis:
»Die Wahrheit liegt in der Tat zwischen zwei Extremen, aber
nicht in der Mitte.« Mit diesem Satz war ich höchlichst zufrieden, legte mich auf die Seite und fand den Schlaf.
Am nächsten Morgen fiel mir gleich beim Aufstehen ein, daß ich
in der Nacht einen sehr guten Gedanken gehabt hätte, einen ganz
vortrefflichen, unwidersprechlichen, einen wahren Lämmergei-
er von einem Gedanken. Aber ich wußte nicht, wie er geheißen
hatte. So viel Mühe ich mir auch gab, ich konnte mich auf keines
seiner Elemente besinnen, und nur die Genugtuung über das
wunderbare Ereignis, daß ich einen wirklich vortrefflichen Gedanken gehabt hatte, stellte sich in der Erinnerung ein, quälend
natürlicherweise, weil ich ihn doch verloren hatte, diesen Kapi-
talgedanken. Aufstehen, abwarten und Tee trinken, das hieß, wie
ich wußte, den Keim der Erinnerung, wenn er überall noch in
mir wäre, vollends vernichten. Aber obwohl mir das Dirnenge-
kreisch wieder einfiel, wußte ich nicht von dort aus nur einen
Schritt zu meinem verlorenen Gedanken zu tun. Ich wollte mich
trösten: »Am Ende ist er gar nicht so gut gewesen!« Aber dem
widersprach eine andere Stimme ganz entschieden, welche sagte:
»Er war gut, er war unbezweifelbar gut – denn er hatte das Komma, das seine beiden Teile trennte, an einer so wunderbar schönen Stelle, nicht genau in der Mitte, sondern nach rechts hinüber, aber auch nicht zu weit nach rechts hinüber, ungefähr im
goldenen Schnitt. Denn die Gedanken, die ihr Komma genau in
der Mitte haben –« die Wahrheit liegt in der Tat zwischen zwei

Extremen, aber nicht in der Mitte. Da hatte ich ihn. Nun, es war
zwar kein Kohlweißling, aber doch immerhin nur ein brauner
Bär; und er interessierte mich entschieden weniger als die Art,
wie ich ihn wieder gefangen hatte. Ich sah ihn mir genauer an:
Das Komma sitzt gar nicht an so glücklicher Stelle, es sitzt zu
weit nach rechts. Dann sprach ich den Satz einmal laut; und da
war es mir, als ob das Komma doch ganz vortrefflich darin säße;
denn links von ihm stehen mehrere gleichgültige und Füllwörter,
rechts von ihm aber unter fünf Wörtern drei mit kräftigstem Sinn
betonte. Also ein gutes Gleichgewicht; diese Erinnerung wenigstens hatte mich nicht getäuscht. Da aber Erinnerung sich vermittelt und weiterpflanzt nach dem Grade der Lebendigkeit der
Vorstellungen, so kann nur jenes Gleichgewicht des Satzes den
starken Eindruck, die Überzeugung, das Entzücken in mir be-
wirkt haben, nicht sein Inhalt. In diesem Gleichgewicht der Teile, in dieser Bizentralität des Ganzen und in der nahezu physi-
schen Wirkung davon muß etwas von einer Wahrheit über jeden
Inhalt gewesen sein. Ich hatte also recht, entzückt zu sein, aber
ich kann von diesem Recht keinen überzeugen. Ich kann meinen
ganzen Gedanken mitteilen; nur das eine, das Tiefste in ihm, das
Bezaubernde, das kann ich nicht mitteilen. Was ist das also: ein
Gedanke?

Was ist das: ein Gedanke? wurde erstmals veröffentlicht in: Moritz
Heimann, *Nachgelassene Schriften [Zugleich der Prosaischen Schriften
fünfter Band]*, S. Fischer Verlag, Berlin 1926. Wiederabgedruckt
in: Moritz Heimann, *Die Wahrheit liegt nicht in der Mitte. Essays.*
S. Fischer Verlag, Frankfurt am Main 1966.

Sigmund Freud

Kulturtheoretische Schriften

655 Seiten · Leinen · DM 25,–

Kulturtheoretische Schriften. – Diese Zusammenstellung erschien bei S. Fischer erstmals als Band IX der *Freud-Studienausgabe*. Sie enthält folgende Texte: *Die »kulturelle« Sexualmoral und die moderne Nervosität; Zeitgemäßes über Krieg und Tod; Massenpsychologie und Ich-Analyse; Die Zukunft einer Illusion; Das Unbehagen in der Kultur; Warum Krieg?; Totem und Tabu; Zur Gewinnung des Feuers; Der Mann Moses und die monotheistische Religion.*

Die Schicksalsfrage der Menschenart scheint mir zu sein, ob und in welchem Maße es ihrer Kulturentwicklung gelingen wird, der Störung des Zusammenlebens durch den menschlichen Aggressions- und Selbstvernichtungstrieb Herr zu werden. In diesem Bezug verdient vielleicht gerade die gegenwärtige Zeit ein besonderes Interesse. Die Menschen haben es jetzt in der Beherrschung der Naturkräfte so weit gebracht, daß sie es mit deren Hilfe leicht haben, einander bis auf den letzten Mann auszurotten. Sie wissen das, daher ein gut Stück ihrer gegenwärtigen Unruhe, ihres Unglücks, ihrer Angststimmung.

Aus: Sigmund Freud, *Das Unbehagen in der Kultur* (1929)

Den Psychoanalytikern wird heute gelegentlich vorgeworfen, sie hätten vom Erbe Freuds einzig die klinisch-therapeutischen Teile tradiert und fortgeführt, dagegen die umfassenden kulturtheoretischen und religionskritischen Untersuchungen vernachlässigt, gar verdrängt. Der im Jubiläumsprogramm erscheinende Band sammelt Freuds kulturanalytische Hauptwerke und ermöglicht dem Leser eine kompakte Auseinandersetzung mit diesen dem Geist der Aufklärung verpflichteten Texten. Gleichzeitig erhält er Gelegenheit, den überragenden Schriftsteller Freud kennenzulernen; so ist Totem und Tabu *von Thomas Mann als »Meisterstück«, als eines der »großen Beispiele deutscher Essayistik« bezeichnet worden.*

Auch Freud selbst hatte zu diesen Abhandlungen ein besonderes Verhältnis, einige davon zählte er zu seinen Lieblingswerken. Rückblickend bemerkte er 1935: »Nach dem lebenslangen Umweg über die Naturwissenschaften, Medizin und Psychotherapie war mein Interesse zu jenen kulturellen Problemen zurückgekehrt, die dereinst den kaum zum Denken erwachten Jüngling gefesselt hatten.« Und er fuhr fort: »Immer klarer erkannte ich, daß die Geschehnisse der Menschheitsgeschichte, die Wechselwirkungen zwischen Menschennatur, Kulturentwicklung und jenen Niederschlägen urzeitlicher Erlebnisse, als deren Vertretung sich die Religion vordrängt, nur die Spiegelung der dynamischen Konflikte zwischen Ich,

*Es und Über-Ich sind, welche die Psychoanalyse beim Einzelmenschen
studiert, die gleichen Vorgänge, auf einer weiteren Bühne wiederholt.*
*« Anhand umfangreicher Kommentare der Herausgeber kann der Leser in
der vorliegenden Ausgabe die Entfaltung von Freuds soziologischen, an-
thropologischen, religions- und sozialpsychologischen Einsichten von 1908
bis zum Lebensende verfolgen. Sie sind um die Frage zentriert: Wie kann
es den großen gesellschaftlichen Institutionen – Staat, Religion, Recht,
Familie – gelingen, »dem einzelnen die Bewältigung seines Ödipuskom-
plexes zu ermöglichen und seine Libido aus ihren infantilen Bindungen in
die endgültig erwünschten sozialen überzuleiten?« Auf dem Hintergrund
seiner Einsichten in das Wirken der Triebe beurteilt Freud die Glücksmög-
lichkeiten in der Gesellschaft skeptisch, und zwar wegen des nach seiner
Ansicht zwischen Trieb und Kultur bestehenden unversöhnlichen Antago-
nismus: Kultur hat die Nichtbefriedigung von Triebimpulsen zur Voraus-
setzung und ist nur über ein bestimmtes, zwangsläufig Unbehagen verur-
sachendes Schuldgefühl aufrechtzuerhalten. Wir müssen also von einer
konstitutionellen, anthropologisch, ja biologisch verankerten Kultur-
feindlichkeit des Menschen ausgehen. Kultur ist durch unsere Triebnatur
immer von Zerfall bedroht.*

*Diese Analysen haben seit Freuds Tagen nichts an Aktualität eingebüßt.
Im Gegenteil: das Bewußtsein von der Bedrohtheit nicht nur der Kultur,
sondern schlechthin der Spezies Mensch und der Erde als Lebenswelt ist
jetzt, angesichts des unaufhaltsam scheinenden atomaren Wettrüstens und
der fortschreitenden Zerstörung der natürlichen Ressourcen, weit verbrei-
tet. Freuds kulturtheoretische Schriften sind deshalb gerade heute all den-
jenigen als Lektüre zu empfehlen, die der Kraft der menschlichen Vernunft
bei der Entscheidung über die »Schicksalsfrage der Menschenart« noch eine
Chance einräumen.*

Am 6. Mai 1856 wurde Sigmund Freud in Freiberg (Příbor) in Mähren geboren, von seinem vierten Lebensjahr an wuchs er in Wien auf. Hier schrieb er sich 1873 zum Studium an der vom Positivismus geprägten Wiener Medizinischen Schule ein, die ihn 1881 zum Doktor der Gesamten Heilkunde promovierte. Drei Jahre lang arbeitete er danach auf verschiedenen Stationen des Wiener Allgemeinen Krankenhauses, u. a. an der Inneren und an der Psychiatrischen Klinik. Von 1886 an, dem Jahr der Eheschließung mit Martha Bernays, wirkte er in Wien als niedergelassener Nervenarzt und Privatdozent an der Universität. Neben seiner Praxis leitete Freud bis 1897 die neurologische Abteilung der Kinderpoliklinik am Wiener Öffentlichen Kinder-Krankeninstitut.

Unter dem Einfluß des großen Pariser Neuropathologen Jean Martin Charcot, dessen Schüler er während eines Studienaufenthalts 1885/86 gewesen war, begann sich Freuds wissenschaftliches Interesse von der Histologie und Anatomie des Nervensystems zu lösen und Fragen der Psychopathologie zuzuwenden, zunächst insbesondere der Hysterie, im weiteren dem Studium der Psychoneurosen überhaupt. Er entdeckte die Bedeutung und die Wirksamkeit unbewußter seelischer Vorgänge im Menschenleben, und die ursprünglich an krankhaften Phänomenen erhobenen Befunde führten ihn zu Einsichten in die Mechanismen auch des normalen psychischen Geschehens. Schritt für Schritt entwickelte Freud aus diesen Forschungen die Psychoanalyse als Behandlungstechnik und als Forschungsmethode wie auch als systematische Wissenschaft.

Durch seine für die damalige Zeit umwälzenden und als anstößig empfundenen Ansichten geriet Freud in weitgehende berufliche und gesellschaftliche Isolation, die erst relativ spät einer allgemeinen Anerkennung Platz machte – u. a. 1902 Ernennung zum Professor extraordinarius der Universität Wien; 1909 Ehrendoktor der Clark University in den USA; 1920 Titular-Ordinarius; 1930 Verleihung des Goethe-Preises der Stadt Frankfurt am Main; 1935 Ehrenmitgliedschaft der ›Royal Society of Medicine‹ und 1936 deren Korrespondierendes Mitglied.

1938 mußte Freud auf der Flucht vor den Nationalsozialisten Österreich verlassen. Er ging nach London, wo er am 23. September 1939 starb.

Im S. Fischer Verlag erschienen Sigmund Freuds *Gesammelte Werke*, chronologisch geordnet, in Einzelbänden, unter Mitwirkung von Marie Bonaparte, Prinzessin Georg von Griechenland, herausgegeben von Anna Freud, E. Bibring, W. Hoffer, E. Kris, O. Isakower. Diese Ausgabe umfaßt siebzehn Bände und einen Registerband. – Die systematisch gegliederte, sorgfältig edierte und kommentierte Sigmund Freud-*Studienausgabe*, herausgegeben von Alexander Mitscherlich, Angela Richards und James Strachey, umfaßt zehn Bände, einen Ergänzungsband (*Schriften zur Behandlungstechnik*) sowie die *Sigmund Freud-Konkordanz und -Gesamtbibliographie*. Sie ist seit 1982 als Taschenbuch-Publikation (Reihe ›Fischer Wissenschaft‹) lieferbar.
1985 erschienen im S. Fischer Verlag das neuentdeckte Freud-Manuskript *Übersicht der Übertragungsneurosen* sowie – erstmals ungekürzt – Freuds *Briefe an Wilhelm Fließ 1877–1904*.

Joseph Conrad
Lord Jim
Eine Geschichte

S. Fischer

Joseph Conrad

Lord Jim
Eine Geschichte

463 Seiten · Leinen · DM 20,–

Lord Jim, neben Nostromo wohl Conrads Hauptwerk, ist die Geschichte einer Flucht – der Flucht des Träumers vor der Realität; die Geschichte eines Menschen, der, makellos fast, verhängnisvolle Fehler begeht. An Bord eines Schulschiffes wird Alarm gegeben. Verloren in einen Traum von heroischer Selbstverleugnung, der strahlender ist als die Wirklichkeit, in der solche Tugend sich zu bewähren hätte, versäumt Jim, der werdende Seemann, in das Rettungsboot zu springen, das Schiffbrüchige bergen soll. Wie eine Reprise in Umkehrung dieses Jugenderlebnisses mutet das Unglück mit dem Pilgerschiff ›Patna‹ an. Es gerät in Seenot und wird von den Offizieren, auch von Jim, im Stich gelassen. Wieder handelt nicht er, sondern, seiner Absicht, seinem Mut zum Trotz, etwas in ihm. Er entzieht sich nicht der Verantwortung, wohl aber der Demütigung durch die Menschen, flieht von Ort zu Ort, von Stellung zu Stellung bis nach Patusan, einem verborgenen Winkel im Malaiischen Archipel, wo er Gemeinschaft, Frieden und Wohlstand stiftet, wo er Lord Jim wird und sich zur Größe erhebt, »wie nur je ein Mann in der Welt«. Doch abermals vermag er nicht, Unheil abzuwenden.

Das Ende von L.[ord] J.[im] wurde in einem stetigen Schleppzug von 21 Stunden heraufgeholt. Ich schickte Frau und Kind aus dem Haus (nach London) und setzte mich in der verzweifelten Entschlossenheit an den Spieltisch, es hinter mich zu bringen. Hin und wieder machte ich einen Gang ums Haus, zur einen Tür hinaus, zur andern herein. Zehn-Minuten-Mahlzeiten. Große Stille. Zigarettenstummel wuchsen zu einem Berg heran, ähnlich einem Hünengrab über einem toten Helden. Der Mond stieg über der Scheune auf, sah zum Fenster herein und kletterte außer Sichtweite. Der Morgen graute, es wurde hell. Ich löschte die Lampe und machte weiter, während die Morgenbrise die MS-Blätter durchs ganze Zimmer blies. Die Sonne stieg auf. Ich schrieb das letzte Wort und ging ins Eßzimmer. Sechs Uhr... Fühlte mich sehr wohl, nur

PHOTOGRAPH OF CONRAD TAKEN ON DOCK OF THE CUNARD ANCHOR
LINE, NEW YORK CITY, ON MAY 1, 1923

schläfrig; nahm um sieben ein Bad und war um 8.30 Uhr nach London unterwegs.

Aus einem Brief Joseph Conrads
an John Galsworthy, 20. Juli 1900

Wer mich gelesen hat, kennt meine Überzeugung, daß die Welt, die vergängliche Welt, auf einigen wenigen, sehr einfachen Gedanken ruht, Gedanken von einer solchen Einfachheit, daß sie so alt sein müssen wie die Berge.

Man spürt die Kraft des Wortes. Wer zu überreden sucht, sollte sein Vertrauen nicht auf das durchschlagende Argument setzen, sondern auf das treffende Wort. Die Macht des Klanges ist stets größer gewesen als die Macht der Vernunft. Das soll keine Verunglimpfung sein. Es ist besser für die Menschheit, beeindruckbar zu sein als nachdenklich.

Man lasse mich nur das richtige Wort finden! Es muß doch gewiß irgendwo unter den Trümmern all der Klagen und all der Jauchzer liegen, die seit dem Tage ausgestoßen worden sind, da Hoffnung, die Unsterbliche, erstmals zur Welt herniederstieg. Vielleicht liegt es da, unbeachtet, unsichtbar, ganz nahe bei. Doch nützt das alles nichts. Ich glaube, es gibt Menschen, die beim ersten Versuch die Stecknadel im Heuhaufen finden, doch ich selber habe dieses Glück nie gehabt.

Aus: Joseph Conrad, *Über mich selbst* (1912)

Man lese Conrad – nicht nur gelegentlich in Geburtstagsbüchern, sondern alles von ihm –, und es muß einem jeder Sinn für die Bedeutung von Worten abgehen, wenn man in dieser fast strengen und schwermütigen Musik mit ihrer Zurückhaltung, ihrem Stolz, ihrer unermeßlichen und unerbittlichen Lauterkeit nicht hört, daß es besser ist, gut zu sein als schlecht, daß Loyalität gut ist und Ehrenhaftigkeit und Mut, obgleich es Conrad scheinbar nur daran liegt, uns die Schönheit einer Nacht auf See vor Augen zu führen. Aber man tut schlecht daran, solche Bemerkungen herauszureißen aus ihrem Element. Getrocknet in unseren flachen Schälchen, ohne die Magie und das Mysterium der Sprache, verlieren sie ihre Macht zu begeistern und anzustacheln, sie verlieren die drastische Kraft, die Conrads Prosa bestimmt.

Virginia Woolf

Lord Jim. Eine Geschichte. Übertragen von Fritz Lorch. – Titel der englischen Originalausgabe: *Lord Jim*. (Deutsche Erstausgabe 1927 im S. Fischer Verlag, Berlin, in der Übertragung von Hedwig Lachmann und Ernst W. Freißler; in der Übertragung von Fritz Lorch erstmals 1962 im S. Fischer Verlag, Frankfurt am Main)

Joseph Conrad wurde am 3. Dezember 1857 als Józef Teodor Konrad Nalecz Korzeniowski in Berdyczew/Ukraine geboren, seine Eltern waren Angehörige des niederen polnischen Landadels, sein Vater Literat und Übersetzer. Die Schuljahre verbrachte Conrad in Lemberg und Krakau, bereits als Siebzehnjähriger ging er jedoch nach Marseille und heuerte dort als Matrose an. 1878 fuhr er zum erstenmal auf einem englischen Schiff, 1886 wurde er Seekapitän und englischer Staatsbürger. Nach zahlreichen Seefahrten ließ er sich 1894 als freier Schriftsteller in England nieder und debütierte im folgenden Jahr mit dem Roman Almayers Wahn. *Zurückgezogen auf dem Lande lebend, verfaßte er in drei Jahrzehnten – in englischer Sprache – insgesamt fünfzehn Romane, neunundzwanzig Erzählungen, zwei autobiographische Bücher, drei Theaterstücke und zwei Essay-Bände. Joseph Conrad starb am 3. August 1924 in Bishopsbourne, Grafschaft Kent.*

.... seeking for his glance
in the shade of death
...

(last words).

Joseph Conrad.

V I C T O R Y

.... when the moment came for her
meeting with Heyst I felt that she
would be heroically equal to
every demand of the risky and
uncertain future. I was so convin-
ced of it that I let her go with Heyst
I won't say without a pang but
certainly without misgivings. And in view of her
triumphant end where more could
I have done for her rehabilitation
and her happiness?
(last words of Author's note) J. Conrad

Eine Widmung

Eine deutsche Gesamtausgabe der Romane und Erzählungen Joseph Conrads erschien 1926–1939 im S. Fischer Verlag, Berlin. Die ersten beiden Bände wurden von Thomas Mann bzw. Jakob Wassermann eingeleitet. 1962 begann der Verlag eine Edition des Werkes in Neuübersetzungen, die mit 19 Bänden geschlossen vorliegt.

Arthur Schnitzler
Die Schwestern
oder
Casanova in Spa
Lustspiel

Casanovas
Heimfahrt
Novelle

S. Fischer

Arthur Schnitzler

Die Schwestern
oder
Casanova in Spa
Ein Lustspiel in Versen
Drei Akte in einem

Casanovas Heimfahrt
Novelle

255 Seiten · Leinen · DM 25,–

Tagebuch, 4.11.1914
Begann zu lesen Casanova, in der Conradschen Ausgabe [*Erinne-rungen*. Übers. und eingel. von Heinrich Conrad. 12 Bde. mit 3 Suppl. Bde. München und Leipzig 1907–1913].

Tagebuch, 12.2.1915
Nm. beschäftigt den alten Eifersucht (Einakter) Stoff in Casano-va Zeit und Stimmung zu übertragen;

Tagebuch, 23.2.1915
Neulich Casanova zu Ende gelesen, mit oft entzückter Antheil-nahme. Nun den traurigen Nachtrag: seine Spionberichte, seine kläglichen Briefe an den Duxer Haushofmeister.

Tagebuch, 2.6.1915
Eine Casanova Novelle zu dictiren begonnen.

An Olga Schnitzler, 17.7.1915
so blieb ich daheim und befreundete mich einsam mit (meinem) Casanova.

An Olga Schnitzler, 25.7.1915
Die Cas. Nov. hab ich vorläufig (in einer unmöglichen Form) abgeschlossen.

Tagebuch, 18.6.1916
Las den Einakter Casanova durch (ein junger Casanova), aus der »Eifersucht« entstanden; sehr hübsch in der Anlage und fast schon alles da. Vielleicht wäre es praktischer einen Dreiakter draus zu machen.

Tagebuch, 13.7.1916
Nm. begann ich das Cas. Stück (»Die Wiederkehr«) in Versen zu schreiben. Machte mir große Mühe.

Tagebuch, 16. 11. 1916
Nm. »Wiederkehr«, vorläufig abgeschlossen – ohne rechten
Schluß. – Titel wohl: »Die Schwestern«.

An Elisabeth Steinrück, 25. 12. 1916
Zwei andre große Novellen [*Casanovas Heimfahrt* und *Flucht in die
Finsternis*] sind so gut wie fertig [...] ein einfaches dreiaktiges
Versstück [*Die Schwestern oder Casanova in Spa*] ist mir in der Anla-
ge so theuer, daß ich mich, trotz ausführlichster Skizzirung noch
nicht daran traue (aber ich hoffe – bald).

Tagebuch, 29. 12. 1916
Las die Cas. Nov. durch; – sie kann fast als fertig gelten.

[*Casanovas Heimfahrt* erscheint in der Neuen Rundschau, 29. Jg.,
H. 7–9, Juli–September 1918; die Buchausgabe erscheint Ende
1918 im S. Fischer Verlag.]

An Erich Everth, 27. 1. 1919
Ihren Artikel über meine »Casanova«-Novelle habe ich schon vor
einigen Tagen mit besonderem Vergnügen gelesen [...] Sie stellen in einer mich fast beschämenden Weise beinahe lauter Ruh-
mestitel für meine Novelle in Rechnung: – »Sprache graziös und
leicht, aber nie leer, voll Geist und auch seelenhaft – glänzende
Bildkraft, die mit der weisen Sparsamkeit des reifen Meisters
waltet – Zügigkeit des Erzählers großen Stils – dieser Casanova
ist weder idealisiert noch nach der Schattenseite stilisiert, er ist
ganz menschlich« u.s.w.; – wieso kommt nun, frag ich, bei der
Addition die Summe heraus: »Das Buch gibt künstlerisch keinerlei Extreme, sondern eine anständig würdige Mittellage.« Sie setzen zwar hinzu: »nicht des Könnens«, aber ich frage, wessen
denn? Man kann von einer Novelle kaum mehr verlangen nicht
etwa als ich der meinigen gegeben, aber als Sie selbst ihr zubilli-
gen. Wo fängt eigentlich die Höhenlage an, wenn all die seltenen
Vorzüge, die Sie in meiner Novelle zu finden so liebenswürdig

Illustration von Hans Meid zu *Casanovas Heimfahrt*

Altera nunc rerum facies, me quero, nec adsum:
Non sum qui fueram non putor esse: fui.

waren, noch zum Charakter einer anständig-würdigen Mittellage gehören?

An Hugo von Hofmannsthal, 1. 10. 1919
Das letzte, was ich fertig gemacht habe, sind die »Schwestern«, die bei Reinhardt kommen sollen; – mir selbst ist selten was von mir so lieb gewesen.

[*Die Schwestern oder Casanova in Spa* erscheint in der Deutschen Rundschau, 11. Jg., H. 1, Oktober 1919; die Buchausgabe erscheint Ende 1919 im S. Fischer Verlag. Am 26. März 1920 wird das Stück am Wiener Burgtheater uraufgeführt.]

An Georg Brandes, 30. 1. 1922
Meine beiden Casanova-Sachen, das Lustspiel »die Schwestern« und die Novelle »Casan. Heimfahrt« sind so entstanden, daß mir zwei Stoffe, die schon geraume Zeit unter meinen Papieren lagen, durch die Lectüre der Casanova Memoiren plötzlich lebendig geworden sind. Die Beschäftigung damit bedeutete keine bewußte Abkehr von der Zeit.

An Thomas Mann, 28. 12. 1922
Ihre freundlichen Worte über »Casanovas Heimfahrt« haben mich sehr gefreut. Indeß hat auch dieses Werk sein Schicksal oder wenigstens seine kleine Affaire gehabt (ich bin dergleichen ziemlich gewöhnt; –) in Amerika hat die Gesellschaft zur Bekämpfung des Lasters die Konfiskation der englischen Übersetzung beantragt, der Verleger wurde in Anklagezustand versetzt, ich glaube sogar verhaftet, aber die Angelegenheit endete diesmal mit einer erheblichen Blamage der Tugendbolde und für mich hatte die Sache überdies den Vorteil, daß der Verleger in Erwartung künftiger Geschäfte mir einen Teil des Geldes zahlte, das er mir noch schuldig war.

An Suzanne Clauser, 18. 8. 1929
Ich muß sagen, daß ich für dieses Stück [*Die Schwestern*] eine besondere Sympathie habe.

An Heinrich Schnitzler, 28. 1. 1930
Für die »*Schwestern*« hab ich ja, wie du weißt eine besondre Vorliebe – gewiss ist es von meinen Stücken das in gutem Sinne *leich-
teste* und technisch einwandfreieste.

An Georgette Boner, 2. 6. 1930
im Allgemeinen weiss man von diesen beiden Stücken [*Die Schwestern* und *Der Gang zum Weiher*] so gut wie gar nichts – und will
auch nichts von ihnen wissen.

Casanovas Heimfahrt. Erstausgabe 1918; *Die Schwestern oder Casanova in Spa:* Erstausgabe 1919, beide S. Fischer Verlag, Berlin.

*Arthur Schnitzler wurde am 15. Mai 1862 in Wien geboren, das sein
Lebensort blieb. Er studierte Medizin, promovierte 1885 und begann eine
ärztliche Tätigkeit, die jedoch bald hinter der literarischen zurücktrat.
1891 wurde im Theater in der Josefstadt* Das Abenteuer seines Lebens
*uraufgeführt; 1894 erschien im S. Fischer Verlag Schnitzlers erstes Buch,
die Novelle* Sterben. *Er gehörte zum literarischen Kreis »Jung Wien«
und war u. a. mit Hugo von Hofmannsthal, Hermann Bahr und Richard
Beer-Hofmann befreundet. 1901 wurde dem Autor des* Leutnant Gustl
*der Offiziersrang abgesprochen. Schnitzler verfaßte zahlreiche Bühnen-
werke, er gehörte zu den meistgespielten Autoren Deutschlands und Öster-
reich-Ungarns, hatte jedoch häufig Schwierigkeiten mit Zensurbehörden.
1908 erschien sein erster Roman* Der Weg ins Freie; *Schnitzler wandte
sich dann mehr und mehr der Prosaform zu, er veröffentlichte Erzählungen, darunter so bedeutende wie* Casanovas Heimfahrt, Fräulein Else
und Traumnovelle. *Einige seiner Stücke wurden bereits in den zwanziger Jahren verfilmt, während es noch immer – vor allem wegen des*

Reigen – *zu Skandalen und Gerichtsverfahren kam. Zum Spätwerk gehören das Schauspiel* Der Gang zum Weiher *und der Roman* Therese.
Arthur Schnitzler starb am 21. Oktober 1931.

Die erste Werkausgabe Arthur Schnitzlers erschien 1912–1922
im S. Fischer Verlag, eine zweite 1928–1932.
Innerhalb der Gesammelten Werke in Einzelausgaben, die ab
1961 herausgegeben wurden, veröffentlichte der Verlag *Die Erzählenden Schriften* und *Die Dramatischen Werke* in je zwei Bänden,
die *Aphorismen und Betrachtungen* sowie, aus dem Nachlaß, den
Band *Entworfenes und Verworfenes*. Eine zweibändige Ausgabe der
Briefe wurde 1981 bzw. 1984 vorgelegt.

Walther Rathenau
Schriften
und Reden

Auswahl und
Nachwort von
Hans Werner Richter

S. Fischer

Walther Rathenau

Schriften und Reden
Auswahl und Nachwort von
Hans Werner Richter

482 Seiten · Leinen · DM 25,–

Schriften und Reden. Auswahl und Nachwort von Hans Werner Richter. – Inhalt u. a.: *Von kommenden Dingen. Der Kaiser. Das Ende. Der Völkerbund. Die neue Gesellschaft. Reichstagsrede am 29. März 1922. Talmudische Geschichten.* (Erstausgabe 1964, erschienen im S. Fischer Verlag, Frankfurt am Main)

Der Faszination seiner widerspruchsvollen Persönlichkeit hat niemand sich entziehen können, der ihm je begegnete. Unzählige Male ist er beschrieben worden, von Politikern, Wissenschaftlern, Künstlern. Musil diente er als Vorbild für die Figur des Arnheim im »Mann ohne Eigenschaften«, dessen 47. Kapitel überschrieben ist: »Was alle getrennt sind, ist Arnheim in einer Person.« Harry Graf Kessler, sein Biograph, nannte ihn einen »Patrioten aus Herablassung«; Max Scheler war er »ein Patriarch und Weiser«; Emil Ludwig fand: »Rathenau, der ein Genie zu sein wünschte, war vielleicht der talentvollste Kopf seiner Epoche«. Fast jeder bescheinigte ihm eine stupende Eitelkeit, nahm ihn aber gleichzeitig gegen diesen Vorwurf in Schutz. Theodor Heuss nannte ihn den »unnaivsten Menschen«, dem er je begegnete. Nachdem er ermordet worden war, meinte, ganz im Gegenteil, der Reichskanzler Wirth, Rathenau sei »eine kindliche Seele« gewesen. Arnold Brecht bringt die Spannweite Rathenaus, in seinen ungemein instruktiven Erinnerungen »Aus nächster Nähe«, auf die Formel: »Rathenau war ein echter Vertreter Weimar-Deutschlands *und* Potsdam-Deutschlands *zusammengenommen.*«

Genug. Man glaubt Rathenau zu kennen. Seine brillanten Schriften aber und seine Reden, oratorische Meisterwerke, sind weithin vergessen.

Hans Schwab-Felisch

Rathenau stand an einem Kreuz- und Schnittpunkt so vieler und mannigfacher sozialer Kreise – verschieden an Religion, verschieden an Bildungsform, Stand, Klasse, Beruf, politischer Gesinnung –, daß schon diese seine soziale Blickeinstellung ihm für die ergriffene Aufgabe eines sozial- und kulturpolitischen Schriftstellers eigenartige Vorzüge gewährte. Er übersah von seinem sozialen Standort wie kein anderer den Kosmos der Gesellschaft. Hofbeamtenschaft, Militär, Adel, hohe Finanz, Großindustrie, die Kreise von Wissenschaft und Kunst, Industrie, Arbeiterschaft, Bohème, akademische Jugend – alle hineingetaucht in den riesenhaften Arbeitsstrom und Hexenkessel, der Berlin heißt –, konnten ihre sich sonst nur da und dort sozial kreuzenden Gedanken und Bestrebungen in seinem Geiste in überaus plastischen Bildern ablagern; sie wurden in diesem Kopfe gemessen und gewogen.

Max Scheler

Versuche einer denkenden, zielsetzenden Zusammenfassung werden kaum gemacht; vielleicht weil die Wirklichkeit, in der wir leben, zu dicht geworden ist und in ihren guten wie in ihren furchtbaren Potenzen über jede Phantasie hinausgeht, während früher die Phantasie über jede Wirklichkeit hinausging. Unbehagen und Angst, über die andererseits so viel geschrieben wird, stehen damit im Zusammenhang; das Gefühl, daß es so, wie es ist, nicht bleiben kann, wird beängstigend gerade da, wo niemand es übernimmt, zu bestimmen, wohin die Reise geht, gehen kann, gehen soll.
Walther Rathenau hat das zeit seines Lebens mit ganzem Einsatz versucht.

Golo Mann

Walther Rathenau wurde am 29. September 1867 in Berlin geboren. Nach dem Studium der Philosophie, Physik und Chemie promovierte er 1889 zum Dr. phil. Vier Jahre später gründete er die Elektrotechnischen Werke mit Niederlassungen in Polen und Frankreich und trat in das Direktorium der AEG ein. Rathenaus Tätigkeit als Verwaltungsratsmitglied von mehr als einhundert Gesellschaften ermöglichte ihm einen einzigartigen Überblick über die Entwicklung der deutschen und ausländischen Industrie. 1914 wurde er von der Regierung mit der »Organisation der Rohstoffbeschaffung« für die Kriegsindustrie beauftragt. Ein Jahr später schied er aus dem Kriegsministerium aus und folgte seinem Vater nach dessen Tod auf den Präsidentenstuhl der AEG. Nach dem Kriege

Edvard Munch: *Porträt Walther Rathenau*
1907. Öl auf Leinwand. 220 × 110 cm

stellte er seine Kenntnisse in den Dienst der jungen Republik und trat 1921 als Minister für Wiederaufbau in das Kabinett Wirth ein. Im Februar 1922 wurde er Außenminister und verhandelte für Deutschland auf der Konferenz von Genua. In seine Amtszeit fällt der Ausgleich mit der Sowjetunion, der im Vertrag von Rapallo im April 1922 niedergelegt wurde. Am 24. Juni 1922 wurde Rathenau von Rechtsradikalen ermordet.

Hauptwerke: Zur Kritik der Zeit *(1912)*, Zur Mechanik des Geistes *(1913)*, Von kommenden Dingen *(1917)*, Die neue Gesellschaft *(1919)*.

Im S. Fischer Verlag erschienen 1918 *Gesammelte Schriften in fünf Bänden*, 1924 *Gesammelte Reden*, 1928 *Nachgelassene Schriften* in zwei Bänden.

Hugo von Hofmannsthal

Erzählungen

528 Seiten · Leinen · DM 25,–

Erzählungen. – Inhalt: Age of Innocence. Gerechtigkeit. Das Glück am Weg. Das Märchen der 672. Nacht. Das Dorf im Gebirge. Der goldene Apfel. Reitergeschichte. Das Märchen von der verschleierten Frau. Erlebnis des Marschalls von Bassompierre. Ein Brief. Der Brief des letzten Contarin. Die Wege und die Begegnungen. Die Briefe des Zurückgekehrten. Erinnerung schöner Tage. Augenblicke in Griechenland. Lucidor. Das fremde Mädchen. Knabengeschichte. Andreas oder Die Vereinigten. Raoul Richter, 1896. Die Frau ohne Schatten. Defoe. Reise im nördlichen Afrika. – Diese Zusammenstellung erschien erstmals 1969 im S. Fischer Verlag, Frankfurt am Main.

Hofmannsthal hat sich nicht für einen »Romanschriftsteller« gehalten; auf sublime Art ist er ein Erzähler. Sein Werk schwebt über den Grenzen der Gattungen. Erzählerisches entfaltet sich auch dort, wo keine Geschichte oder Anekdote als Gegenstand dient. In den großen Aufsätzen finden sich erzählerische Elemente ebenso wie in der von ihm oft gewählten Form des Briefes. Und wenn sein Dichten sich der Alleinherrschaft des Wortes entzieht und in Pantomime, Tanzhandlung oder Stummfilm aufgeht, können die szenischen Anweisungen den Charakter des Erzählerischen annehmen. Lucidor, *in der Ausgabe letzter Hand, 1924, den* Erzählungen *zugestellt, trägt den keineswegs nur vorgegebenen Untertitel* Figuren zu einer ungeschriebenen Komödie: aus diesem Entwurf wuchs die Oper Arabella.*

Als Verdichtung eines Bildungsromans kann der Chandos-Brief gelesen werden. Die Wege und die Begegnungen *eröffnen, wie die Reiseschilderungen, mythische Perspektiven, die Traumsequenz* Erinnerung schöner Tage *führt durch einen Lieblingsbezirk von Hofmannsthals Phantasie und unmittelbar in einen dichterischen Moment, die Gestalt des Raoul Richter tritt in die Kreise des* Andreas. *Und gemeinsam sind den offenkundigen wie den verkappten Erzählungen: Zauber der Sphären und der Atmosphäre, wundersames Vermögen des Ahnens, Erinnerns, Schauens, nach Hermann Broch »Bilderreihen in unendlicher Spiegelung und Aberspiegelung« – Vision.*

Dieses beständige Auf-dem-Wege-sein aller Menschen muß der bohrende Traum der Gefangenen sein und die Verzweiflung aller treuen Liebenden. Ich habe gehört, daß in den Gefangenenhäusern keines von den erlaubten Büchern so sehnlich verlangt wird als eine Landkarte. Seine Finger auf einer Landkarte wandern zu lassen, das ist der spannendste Abenteuerroman: alle seine Abenteuer sind unbestimmt und alle Möglichkeiten sind offengelassen. Wir sind keine Gefangenen, und wir sind selbst immerfort auf dem Wege unseres Schicksals. Aber wenn wir für Augenblicke stocken, wenn wir ausruhen müssen und warten,

Erstausgabe des *Andreas*-Fragments, 1932
Umschlag von Hans Meid

so lesen wir in Büchern wie die Gefangenen in ihrer beschmutzten Karte, und dann wandern wir wieder mit Wandernden, ob es Sindbad ist, den die Wellen von Strand zu Strand werfen, oder Lovelace zu Pferd, in der Tasche den Schlüssel, der das Hinterpförtchen zum Park der Harlowes aufsperrt, oder Ödipus auf dem Wege nach Kolonos. Wir sind mit Franz von Assisi ebenso auf dem Weg wie mit Casanova. Und nichts ist uns im Grunde seltsamer als ein Mensch, der seine Stelle nicht wechselt. Wir wissen nichts von Sankt Simeon Stylites, als daß er dreißig Jahre auf einer Säule ausgeharrt hat, aber dieses eine Faktum wirft seinen starren, schmalen Schatten durch die Jahrhunderte und vertritt die Stelle einer ganzen Legende. Wir wissen zu wenig von Kant, aber unter dem wenigen ist der eine Zug, daß es ihn nie verlangt hat, etwas von der Welt zu sehen außer Königsberg, und dieser eine Zug hat etwas Ungeheures: mit ähnlichen sparsamen ewigen Zügen sind die erhabensten Göttergesichter des alten Ägypten in den schwarzgrünen ewigen Stein gemeißelt.

Aber es ist sicher, daß das Gehen und das Suchen und das Begegnen irgendwie zu den Geheimnissen des Eros gehören. Es ist sicher, daß wir auf unsrem gewundenen Wege nicht bloß von unsren Taten nach vorwärts gestoßen werden, sondern immer gelockt von etwas, das scheinbar immer irgendwo auf uns wartet und immer verhüllt ist. Es ist etwas von Liebesbegier, von Neugierde der Liebe in unsrem Vorwärtsgehen, auch dann, wenn wir die Einsamkeit des Waldes suchen oder die Stille der hohen Berge oder einen leeren Strand, an dem wie eine silberne Franse das Meer leise rauschend zergeht. Allen einsamen Begegnungen ist etwas sehr Süßes beigemengt, und wäre es nur die Begegnung mit einem einsam stehenden großen Baum oder die Begegnung mit einem Tier des Waldes, das lautlos anhält und aus dem Dunkel her auf uns äugt. Mich dünkt, es ist nicht die Umarmung, sondern die Begegnung die eigentliche entscheidende erotische Pantomime. Es ist in keinem Augenblick das Sinnliche so seelenhaft, das Seelenhafte so sinnlich als in der Begegnung. Hier ist

alles möglich, alles in Bewegung, alles aufgelöst. Hier ist ein Zu-
einandertrachten noch ohne Begierde, eine naive Beimischung
von Zutraulichkeit und Scheu. Hier ist das Rehhafte, das Vogel-
hafte, das Tierischdumpfe, das Engelsreine, das Göttliche. Ein
Gruß ist etwas Grenzenloses. Dante datiert sein »Neues Leben«
von einem Gruß, der ihm zuteil geworden. Wunderbar ist der
Schrei des großen Vogels, der seltsame, einsame, vorweltliche
Laut im Morgengrauen von der höchsten Tanne, dem irgendwo
die Henne lauscht. Dies Irgendwo, dies Unbestimmte und doch
leidenschaftlich Begehrende, dies Schreien des Fremden nach
der Fremden ist das Gewaltige. In der Umarmung ist das Fremd-
sein, das Fremdbleiben das Furchtbare, das Grausame, das Para-
doxon – in der Begegnung flattert um jeden von beiden seine ewige Einsamkeit wie ein prachtvoller Mantel, und es ist, als könnte
er ihn auch von sich werfen, im nächsten Augenblick schon. Die
Begegnung verspricht mehr, als die Umarmung halten kann. Sie
scheint, wenn ich so sagen darf, einer höheren Ordnung der Dinge anzugehören, jener, nach der die Sterne sich bewegen und die
Gedanken einander befruchten. Aber für eine sehr kühne, sehr
naive Phantasie, in der Unschuld und Zynismus sich unlösbar
vermengen, ist die Begegnung schon die Vorwegnahme der Umarmung. Solche Blicke hefteten die Hirten auf eine Göttin, die
plötzlich vor ihnen stand, und es war etwas in dem Blick der
Göttin, woran der dumpfe Blick des Hirten sich entzündete.
Und Agur hat recht, wenn er ein König war oder ein großer
Scheich in der Wüste, ein weiser und prunkvoller Kaufmann
oder ein Seefahrer unter den Seefahrern – er hat recht, daß er am
Abend seiner Tage, sitzend im Schatten seiner Weisheit und Erfahrung, jene beiden Wunder in der Rede seines Mundes in eines
verflicht: das Geheimnis der Umarmung und das Geheimnis des
Fluges. Aber wer ist Agur, der in mir lebt mit seiner lebendigen
Rede? Soll ich wirklich in mir sein Gesicht nicht sehen können?
Seine Erfahrungen sind reich und üppig, der Ton seiner Rede ist
der Ton des Erfahrnen, aber lässig. Er verschmäht es, den Predi-
ger zu machen, sondern läßt nur dann und wann ein Wort fallen,

das reich und schwer ins Ohr des Hörers sinkt. Wie Boas muß ich ihn denken, der einen schönen weißen Bart hatte und ein gebräuntes Gesicht, der gekleidet ging in ein feines Linnen, und auf dessen Kornfeldern den Armen nicht verwehrt war, die Ähren zu lesen. Aber habe ich nicht einmal sein Gesicht gesehen? Freilich, nur im stummen Traum, und der, dessen Gesicht ich sah, hatte keinen Namen. Aber nun dünkt mich, das war jener Agur, und ich muß die Rede, die meine eigne Handschrift mir überliefert, in den Mund dessen legen, von dem mir einmal träumte, und der, wie der Traum ihn malte, ein Patriarch war unter den Patriarchen, ein König über ein namenloses gewaltiges Volk von Wandernden.

Aus: *Die Wege und die Begegnungen*

Hugo von Hofmannsthal wurde am 1. Februar 1874 in Wien geboren. Mit achtzehn Jahren hatte er alles gelesen, was der großen antiken, französischen, englischen, italienischen, spanischen und deutschen Literatur entstammt – auch kannte er die Russen schon als halbes Kind. Seinen frühen Ruhm begründete Hofmannsthal mit Gedichten und Versdramen; 1892 erschien in Stefan Georges »Blättern für die Kunst« Der Tod des Tizian. *Hofmannsthal studierte zunächst die Rechte, dann Romanistik und promovierte 1898. 1901 Eheschließung mit Gertrud Schlesinger und Übersiedlung nach Rodaun bei Wien, wo er bis zu seinem Lebensende wohnte. Etwa um die Jahrhundertwende war sein lyrisches Schaffen abgeschlossen, den frühen Erzählungen folgten nun neue Entwürfe, u. a. der berühmte Chandos-Brief und der Roman* Andreas, *der Fragment blieb. Er schuf ein umfangreiches dramatisches Werk, u. a.* Elektra, Ödipus und die Sphinx, Das gerettete Venedig. *In Zusammenarbeit mit Richard Strauss entstanden zahlreiche Operndichtungen, darunter* Der Rosenkavalier, Die Frau ohne Schatten *und* Arabella. *Das Lustspiel* Der Schwierige *wurde 1921 uraufgeführt, im folgenden Jahr* Das Salzburger Große Welttheater. *Hofmannsthal war auch an der Gründung der Salzburger Festspiele maßgebend beteiligt. Das Trauerspiel* Der Turm *entstand, wie vieles von Hofmannsthal, in zwei Fassungen, 1928 wurde es uraufgeführt, im selben Jahr folgte noch die Strauss-Oper* Die ägyptische Helena. *Hugo von Hofmannsthal starb in Rodaun, am 15. Juli 1929, am Tage der Beerdigung seines Sohnes Franz, der sich das Leben genommen hatte.*

Die Bücher Hugo von Hofmannsthals werden seit 1898 im S. Fischer Verlag betreut. Werkausgaben erschienen 1907–1917, 1924, 1934 und, ediert von Herbert Steiner, 1945–1959. Neu geordnet und um wesentliche Texte erweitert, wurde die Steiner-Ausgabe von Bernd Schoeller in Beratung mit Rudolf Hirsch 1979/80 im Fischer Taschenbuch Verlag und 1985 im S. Fischer Verlag herausgegeben.

Seit 1975 erscheint – veranstaltet vom Freien Deutschen Hochstift, Frankfurt am Main – im S. Fischer Verlag eine Kritische Ausgabe der *Sämtlichen Werke* Hofmannsthals. Sie wird herausgegeben von Rudolf Hirsch, Clemens Köttelwesch, Heinz Rölleke und Ernst Zinn. Die Ausgabe soll 37 Bände umfassen und enthält sowohl die von Hofmannsthal veröffentlichten als auch die im Nachlaß überlieferten Werke. Erschienen sind bisher ein Band *Gedichte*, fünf Bände *Dramen*, drei Bände *Operndichtungen*, zwei Bände *Erzählungen* sowie der Band *Roman. Biographie*.

Thomas Mann

Buddenbrooks
Verfall einer Familie

Königliche Hoheit

Lotte in Weimar

Der Zauberberg

Joseph und seine Brüder
Die Geschichten Jaakobs
Der junge Joseph
Joseph in Ägypten
Joseph, der Ernährer

Doktor Faustus
Das Leben des deutschen Tonsetzers
Adrian Leverkühn
erzählt von einem Freunde

Der Erwählte

Bekenntnisse des Hochstaplers
Felix Krull
Der Memoiren erster Teil

Sieben Bände in Kassette
Gebunden · DM 100,–

Thomas Mann an Theodor W. Adorno

Pacific Palisades, California
1550 San Remo Drive
30. Dez. 1945

Lieber Dr. Adorno,

ich möchte Ihnen einen Brief schreiben über das Manuskript, das ich neulich bei Ihnen zurückließ, und das Sie wohl gar schon zu lesen im Begriff sind. Ich habe nicht das Gefühl, mich dabei in meiner Arbeit zu unterbrechen.

Die wunderliche, vielleicht unmögliche Komposition (soweit sie vorliegt) in Ihren Händen zu wissen, hat etwas Spannendes für mich; denn in immer häufigeren Zuständen der Müdigkeit frage ich mich, ob ich nicht besser täte, sie fallen zu lassen, und es kommt ein wenig auf das Gesicht an, das Sie dazu machen werden, ob ich daran festhalte.

Worüber es mich hauptsächlich kommentierend Rede zu stehen verlangt, ist das Prinzip der *Montage*, das sich eigentümlich und vielleicht anstößig genug durch dieses ganze Buch zieht, – vollkommen eingeständlich, ohne ein Hehl aus sich zu machen. Es wurde mir noch neulich wieder auf halb amüsante, halb unheimliche Weise auffällig, als ich eine Krankheitskrise des Helden zu charakterisieren hatte und dabei die Symptome Nietzsche's, wie sie in seinen Briefen vorkommen, nebst den vorgeschriebenen Speisezetteln etc. wörtlich und genau ins Buch aufnahm, sie, jedem kenntlich sozusagen aufklebte. So benutze ich montagemäßig das Motiv der unsichtbar bleibenden, nie getroffenen, im Fleisch gemiedenen Verehrerin und Geliebten, Tschaikowsky's Frau Meck. Historisch gegeben und bekannt wie es ist, klebe ich es auf und lasse die Ränder sich verwischen, lasse es sich in die Komposition senken als ein mythisch-vogelfreies Thema, das jedem gehört. (Das Verhältnis ist für Leverkühn ein Mittel, das Liebesverbot, Kälte-Gebot des Teufels zu umgehen).

Ein weiteres Beispiel: Gegen Ende des Buches verwende ich offenkundig und citatweise das Thema der Shakespeare-Sonette: das Dreieck, worin der Freund den Freund zur Geliebten schickt,

damit er für ihn werbe – und der »wirbt für sich selbst«. Gewiß,
ich wandle das ab: Adrian *tötet* den Freund, den er liebt, indem er
ihn durch die Verbindung mit jener Frau einer mörderischen Eifersucht (Ines Rodde) ausliefert. Aber an dem unverfrorenen
Diebstahl-Charakter der Übernahme ändert das wenig.

Die Berufung auf das Molière'sche »Je prends mon bien où je le
trouve« scheint mir selber nicht recht ausreichend zu sein zur
Entschuldigung dieses Gebarens. Man könnte von einer *Alters-
neigung* sprechen, das Leben als Kulturprodukt und in Gestalt
mythischer Klischees zu sehen, die man der »selbständigen« Erfindung in verkalkter Würde vorzieht. Aber ich weiß nur zu
wohl, daß ich mich schon früh in einer Art von höherem Ab-
schreiben geübt habe: z. B. beim Typhus des kleinen Hanno
Buddenbrook, zu dessen Darstellung ich den betreffenden Artikel eines *Konversationslexikons* ungeniert ausschrieb, ihn sozusagen
»in Verse brachte«. Es ist ein berühmtes Kapitel geworden. Aber
sein Verdienst besteht nur in einer gewissen Vergeistigung des
mechanisch Angeeigneten (und in dem Trick der indirekten Mit-
teilung von Hanno's Tod).

Schwieriger, um nicht zu sagen: skandalöser liegt der Fall, wenn
es sich bei der Aneignung um Materialien handelt, die *selbst schon
Geist sind*, also um eine wirkliche literarische Anleihe, getätigt mit
der Miene, als sei das Aufgeschnappte gerade gut genug, der eigenen Ideen-Komposition zu dienen. Mit Recht vermuten Sie, daß
ich hier die dreisten – und hoffentlich nicht auch noch völlig töl-
pelhaften – Griffe in gewisse Partien Ihrer musikphilosophischen
Schriften im Sinne habe, die gar sehr der Entschuldigung bedürfen, besonders da der Leser sie vorderhand nicht feststellen kann,
ohne daß doch, um der Illusion willen, eine rechte Möglichkeit
gegeben wäre, ihn auf sie hinzuweisen. (Fußbemerkung: »Dies
stammt von Adorno-Wiesengrund«? Das geht nicht). – Es ist
merkwürdig: mein Verhältnis zur Musik hat einigen Ruf, ich habe mich immer auf das literarische Musizieren verstanden, mich
halb und halb als Musiker gefühlt, die musikalische Gewebe-
Technik auf den Roman übertragen, und noch kürzlich, zum Bei-

spiel, hat Ernst Toch in einem Glückwunsch mir »musikalische Initiiertheit« ausdrücklich und nachdrücklich bescheinigt. Aber um einen Musiker-Roman zu schreiben, der zuweilen sogar den Ehrgeiz andeutet, unter anderem, gleichzeitig mit anderem, zum Roman der Musik zu werden –, dazu gehört mehr als »Initiiertheit«, nämlich *Studiertheit*, die mir ganz einfach abgeht. Deshalb denn auch war ich von Anfang an entschlossen, in einem Buch, das ohnehin zum Prinzip der Montage neigt, vor keiner Anlehnung, keinem Hilfsgriff in fremdes Gut zurückzuschrecken: vertrauend, daß das Ergriffene, Abgelernte sehr wohl innerhalb der Komposition eine selbständige Funktion, ein symbolisches Eigenleben gewinnen könne – und dabei an seinem ursprünglichen kritischen Ort *unberührt bestehen bleibe.*

Ich wollte, Sie könnten diese Auffassung teilen. – Tatsächlich haben Sie mir, dessen musikalische Bildung kaum über die Spät-Romantik hinausgelangt ist, den Begriff von modernster Musik gegeben, dessen ich für ein Buch bedurfte, welches unter anderem, zusammen mit manchem anderen, die *Situation der Kunst* zum Gegenstand hat. Meine »initiierte« Ignoranz bedurfte, nicht anders, als damals beim Typhus des kleinen Hanno, der *Exaktheiten*, und Sache Ihrer Gefälligkeit ist es nun, korrigierend einzugreifen, wo diese der Illusion und Komposition dienenden Exaktheiten (die ich nicht ganz ausschließlich Ihnen verdanke) schief, mißverständlich und das Gelächter des Fachmannes erregend herauskommen. *Eine* Stelle ist fachmännisch ausgeprobt. Ich habe Bruno Walter die Abschnitte über opus 111 vorgelesen. Er war *begeistert*. »Nun, das ist großartig! Nie ist Besseres über Beethoven gesagt worden! Ich habe keine Ahnung gehabt, daß Sie so in ihn eingedrungen seien!« Und dabei möchte ich nicht einmal allzu rigoros den Fachmann allein zum Richter einsetzen. Gerade der musikalische Fachmann, immer sehr stolz auf seine Geheimwissenschaft, ist mir etwas allzu leicht zum überlegenen Lächeln bereit. Mit Vorsicht und cum grano salis könnte man sagen, daß etwas als richtig wirken, sich richtig ausnehmen könnte, ohne es eben so ganz zu sein. – Aber ich will nicht gut Wetter bei Ihnen machen. –

Manuskriptseite aus *Doktor Faustus*

Der Roman ist so weit vorgetrieben, daß Leverkühn, 35jährig, unter einer ersten Welle euphorischer Inspiration, sein Hauptwerk, oder erstes Hauptwerk, die »Apocalipsis cum figuris« nach den 15 Blättern von Dürer oder auch direkt nach dem Text der Offenbarung in unheimlich kurzer Zeit komponiert. Hier will ein Werk (das ich mir als ein sehr *deutsches* Produkt, als Oratorium, mit Orchester, Chören, Soli, einem Erzähler denke) mit einiger Suggestiv-Kraft imaginiert, realisiert, gekennzeichnet sein, und ich schreibe diesen Brief eigentlich, um bei der Sache zu bleiben, an die ich mich noch nicht herantraue. Was ich brauche, sind ein paar charakterisierende, realisierende *Exaktheiten* (man kommt mit wenigen aus), die dem Leser ein plausibles, ja überzeugendes Bild geben. Wollen Sie mit mir darüber nachdenken, wie das Werk – ich meine Leverkühns Werk – ungefähr ins Werk zu setzen wäre; wie Sie es machen würden, wenn Sie im Pakt mit dem Teufel wären; mir ein oder das andere musikalische Merkmal zur Förderung der Illusion an die Hand geben? – Mir schwebt etwas Satanisch-Religiöses, Dämonisch-Frommes, zugleich Streng-Gebundenes und verbrecherisch Wirkendes, oft die Kunst Verhöhnendes vor, auch etwas aufs Primitiv-Elementare Zurückgreifendes (die Kretzschmar-Beissel-Erinnerung), die Takt-Einteilung, ja die Tonordnung Aufgebendes (Posaunenglissandi); ferner etwas praktisch kaum Exekutierbares: alte Kirchentonarten, A-capella-Chöre, die in untemperierter Stimmung gesungen werden müssen, sodaß kaum ein Ton oder Intervall auf dem Klavier überhaupt vorkommt etc. Aber »etc.« ist leicht gesagt. –

– Während ich diese Zeilen schrieb, erfuhr ich, daß ich Sie früher als gedacht sehen werde, eine Verabredung für Mittwoch Nachmittag schon getroffen ist. Nun, so hätte ich Ihnen dies alles auch mündlich sagen können! Aber es hat auch wieder sein Schickliches und mich Beruhigendes, daß Sie es Schwarz auf Weiß in Händen haben. Unserm Gespräch, nächstens, mag es vorarbeiten, und gibt es eine Nachwelt, so ist es etwas für sie.

Ihr ergebener Thomas Mann

Buddenbrooks. Verfall einer Familie. (Erstausgabe 1901,
erschienen im S. Fischer Verlag, Berlin)
Königliche Hoheit. Roman. (Erstausgabe 1909, erschienen im
S. Fischer Verlag, Berlin)
Lotte in Weimar. Roman. (Erstausgabe 1939, erschienen im
Bermann-Fischer Verlag, Stockholm)
Der Zauberberg. Roman. (Erstausgabe 1924, erschienen im
S. Fischer Verlag, Berlin)
Joseph und seine Brüder
Die Geschichten Jaakobs. (Erstausgabe 1933, erschienen im
S. Fischer Verlag, Berlin)
Der junge Joseph. Roman. (Erstausgabe 1934, erschienen im
S. Fischer Verlag, Berlin)
Joseph in Ägypten. Roman. (Erstausgabe 1936, erschienen im
Bermann-Fischer Verlag, Wien)
Joseph, der Ernährer. Roman. (Erstausgabe 1943, erschienen im
Bermann-Fischer Verlag, Stockholm)
Doktor Faustus. Das Leben des deutschen Tonsetzers Adrian
Leverkühn erzählt von einem Freunde. (Erstausgabe 1947,
erschienen im Bermann-Fischer Verlag, Stockholm)
Der Erwählte. Roman. (Erstausgabe 1951, erschienen im
S. Fischer Verlag, Frankfurt am Main)
Bekenntnisse des Hochstaplers Felix Krull. Der Memoiren erster Teil.
(Erstausgabe 1954, erschienen im S. Fischer Verlag,
Frankfurt am Main)

*Thomas Mann wurde am 6. Juni 1875 in Lübeck geboren. Er übersiedelte
1894 nach München und publizierte seine erste Novelle:* Gefallen. *Studium an der Technischen Hochschule; von 1896 bis 1898 Aufenthalt in
Rom mit dem Bruder Heinrich. 1898 wurde Thomas Mann Redakteur
des »Simplizissimus«, im selben Jahr erschien* Der kleine Herr Friedemann *im S. Fischer Verlag. 1901 folgte der Roman* Buddenbrooks, *der
ihn berühmt machte. 1905 Heirat mit Katharina Pringsheim. In den
folgenden Jahren Arbeit an* Königliche Hoheit *und am* Felix Krull, *der*

jedoch unvollendet blieb. Während des Ersten Weltkriegs unterbrach Thomas Mann die Arbeit an seinem großen Roman Der Zauberberg *und verfaßte die* Betrachtungen eines Unpolitischen. *1929 erhielt er den Nobelpreis für Literatur. 1933 Emigration, zunächst nach Sanary-sur-Mer, dann nach Küsnacht bei Zürich. 1936 erschien der dritte Band der* Joseph-*Tetralogie; die deutsche Staatsbürgerschaft wurde Thomas Mann aberkannt. Er übersiedelte zwei Jahre später in die Vereinigten Staaten, nahm eine Gastprofessur in Princeton wahr und ließ sich 1940 in Kalifornien nieder. Während des Zweiten Weltkriegs hielt er zahlreiche kulturelle und politische Vorträge, u. a. Radiosendungen für deutsche Hörer. 1947 erschien der Roman* Doktor Faustus, *1952 kehrte Thomas Mann nach Europa zurück. Bis zu seinem Tode am 12. August 1955 lebte er in Kilchberg bei Zürich.*

Die erste Ausgabe von Thomas Manns *Gesammelten Werken* erschien ab 1922 im S. Fischer Verlag, eine dreibändige Edition der Erzählenden Schriften 1928. 1939 begann der Bermann-Fischer Verlag im schwedischen Exil mit der Veröffentlichung der *Stockholmer Gesamtausgabe*, die 1965 abgeschlossen wurde. *Gesammelte Werke in zwölf Bänden* wurden 1960 und, ergänzt um einen Nachtragsband, 1974 veröffentlicht.

Seit 1980 erscheinen im S. Fischer Verlag Thomas Manns *Gesammelte Werke in Einzelbänden*, Frankfurter Ausgabe, herausgegeben von Peter de Mendelssohn. Der Abschluß dieser Ausgabe ist für 1986 geplant.

Von der achtbändigen Ausgabe der *Tagebücher*, herausgegeben von Peter de Mendelssohn und jetzt fortgeführt von Inge Jens, liegen derzeit fünf Bände vor, die die Jahre 1918–1921, 1933–1934, 1935–1936, 1937–1939 und 1940–1943 umfassen. Das Erscheinen der *Tagebücher 1944–1947* ist für 1986 vorgesehen.

Bruno Walter
Von der Musik
und
vom Musizieren

S.Fischer

Bruno Walter

Von der Musik
und vom Musizieren

255 Seiten · Leinen · DM 20,–

Von der Musik und vom Musizieren. – Inhalt u. a.: Von der Musik.
Vom Musizieren. Der Dirigent. Musik und Bühne. Bemerkungen zu
Bachs Matthäus-Passion. Vom Mozart der Zauberflöte.

Dem großen Dirigenten der Wiener Hofoper, Hans Richter, erzählte ein Orchestermusiker, er habe kürzlich zum erstenmal Gelegenheit gehabt, ein Orchester zu dirigieren. »Wie ging's denn?«
fragte Richter. »Ausgezeichnet!« erwiderte er, »aber wissen's,
Herr Hofkapellmeister«, fügte er verwundert hinzu, »das Dirigieren ist ja ganz leicht!« Hans Richter flüsterte ihm hinter der
vorgehaltenen Hand zu: »Bitte verraten Sie uns nicht!«
Daß das Dirigieren nicht nur leicht, sondern sogar überflüssig
sei, daran glaubte das »Orchester ohne Dirigenten«, das eine
Zeitlang in Rußland – in Leningrad, wenn ich nicht irre – Konzerte gab, in denen das Orchester spielte, ohne durch einen Dirigenten geführt zu werden. Der gleichzeitige Einsatz wurde durch
die Geste eines der Musiker und das Zusammenspiel durch
gründliche Proben und allseitige gespannte Aufmerksamkeit erreicht. »Ja, aber ist es denn nicht wirklich gleichgültig, wer da
oben vor dem Orchester steht und den Taktstock führt?« bin ich
schon gefragt worden. »Schließlich sind es ja doch die Orchestermusiker, die spielen, Ausdruck geben und technische Schwierigkeiten bewältigen. In den Notenblättern auf ihren Pulten steht,
was sie zu spielen haben, und was hat der Kapellmeister anderes
dabei zu tun, als sie mit seinen Bewegungen zusammenzuhalten?«
Dieser Frage, wie der naiven Aussage des Wiener Orchestermusikers und dem Experiment des russischen Orchesters, liegt die
gleiche Meinung zugrunde: daß nämlich die wesentlichste Aufgabe des Kapellmeisters im Taktschlagen besteht und daher eigentlich nur eine mechanische Funktion sei. Daß es sich dabei um eine
unwichtige, leichte oder gar entbehrliche Tätigkeit handle, daran
dürften die Vertreter dieser Meinung vielleicht doch zweifeln,
wenn sie, anstatt der Aufführung irgendeines verhältnismäßig
einfachen Stückes, etwa der von Wagners Götterdämmerung
oder irgendeiner Symphonie beiwohnten. Aber ob sie die Funktion des Dirigenten für leicht oder schwierig, entbehrlich oder
notwendig, wichtig oder unwichtig halten, ändert nichts an dem
erwähnten Grundirrtum: daß sie hauptsächlich dem Zweck des
Zusammenhaltens der Musiker zu dienen habe.

Dieser Irrtum lebt vom Augenschein: Man sieht einen Einzelnen
vor den vielen Musikern – alles um ihn herum geigt, bläst, schlägt
oder singt, und dem oberflächlichen Blick bietet sich als seine
Aufgabe, in diese Masse Einheit und Ordnung zu bringen; die
Augen aller Mitwirkenden sind auf den einen Mann gerichtet, er
hebt Hand und Stock, bewegt sie, hält damit die Vielen zusammen und führt sie. Kein Wunder, daß der Zu»schauer« solche
Funktion für mechanisch hält. Denn nicht sieht er das Übersprin-
gen der seelischen Impulse vom Dirigenten auf die Ausführenden, so wie er nichts von der Herstellung der musikalischen und
emotionalen Verständigung durch die vorhergehende Proben-
arbeit bemerkt.

Kein nur irgendwie für Musik Aufgeschlossener wird sich aber
von solchen nur sichtbaren Eindrücken täuschen lassen; sein Ohr
lehrt ihn, und sein musikalisches Gefühl bestätigt es, daß – entgegen dem Augenschein – gerade dieser Einzelne es ist, der da mu-
siziert, der auf dem Orchester als seinem lebendigen Instrument
spielt, die Vielheit desselben zur Einheit wandelt, und zwar im
technischen wie im geistigen Sinn. Das musikalische Gefühl des
Hörers nimmt es wahr, daß des Dirigenten Auffassung und Persönlichkeit aus dem Spiel des Orchesters klingen, daß seine nach-
schöpferische Inspiration mittels der Ausführenden den inneren
Sinn eines musikalischen Werkes erschließt. – Daß dem so ist,
beweist jede Aufführung unter der Leitung eines bedeutenden
Dirigenten. Doch *wie es zustande kommt*, daß seine persönliche Interpretation einer Komposition vernehmlich und überzeugend
aus der Massenleistung erklingt – das heißt also von dem eigentlichen Aufgabenkreis des Dirigenten –, davon findet sich auch
bei wahren Musik-Freunden und *Kennern* nur selten eine klare
Vorstellung.

So glaube ich, entgegen der scherzhaften Bitte des verehrten
Hans Richter, versuchen zu sollen, unser Berufsgeheimnis zu
verraten, soweit mir das gelingen kann. Ich will darlegen, wie sich
die allgemeinen Aufgaben der musikalischen Interpretation spe-
ziell für den Dirigenten gestalten; und wenn meine Ausführun-

gen in erster Linie für die junge, oder künftige Dirigenten-Generation gedacht sind, so wenden sie sich doch auch an alle wahrhaft Musikliebenden und wollen im besonderen versuchen, jenen unter ihnen genugzutun, denen aus ernstem Interesse für die Aufgaben des Dirigenten ein Blick in seine Werkstatt erwünscht ist.

Aus dem Kapitel *Der Dirigent*

Bruno Walter bezeichnet *Von der Musik und vom Musizieren* (Erstausgabe 1957) als »Finale« seiner Autobiographie, die unter dem Titel *Thema und Variationen* 1947 im Bermann-Fischer Verlag, Stockholm, erschienen ist.

Bruno Walter wurde am 15. September 1876 in Berlin als Bruno Schlesinger, Sohn jüdisch-bürgerlicher Eltern, geboren. Er studierte am Sternschen Konservatorium. Schon früh debütierte er als Pianist und begann im September 1893 in Köln seine Kapellmeisterlaufbahn. Mit noch nicht 18 Jahren dirigierte er seine erste Opernaufführung. Die nächsten Etappen waren Hamburg (dort erste Begegnung mit Gustav Mahler), Breslau, Preßburg, Riga, Berliner Königliche Oper. 1901 berief Mahler ihn an die Wiener Hofoper, wo sich Zusammenarbeit und Freundschaft mit dem Komponisten entwickelte. Von 1912 bis 1922 war Bruno Walter Generalmusikdirektor in München. Danach wirkte er an der Städtischen Oper Berlin, arbeitete mit den Berliner Philharmonikern und war Gewandhaus-Kapellmeister in Leipzig. Von 1936 bis zum »Anschluß« Österreichs 1938 leitete er die Wiener Staatsoper. In den folgenden Jahren arbeitete er hauptsächlich in Nordamerika, unter anderem mit den New Yorker Philharmonikern und an der Metropolitan Opera, nach dem Krieg auch wieder in Europa.
Bruno Walter war einer der berühmtesten und gefeiertsten Dirigenten des Jahrhunderts. Er starb am 17. Februar 1962 in Beverly Hills.

Hermann Hesse

Diesseits
Erzählungen
208 Seiten · Leinen · DM 18,–

Diesseits. Erzählungen. [In der Fassung von 1930] – Inhalt: *Aus Kinderzeiten. Die Marmorsäge. Heumond. Der Lateinschüler. Eine Fußreise im Herbst.*

Es war so ein Prachtsommer, in dem man das schöne Wetter nicht nach Tagen, sondern nach Wochen rechnete, und es war noch Juni und man hatte gerade das Heu eingebracht, *so gesund und trocken wie schon lange nicht mehr.*

Für manche Leute gibt es nichts Schöneres als einen solchen Sommer, wo noch im feuchtesten Ried das Schilf verbrennt und einem die Hitze bis in die Knochen geht. Diese Leute, *soweit sie nicht etwa in Indien geboren sind, haben kein sehr zufriedenes und jedenfalls kein gleichmäßiges Leben, denn die echten Sommer gibt es nicht alle Jahre. Dafür* saugen *sie*, sobald ihre Zeit gekommen ist, so viel Wärme und Behagen ein und werden ihres meist ohnehin nicht sehr betriebsamen Daseins so schlaraffisch froh, wie es andern Leuten nie zuteil wird. Zu dieser *harmlosen* Menschenklasse gehöre auch ich; darum war mir in jenem Sommersanfang auch so mächtig wohl, freilich mit starken Unterbrechungen, von denen ich nachher *das Nötigste* erzählen werde.

Es war vielleicht der üppigste Juni, den ich je erlebt habe, und es wäre bald Zeit, daß wieder so einer käme. Der kleine Blumengarten vor meines Vetters Haus an der Dorfstraße duftete und blühte ganz unbändig; die Georginen, die den schadhaften Zaun versteckten, standen dick und hoch und hatten feiste runde Knospen angesetzt, aus deren Ritzen gelb und rot und lila die jungen Blütenblätter strebten. Der Goldlack brannte so überschwenglich honigbraun und duftete so ausgelassen und sehnlich, als wüßte er wohl, daß seine Zeit schon nahe war, da er verblühen und den dicht wuchernden Reseden Platz machen mußte. Still und brütend standen die steifen Balsaminen auf dicken, gläsernen Stengeln, schlank und träumerisch die Schwertlilien, fröhlich hellrot die verwildernden Rosenbüsche. Man sah kaum eine Handbreit Erde mehr, als sei der ganze Garten nur ein großer, bunter und fröhlicher Strauß, der aus einer zu schmalen Vase hervorquoll, *und* an dessen Rändern die Kapuziner in den Rosen fast erstickten und in dessen Mitte der prahlerisch emporflammende Türkenbund mit seinen großen geilen Blüten sich frech und gewalttätig breit machte.

Mir gefiel das ungemein, aber mein Vetter und die Bauersleute sahen es kaum. Denen fängt der Garten erst an, ein wenig Freude zu machen, wenn es dann herbstelt und in den Beeten nur noch letzte Spätrosen, Strohblumen und Astern übrig sind. Jetzt waren sie alle tagtäglich von früh bis spät im Feld und fielen am Abend müde und schwer wie umgeworfene Bleisoldaten in die Betten. Und doch wird in jedem Herbst und in jedem Frühjahr der Garten wieder treulich besorgt und hergerichtet, der nichts einbringt und den sie in seiner schönsten Zeit kaum ansehen. *Ich fragte einmal einen Hofbauern, warum und für wen er sich eigentlich immer wieder diese Mühe mache.*

»Für dich«, sagte er ernsthaft, »und für derlei Faulenzer und arme Schlucker, damit sie auch an etwas ihre Freude haben können. Weißt's jetzt?«

Seit zwei Wochen stand ein heißer, blauer Himmel über dem Land, am Morgen rein und lachend, am Nachmittag stets von niederen, langsam wachsenden, gedrängten Wolkenballen umlagert. Nachts gingen nah und fern Gewitter nieder, aber jeden Morgen, wenn man – noch den Donner im Ohr – erwachte, glänzte die Höhe blau und sonnig herab und war schon wieder ganz von Licht und Hitze durchtränkt. Dann begann ich froh und ohne Hast meine Art von Sommerleben: kurze Gänge auf glühenden und durstig klaffenden Feldwegen durch warm atmende, hohe, gilbende Ährenfelder, aus denen Mohn und Kornblumen, Wicken, Kornraden und Winden lachten, sodann lange, stundenlange Rasten in hohem Gras an Waldsäumen, über mir Käfergoldgeflimmer, Bienengesang, windstill ruhendes Gezweige im tiefen Himmel; gegen Abend alsdann ein wohlig träger Heimweg durch Sonnenstaub und rötliches Ackergold, durch eine Luft voll Reife und Müdigkeit und sehnsüchtigem Kuhgebrüll, und am Ende lange, laue Stunden bis Mitternacht, versessen unter Ahorn und Linde allein oder mit irgend einem Bekannten bei gelbem Wein, ein zufriedenes, lässiges Plaudern in die warme Nacht hinein, bis fern irgendwo das Donnern begann und unter erschrocken aufrauschenden Windschauern erste, langsam und wollüstig aus den Lüften sinkende Tropfen schwer und weich und kaum hörbar in den dicken Staub fielen.

»Nein, so was Faules wie du!« meinte mein lieber Vetter mit ratlosem Kopfschütteln, »daß dir nur keine Glieder abfallen!« »Sie hängen noch gut«, beruhigte ich. Und ich freute mich daran, wie müde und schweißig und steifgeschafft er war. Ich wußte mich in meinem guten Recht; ein Examen und eine lange Reihe von sauren Monaten lagen hinter mir, in denen ich meine Bequemlichkeit täglich schwer genug gekreuzigt und geopfert hatte. *Jetzt war ich obenan – was kost't die Welt?* Vetter Kilian war auch gar nicht so, daß er mir meine Lust nicht gegönnt hätte. Vor meiner Gelehrtheit hatte er tiefen Respekt, sie umgab mich für sein Auge mit einem geheiligten Faltenwurf, und ich warf natürlich die Falten so, daß die mancherlei Löcher nicht gerade obenhin kamen. *Vielmehr fand ich seine Ehrfurcht anfangs zwar komisch, dann aber rührend, und in Bälde schien sie mir sogar natürlich, wohlverdient und ganz am Platze zu sein.*

Es war mir so wohl wie noch nie. Still und langsam schlenderte ich in Feld und Wiesenland, durch Korn und Heu und hohen Schierling, lag regungslos und atmend wie eine Schlange in der schönen Wärme und genoß die brütend stillen Stunden, *in denen ich meine Haut langsam braun werden sah und jeden in der Nähe tätigen Feldarbeiter mit herzlicher Schadenfreude betrachtete.* [. . .]

Beginn der Erzählung *Die Marmorsäge* in der Fassung von 1907. Die kursiven Textteile wurden von Hesse Ende der zwanziger Jahre gestrichen.

Diesseits erschien zuerst 1907 im S. Fischer Verlag, Berlin. Für die erweiterte Neuausgabe von 1930, die im Rahmen der *Gesammelten Werke in Einzelausgaben* erschien, wurden die Erzählungen von Hesse überarbeitet (»... es handelte sich weniger um Änderungen als um Kürzungen, Wegstreichen entbehrlicher Ornamente etc....« Aus einem Brief Hermann Hesses vom 20. 2. 1940).

M. Hesse

Hermann Hesse, am 2. Juli 1877 in dem kleinen Schwarzwaldstädtchen Calw geboren, entstammte einer Missionarsfamilie. In seiner Herkunft mischen sich Schwäbisches und Französisch-Schweizerisches mit Baltendeutschem, Pietistisches und Calvinistisches. Zur theologischen Laufbahn bestimmt, entfloh der 14jährige nach sieben Monaten dem evangelischen Seminar in Maulbronn, weil er »entweder Dichter oder gar nichts« werden wollte. Vorerst wurde er dann aber Buchhändler in Tübingen und später in Basel; gleichzeitig erste lyrische und erzählerische Veröffentlichungen. Der Erfolg des Peter Camenzind (1904, sein Debüt im S. Fischer Verlag) ermöglichte ihm das Leben als freier Schriftsteller in Gaienhofen am Bodensee. 1911 Reise nach Indien, das Land, in dem seine Mutter geboren worden war, Vater und Großvater gewirkt hatten. Nach seiner Rückkehr übersiedelte er 1912 in die Schweiz, nach Bern. Während des Ersten Weltkrieges publizierte Hermann Hesse zahlreiche antichauvinistische Aufsätze und arbeitete im Dienst der ›Deutschen Gefangenenfürsorge Bern‹. Von 1919 bis zu seinem Tode lebte er in Montagnola im Tessin, ab 1924 (wieder) als Schweizer Staatsbürger. 1926 Wahl in die Preußische Akademie der Künste, 1931 Austritt. In der Zeit des Zweiten Weltkriegs galten seine Bücher in Deutschland als unerwünscht. Die Bedeutung seines reichen Werkes (u. a. Unterm Rad, *1906;* Knulp, *1915;* Demian, *1919;* Siddhartha, *1922;* Der Steppenwolf, *1927;* Narziß und Goldmund, *1930;* Die Morgenlandfahrt, *1932;* Das Glasperlenspiel, *1943) wurde 1946 durch die Verleihung des Nobelpreises für Literatur gewürdigt. Hermann Hesse starb am 9. August 1962 in Montagnola.*

Hermann Hesses *Gesammelte Werke in Einzelausgaben* erschienen ab 1925 im S. Fischer Verlag, Berlin. Seit Anfang der vierziger Jahre, als trotz des großen Einsatzes von Peter Suhrkamp die Herausgabe weiterer Bände in Deutschland unmöglich geworden war, wurde die Ausgabe im Fretz und Wasmuth Verlag, Zürich, fortgeführt. Seit 1950 betreut der Suhrkamp Verlag, Frankfurt am Main, das Werk von Hermann Hesse.

Stefan Zweig
Sternstunden
der Menschheit

Zwölf historische
Miniaturen

S. Fischer

Stefan Zweig

Sternstunden der Menschheit
Zwölf historische Miniaturen

256 Seiten · Leinen · DM 15,–

Sternstunden der Menschheit. – Inhalt: *Flucht in die Unsterblichkeit. Die Eroberung von Byzanz. Georg Friedrich Händels Auferstehung. Das Genie einer Nacht. Die Weltminute von Waterloo. Die Marienbader Elegie. Die Entdeckung Eldorados. Heroischer Augenblick. Das erste Wort über den Ozean. Die Flucht zu Gott. Der Kampf um den Südpol. Der versiegelte Zug.*

Kein Künstler ist während der ganzen vierundzwanzig Stunden
seines täglichen Tages ununterbrochen Künstler; alles Wesentliche, alles Dauernde, das ihm gelingt, geschieht immer nur in
den wenigen und seltenen Augenblicken der Inspiration. So ist
auch die Geschichte, in der wir die größte Dichterin und Darstel-
lerin aller Zeiten bewundern, keineswegs unablässig Schöpferin.
Auch in dieser »geheimnisvollen Werkstatt Gottes«, wie Goethe
ehrfürchtig die Historie nennt, geschieht unermeßlich viel
Gleichgültiges und Alltägliches. Auch hier sind wie überall in
der Kunst und im Leben die sublimen, die unvergeßlichen Mo-
mente selten. Meist reiht sie als Chronistin nur gleichgültig und
beharrlich Masche an Masche in jener riesigen Kette, die durch
die Jahrtausende reicht, Faktum an Faktum, denn alle Spannung
braucht Zeit der Vorbereitung, jedes wirkliche Ereignis Entwicklung. Immer sind Millionen Menschen innerhalb eines Volkes nötig, damit ein Genius entsteht, immer müssen Millionen
müßige Weltstunden verrinnen, ehe eine wahrhaft historische,
eine Sternstunde der Menschheit in Erscheinung tritt.
Entsteht aber in der Kunst ein Genius, so überdauert er die Zeiten; ereignet sich eine solche Weltstunde, so schafft sie Entscheidung für Jahrzehnte und Jahrhunderte. Wie in der Spitze eines
Blitzableiters die Elektrizität der ganzen Atmosphäre, ist dann
eine unermeßliche Fülle von Geschehnissen zusammengedrängt
in die engste Spanne von Zeit. Was ansonsten gemächlich nacheinander und nebeneinander abläuft, komprimiert sich in einen
einzigen Augenblick, der alles bestimmt und alles entscheidet:
ein einziges Ja, ein einziges Nein, ein Zufrüh oder ein Zuspät
macht diese Stunde unwiderruflich für hundert Geschlechter
und bestimmt das Leben eines Einzelnen, eines Volkes und sogar
den Schicksalsablauf der ganzen Menschheit. [...]
Einige solcher Sternstunden – ich habe sie so genannt, weil sie
leuchtend und unwandelbar wie Sterne die Nacht der Vergänglichkeit überglänzen – versuche ich hier aus den verschiedensten
Zeiten und Zonen zu erinnern. Nirgends ist versucht, die seeli-
sche Wahrheit der äußern oder innern Geschehnisse durch eigene

Erfindung zu verfärben oder zu verstärken. Denn in jenen sublimen Augenblicken, wo sie vollendet gestaltet, bedarf die Geschichte keiner nachhelfenden Hand. Wo sie wahrhaft als Dichterin, als Dramatikerin waltet, darf kein Dichter versuchen, sie zu überbieten.

Aus dem Vorwort zur Ausgabe von 1929

Um ein Uhr morgens gibt der Sultan das Signal zum Angriff. Riesig wird die Standarte entrollt, und mit einem einzigen Schrei »Allah, Allah il Allah« stürzen sich hunderttausend Menschen mit Waffen und Leitern und Stricken und Enterhaken gegen die Mauern, während gleichzeitig alle Trommeln rasseln, alle Fanfaren tosen, Pauken, Zimbeln und Flöten ihr scharfes Getöne mit menschlichen Schreien und dem Donnern der Kanonen zu einem einzigen Orkan vereinigen. Mitleidlos werden zunächst die ungeübten Truppen, die Baschibozugs, gegen die Mauern geworfen – ihre halbnackten Leiber dienen im Angriffsplan des Sultans gewissermaßen nur als Prellböcke, bestimmt, den Feind zu ermüden und zu schwächen, bevor die Kerntruppe zum entscheidenden Sturm eingesetzt wird. Mit hundert Leitern rennen im Dunkel die Vorgepeitschten heran, sie klettern die Zinnen empor, werden herabgeworfen, stürmen wieder hinan, immer, immer wieder, denn sie haben keinen Rückweg: hinter ihnen, dem bloß zur Opferung bestimmten wertlosen Menschenmaterial, stehen schon die Kerntruppen, die sie immer wieder vortreiben in den fast sicheren Tod. Noch behalten die Verteidiger die Oberhand, ihren Maschenpanzern können die zahllosen Pfeile und Steine nichts anhaben. Aber ihre wirkliche Gefahr – und dies hat Mahomet richtig errechnet – ist die Ermüdung. In schweren Rüstungen fortwährend gegen die immer wieder vorpreschenden Leichttruppen kämpfend, ständig von einer Angriffsstelle zu der anderen springend, erschöpfen sie ein Gutteil ihrer Kraft in dieser aufgezwungenen Abwehr. Und als jetzt – schon beginnt nach

zweistündigem Ringen der Morgen zu grauen – die zweite
Sturmtruppe, die Anatolier, vorstürmen, wird der Kampf schon
gefährlicher. Denn diese Anatolier sind disziplinierte Krieger,
wohlgeschult und gleichfalls mit Maschenpanzern gegürtet, sie
sind außerdem in der Überzahl und völlig ausgeruht, während
die Verteidiger bald die eine, bald die andere Stelle gegen die
Einbrüche schützen müssen. Aber noch immer werden überall
die Angreifer zurückgeworfen, und der Sultan muß seine letzten
Reserven einsetzen, die Janitscharen, die Kerntruppe, die Elite-
garde des ottomanischen Heeres. In eigener Person stellt er sich
an die Spitze der zwölftausend jungen, ausgewählten Soldaten,
der besten, die Europa damals kennt, und mit einem einzigen
Schrei werfen sie sich auf die erschöpften Gegner. Es ist höchste
Zeit, daß jetzt in der Stadt alle Glocken läuten, um die letzten
halbwegs Kampffähigen an die Wälle zu rufen, daß man die Ma-
trosen heranholt von den Schiffen, denn nun kommt der wahre
Entscheidungskampf in Gang. Zum Verhängnis für die Verteidiger trifft ein Steinschlag den Führer der Genueser Truppe, den
verwegenen Condottiere Giustiniani, der schwer verwundet zu
den Schiffen abgeschleppt wird, und sein Fall bringt die Energie
der Verteidiger für einen Augenblick ins Wanken. Aber schon
jagt der Kaiser selbst heran, um den drohenden Einbruch zu verhindern, noch einmal gelingt es, die Sturmleitern hinabzustoßen:
Entschlossenheit steht gegen letzte Entschlossenheit, und für einen Atemzug noch scheint Byzanz gerettet, die höchste Not hat
wider den wildesten Angriff gesiegt. Da entscheidet ein tragi-
scher Zwischenfall, eine jener geheimnisvollen Sekunden, wie
sie manchmal die Geschichte in ihren unerforschlichen Rat-
schlüssen hervorbringt, mit einem Schlage das Schicksal von
Byzanz.

Etwas ganz Unwahrscheinliches hat sich begeben. Durch eine
der vielen Breschen der Außenmauern sind unweit der eigentlichen Angriffsstelle ein paar Türken eingedrungen. Gegen die
Innenmauer wagen sie sich nicht vor. Aber als sie so neugierig
und planlos zwischen der ersten und der zweiten Stadtmauer her-

umirren, entdecken sie, daß eines der kleineren Tore des inneren Stadtwalls, die sogenannte Kerkaporta, durch ein unbegreifliches Versehen offen geblieben ist. Es ist an sich nur eine kleine Tür, in Friedenszeiten für die Fußgänger bestimmt, während jener Stunden, da die großen Tore noch geschlossen sind; gerade weil sie keine militärische Bedeutung besitzt, hat man in der allgemeinen Aufregung der letzten Nacht offenbar ihre Existenz vergessen. Die Janitscharen finden nun zu ihrem Erstaunen diese Tür inmitten des starrenden Bollwerks ihnen gemächlich aufgetan. Erst vermuten sie eine Kriegslist, denn zu unwahrscheinlich scheint ihnen das Absurdum, daß, während sonst vor jeder Bresche, jeder Luke, jedem Tor der Befestigung Tausende Leichen sich türmen und brennendes Öl und Wurfspieße niedersausen, hier sonntäglich friedlich die Tür, die Kerkaporta, offensteht zum Herzen der Stadt. Auf jeden Fall rufen sie Verstärkung heran, und völlig widerstandslos stößt ein ganzer Trupp hinein in die Innenstadt, den ahnungslosen Verteidigern des Außenwalls unvermutet in den Rücken fallend. Ein paar Krieger gewahren die Türken hinter den eigenen Reihen, und verhängnisvoll erhebt sich jener Schrei, der in jeder Schlacht mörderischer ist als alle Kanonen, der Schrei des falschen Gerüchts: »Die Stadt ist genommen!« Laut und lauter jubeln die Türken ihn jetzt weiter: »Die Stadt ist genommen!«, und dieser Schrei zerbricht allen Widerstand. Die Söldnertruppen, die sich verraten glauben, verlassen ihren Posten, um sich rechtzeitig in den Hafen und auf die Schiffe zu retten. Vergeblich, daß Konstantin sich mit ein paar Getreuen den Eindringlingen entgegenwirft, er fällt, unerkannt erschlagen, mitten im Gewühl, und erst am nächsten Tage wird man in einem Leichenhaufen an den purpurnen, mit einem goldenen Adler geschmückten Schuhen feststellen können, daß ehrenvoll im römischen Sinne der letzte Kaiser Ostroms sein Leben mit seinem Reiche verloren. Ein Staubkorn Zufall, Kerkaporta, die vergessene Tür, hat Weltgeschichte entschieden.

Aus: *Die Eroberung von Byzanz, 29. Mai 1453*

Sternstunden der Menschheit. Zwölf historische Miniaturen. – Die Erstausgabe erschien als Teilsammlung von fünf historischen Miniaturen 1927 im Insel-Verlag, Leipzig. Die Erstausgabe der vollständigen Sammlung erschien 1943 im Bermann-Fischer Verlag, Stockholm.

Stefan Zweig wurde am 28. November 1881 in Wien geboren, er studierte dort Germanistik und Romanistik. Bereits 1901 erschien sein erster Gedichtband Silberne Saiten, *1905 folgten* Die frühen Kränze. *Nach der Promotion unternahm er ausgedehnte Reisen, u. a. nach Indien und Nordamerika. Zweig schrieb Erzählungen, Essays, Dramen, Biographien und Rezensionen. Bei Ausbruch des Ersten Weltkriegs wurde Zweig ins Kriegspressequartier eingezogen; 1917 wurde er offiziell in die neutrale Schweiz gesandt. Nach dem Krieg heiratete er Friderike Maria von Winternitz und übersiedelte nach Salzburg. In den folgenden Jahren wurde Zweig zum meistübersetzten deutschen Schriftsteller, es erschienen die Erzählbände* Amok *und* Verwirrung der Gefühle, *sowie* Sternstunden der Menschheit. *Zahlreiche Vortragsreisen. 1935 Übersiedelung nach London. Während der Naziherrschaft konnten Zweigs Werke in Deutschland nicht erscheinen; ab 1938 wurde der Schriftsteller vom Bermann-Fischer Verlag in Stockholm betreut, es erschienen Zweigs* Gesammelte Werke *in Einzelausgaben (1956 abgeschlossen). 1940 übersiedelte er nach New York, 1941 nach Petropolis (Brasilien). Als letzte Werke wurden die Autobiographie* Die Welt von Gestern *und die Schachnovelle vollendet. Gemeinsam mit seiner zweiten Frau Lotte Altmann nahm sich Stefan Zweig am 23. Februar 1942 das Leben.*

Eine Ausgabe der Werke Stefan Zweigs wurde ab 1938 im Bermann-Fischer Verlag, Stockholm, veröffentlicht und im S. Fischer Verlag, Frankfurt am Main, fortgeführt. Seit 1981 erscheinen im S. Fischer Verlag die *Gesammelten Werke in Einzelbänden*, herausgegeben von Knut Beck. Bisher liegen 25 Bände vor, einzeln bzw. zusammengefaßt in vier Kassetten lieferbar.

Virginia Woolf

Mrs. Dalloway

Die Fahrt zum Leuchtturm

Orlando

Die Wellen

Zwischen den Akten

Fünf Bände in Kassette
Gebunden · DM 50,–

Mittwoch, 25. Mai [London]

[...] Welch eine gewaltige Fähigkeit ich besitze, intensiv zu emp-
finden, – jetzt, seit wir [von Monk's House, Rodmell, dem Haus
der Woolfs in Sussex] zurückkamen, bin ich ganz zusammenge-
knäult; kann nicht in Schritt kommen; kann nichts in Schwung
bringen; fühle mich gräßlich abgesondert; sehe Jugend; fühle
mich alt; nein, das ist es nicht ganz: frage mich, wie ein Jahr oder
vielleicht ungefähr ein Jahr ertragen werden soll. Denke mir: und
doch leben Menschen; kann mir nicht vorstellen, was hinter Ge-
sichtern vorgeht. Alles hat eine harte Oberfläche; ich selbst nur
ein Organ, das Schläge empfängt, einen nach dem andern; der
Greuel dieser harten, gerötelten Gesichter gestern bei der Blu-
menschau: die alberne Sinnlosigkeit dieses ganzen Daseins: hasse
meine eigene Hirnlosigkeit und Unentschiedenheit; das alte
Tretmühlengefühl, daß es ewig so weitergeht ohne jeden Sinn
und Zweck: Lyttons [Stracheys] Tod; und Carringtons; große
Sehnsucht, mit Lytton zu sprechen; das alles weggeschnitten,
dahin [...] Frauen: mein Buch über ihre Berufe; soll ich wieder
einen Roman schreiben? Verachtung für meinen Mangel an Gei-
steskraft; lese Wells ohne Verständnis; [...] Gesellschaften; Kleider kaufen; Rodmell verschandelt; ganz England verschandelt;
nachts Grauen davor, daß es, ganz allgemein, in der Welt nicht
richtig zugeht; Kleider kaufen; wie ich die Bond Street hasse und,
Geld für Kleider auszugeben: am schlimmsten von allem ist diese
niederdrückende Unfruchtbarkeit. Und meine Augen schmer-
zen: und meine Hand zittert.

Ein Ausspruch Leonards kommt mir in dieser Zeit völliger geisti-
ger Leere und Öde in den Sinn. »Alles ist irgendwie schiefgegan-
gen.« Es war an dem Abend, als C. sich umbrachte. Wir gingen
durch diese stille blaue Straße mit dem Gerüst. Ich sah all die
Gewalttätigkeit und Unvernunft in der Luft vorbeiziehn: uns
selbst ganz klein; einen Tumult draußen: etwas Erschreckendes:
Unvernunft – soll ich ein Buch daraus machen? Es wäre ein Weg,
wieder Ordnung und Tempo in meine Welt zu bringen.

Donnerstag, 26. Mai
Und nun ist heute plötzlich das Gewicht von meinem Kopf genommen, und ich kann denken, vernünftig schließen, bei einer
Sache bleiben und mich konzentrieren. Vielleicht ist das der Beginn eines neuen Schwalls. Vielleicht verdanke ich es meinem
Gespräch mit L. [Leonard Woolf] gestern abend. Ich versuchte,
meine Depression zu analysieren; wie mein Hirn abgespannt ist
von dem Widerstreit zweier Arten des Denkens darin, des kritischen, des schöpferischen; wie ich gequält bin von all dem Streit
und Hader, der Unsicherheit außen. Heute morgen fühlt sich das
Innere meines Kopfes kühl und glatt statt verkrampft und wir-
belig.

Freitag, 5. August [Monk's House]
Gestern kam L. zur Frühstückszeit in mein Zimmer und sagte:
»Goldie [Goldsworthy Lowes Dickinson, Kritiker und Literatur-
historiker] ist gestorben.« Ich kannte ihn nie gut, hatte aber das
Gefühl, das ich diesen zuverlässigen Cambridger Leuten gegenüber im allgemeinen habe: und es hatte mich natürlich gefreut,
was er über »Die Wellen« schrieb: und so kam ich ihm näher. Ich
habe jetzt oft das ganz seltsame Gefühl, daß wir uns alle mitten in
einer riesigen Prozedur befinden: ein Gefühl von der Großartig-
keit dieses Unternehmens – Leben; fähig zu sein, zu sterben: eine
Unermeßlichkeit umgibt mich. Nein – ich kann's nicht ausdrük-
ken – werde es zweifellos sich zu »einem Roman« ausbrüten lassen. (Auf diese Weise gelange ich zur Konzeption, aus der sich
dann das Buch verdichtet.) Am Abend sprachen L. und ich wieder über den Tod. Zum zweitenmal dieses Jahr: daß wir vielleicht
wie Würmer sind, die von einem Kraftwagen zermalmt werden:
was weiß der Wurm von dem Wagen – wie er beschaffen ist? Es
mag einen Grund geben: wenn, dann keinen, den wir als Menschen erfassen können. Goldie besaß irgendeinen mystischen
Glauben.
Und nun waren wir beim Rennen in Lewes und sahen die dicke
Dame in Schwarz und, wie Teile ihrer Person über das Klappsitz-

chen quollen, auf dem ihre Masse so unsicher postiert war: sahen
Krethi und Plethi der Turfwelt, reihenweise in Wagen, die Not-
sitze hochbepackt mit Picknickkörben, hörten das Geschrei der
Wettenden: sahen eine Sekunde lang die ausgreifend sich strek-
kenden Pferde mit den rotgesichtigen Jockeis, die sie an uns vor-
beipeitschten. Was für einen Lärm sie machten – was für ein Gefühl von harten und gestrafften Muskeln – und dahinter sahen die
Hügel an diesem windigen, sonnigen Tag wild und fern aus; und
ich vermochte sie in Gedanken in unkultiviertes Land zurückzu-
verwandeln.

Aus Virginia Woolfs Tagebüchern des Jahres 1932

Als Schriftstellerin griff Virginia Woolf nach der Vergangenheit,
nach geisterhaften Stimmen, die mit zunehmender Klarheit sprachen und die vielleicht realer für sie waren als die Menschen, die
mit ihr lebten. Es machte sie wahnsinnig, wenn die Stimmen der
Toten Unmögliches von ihr forderten, aber gebändigt wurden sie
zum Stoff ihrer Dichtung. Mit jedem Tod wuchs ihr Sinn für
Vergangenes. Ihre Romane waren Erwiderungen auf jenes Verschwinden.»Die Vergangenheit ist schön«, sagte sie,»denn niemals erfaßt man ein Gefühl beizeiten. Es entfaltet sich später,
und somit haben wir niemals ein vollkommenes Gefühl der Gegenwart, immer nur der Vergangenheit.« In der Erinnerung
konnten die Toten endgültig Gestalt gewinnen; die Lebenden
waren unfertig, noch immer im Werden wie sie selbst, wenngleich sie dies nicht davon abschreckte, auch sie durch ihre Vor-
stellungskraft zu formen. Menschen, die sie liebte – Eltern,
Bruder, Schwester, Freunde, Ehemann – verwandelte sie in Gestalten, die in ihrem Verhalten erstarrt ihre Zeit zu überdauern
vermochten. [...]
In ihren besten Werken wollte sie nicht beim Tode selbst verwei-
len, sondern sie wollte dauerhafte Porträts zeichnen. Diese Porträts waren nicht fotografisch: sie pflegte ihren Gegenstand zu
verformen, um ihre private Erinnerung einem geschichtlichen

oder allgemeinen Stoff anzupassen. Die selbstlose Mrs. Ramsay, die Virginias Erinnerung an ihre Mutter entstammt, ist, wenn sie ihrem Kind vorliest, gestaltet als Inbegriff des Viktorianischen und als reines Bild von Mütterlichkeit. Auf diese Weise brachte Virginia Woolf die Toten zurück und verewigte sie auf dem Papier, so wie Lily Briscoe, die Künstlerin in *Die Fahrt zum Leuchtturm*, die viktorianische Familie in Gemälden verewigt.

Die betonte Modernität der frühen zwanziger Jahre war die Vorstellung, unter der sich Virginia Woolf der Öffentlichkeit einprägte, bis in den Sechzigern dieses Bild sich in Richtung einer anderen Teilwahrheit verlagerte: Die Feministin Virginia Woolf, die den Kampf für die Rechte der Frauen unterstützt. Jetzt, da es möglich ist, diese Vorstellungen aus der Perspektive des vollständigen, veröffentlichten wie unveröffentlichten, Werks zu beurteilen, wird klar, daß ihre Phase als Hohepriesterin des modernen Romans ziemlich kurz war und daß ihre feministische Polemik der Versuch war, den viktorianischen Entwurf von Weiblichkeit eher neu zu fassen als zu verabschieden. Ihre Vorbilder suchte sie in der Vergangenheit, und ihre Laufbahn dürfte sich zum Teil aus dem Spiel der Erinnerung erklären, aus einem empfindlichen Sinn für Vergangenes, aus Bindungen insbesondere ans 19. Jahrhundert. Sie dürfte sich, ebenfalls zum Teil, erklären aus einem Verlangen nach Anonymität, das gegen Ende ihrer Karriere immer deutlicher wurde. Es war dies eine Bewegung weg von der selbstbewußten Überlegenheit der modernen Autoren, hin zum Leben in der Verborgenheit, insbesondere zum Leben der Frauen, in dem sie eine Gegengeschichte suchte zur Geschichte der Macht, zur Geschichte von Königen mit goldenen Teekannen auf den Häuptern.

Die Kunst war wichtig und das Los der Frauen, aber das ästhetische Experiment und die Polemik blieben den Strömungen des Unbekannten untergeordnet. »Ich habe einen ruhelosen Forscher in mir«, schrieb sie in ihr Tagebuch. Nicht Themen, sondern dies Forschen vor allem war es, was ihr Werk antrieb. Yeats erkannte, daß es für jeden »eine bestimmte Szene, ein bestimmtes

Nach einer Gouache
von Klaus Böttger

Erlebnis gibt, welches das Bild seines geheimen Lebens ist«. Virginia Woolfs immer wiederkehrendes Bild war die Entdeckungsreise oder die Flosse eines untergetauchten Wesens, das sich in den Wellen verbirgt. »Warum kommt im Leben nicht die Entdeckung?« fuhr sie fort. »Etwas, auf das man die Hände legen kann und sagen: ›Das ist es.‹ Ich habe ein starkes und erstaunliches Gefühl von etwas, das da ist...« An jedem Nachmittag, wenn sie lange Spaziergänge machte, winkte ihr selbst London als das »unerforschte Land«. Sie ließ sich nicht treiben in einem selbstgenügsamen Bewußtseinsstrom; sie war eine wißbegierige Forscherin in den Fußstapfen der Reisenden der elisabethanischen Zeit oder auch Darwins, und sie versuchte, das zu verstehen, was sie »die unendliche Befremdlichkeit der menschlichen Situation« nannte.

Aus: Lyndall Gordon, *Virginia Woolf. A Writer's Life*

Mrs. Dalloway. Roman. – Titel der englischen Originalausgabe: *Mrs. Dalloway.* (In der Übertragung von H. E. und M. Herlitschka erstmals 1955 im S. Fischer Verlag, Frankfurt am Main)
Die Fahrt zum Leuchtturm. Roman. – Titel der englischen Originalausgabe: *To the Lighthouse.* (In der Übertragung von H. E. und M. Herlitschka erstmals 1956 im S. Fischer Verlag, Frankfurt am Main)
Orlando. Eine Biographie. – Titel der englischen Originalausgabe: *Orlando.* (In der Übertragung von H. E. und M. Herlitschka erstmals 1961 im S. Fischer Verlag, Frankfurt am Main)
Die Wellen. Roman. – Titel der englischen Originalausgabe: *The Waves.* (Deutsche Erstausgabe 1959, erschienen im S. Fischer Verlag, Frankfurt am Main)
Zwischen den Akten. – Titel der englischen Originalausgabe: *Between the Acts.* (Deutsche Erstausgabe 1963, erschienen im S. Fischer Verlag, Frankfurt am Main)
Alle Texte übertragen von Herberth E. und Marlys Herlitschka.

Virginia Woolf wurde am 25. Januar 1882 in London geboren und wuchs in dem großbürgerlichen viktorianischen Milieu Englands auf, das in vielen Fällen den Hintergrund für ihre Romane abgibt. Sie war die jüngste Tochter des Biographen und Kritikers Leslie Stephen. Der Tod ihrer Mutter 1895 und ihrer ältesten Schwester Stella bald darauf führte zum Ausbruch einer schweren psychischen Erkrankung, unter der sie von nun an regelmäßig, wenn auch in größeren Abständen leiden sollte. 1912 heiratete sie Leonard Woolf, der ihretwegen eine Karriere im Kolonial-Dienst aufgab. Trotz Virginias immer wiederkehrenden Bewußtseinstrübungen war es eine Ehe von hohem intellektuellen Anspruch, großer Offenheit und gegenseitiger Achtung. Zusammen gründeten die Woolfs im Jahr 1917 den Verlag »The Hogarth Press«. Ihr Haus war Zentrum der sogenannten »Bloomsbury Group«, zu der Virginias Schwester Vanessa und deren Mann Clive Bell, sowie Lytton Strachey, E. M. Forster und Vita Sackville-West gehörten.

Im Frühjahr 1941 nahm sich Virginia Woolf unter dem Eindruck der Verwüstungen des Zweiten Weltkrieges und erneut bedroht von einer zunehmenden Verdunkelung ihres Gemüts das Leben.

Virginia Woolf hat ein reiches und bedeutendes schriftstellerisches Werk geschaffen: Neben den acht Romanen und dem Romanfragment Zwischen den Akten schrieb sie Erzählungen, Biographien und Essays. Sie hinterließ zahlreiche Briefe und dreißig Tagebücher.

Die Biographie *Virginia Woolf. A Writer's Life* von Lyndall Gordon erschien 1984 in der Oxford University Press. Die deutsche Übersetzung soll 1986 im S. Fischer Verlag erscheinen.

Franz Kafka

Amerika

Der Prozeß

Das Schloß

Erzählungen

Beschreibung eines Kampfes
Novellen, Skizzen, Aphorismen
aus dem Nachlaß

Hochzeitsvorbereitungen
auf dem Lande
und andere Prosa
aus dem Nachlaß

Tagebücher 1910–1923

Herausgegeben von Max Brod

Sieben Bände in Kassette
Gebunden · DM 60,–

Aus den Reisetagebüchern

Montag, 11. September [1911]. Auf dem Asphaltpflaster sind die Automobile leichter zu dirigieren, aber auch schwerer einzuhalten. Besonders wenn ein einzelner Privatmann am Steuer sitzt, der die Größe der Straßen, den schönen Tag, sein leichtes Automobil, seine Chauffeurkenntnisse für eine kleine Geschäftsfahrt ausnützt und dabei an Kreuzungsstellen sich mit dem Wagen so winden soll wie die Fußgänger auf dem Trottoir. Darum fährt ein solches Automobil knapp vor der Einfahrt in eine kleine Gasse, noch auf dem großen Platz in ein Tricycle hinein, hält aber elegant, tut ihm nicht viel, tritt ihm förmlich nur auf den Fuß, aber während ein Fußgänger mit einem solchen Fußtritt desto rascher weitereilt, bleibt das Tricycle stehen und hat das Vorderrad verkrümmt. Der Bäckergehilfe, der auf diesem der Firma gehörigen Wagen bisher vollständig sorglos mit jenem den Dreirädern eigentümlichen schwerfälligen Schwanken dahingefahren ist, steigt ab, trifft den Automobilisten, der ebenfalls absteigt, und macht ihm Vorwürfe, die durch den Respekt vor einem Automobilbesitzer gedämpft und durch die Furcht vor seinem Chef angefeuert werden. Es handelt sich nun zuerst darum, zu erklären, wie es zu dem Unfall gekommen. Der Automobilbesitzer stellt mit seinen erhobenen Handflächen das heranfahrende Automobil dar, da sieht er das Tricycle, das ihm in die Quere kommt, die rechte Hand löst sich ab und warnt durch Hin- und Herfuchteln das Tricycle, das Gesicht ist besorgt, denn welches Automobil kann auf diese Entfernung bremsen. Wird es das Tricycle einsehen und dem Automobil den Vortritt lassen? Nein, es ist zu spät, die Linke läßt vom Warnen ab, beide Hände vereinigen sich zum Unglücksstoß, die Knie knicken ein, um den letzten Augenblick zu beobachten. Es ist geschehen und das still dastehende verkrümmte Tricycle kann schon bei der weiteren Beschreibung mithelfen. Dagegen kann der Bäckergehilfe nicht gut aufkommen. Erstens ist der Automobilist ein gebildeter lebhafter Mann, zweitens ist er bis jetzt im Automobil gesessen, hat sich ausgeruht, kann sich bald wieder hineinsetzen und weiter ausruhn und drittens hat er von der Höhe des Automobils den Vorgang wirklich besser gesehn. Einige Leute haben sich inzwischen angesammelt und stehen, wie es die Darstellung des Automobilisten verdient, nicht eigentlich im Kreise um ihn, sondern mehr vor ihm. Der Verkehr muß sich inzwischen ohne den Platz behelfen, den diese Gesellschaft einnimmt, die überdies nach den Einfällen des Automobilisten hin und her rückt. So ziehen zum Beispiel einmal alle zum Tricycle, um den Schaden, von dem so viel gesprochen worden ist, einmal genauer anzusehen. Der Automobilist hält ihn nicht für arg (einige halten in mäßig lauten Unterredungen zu ihm), trotzdem er sich nicht mit dem bloßen Hinschauen begnügt, sondern rundherum geht, oben hinein und unten durch schaut. Einer, der schreien will, setzt sich, da der Automobilist Schreien nicht braucht, für das Tricycle ein; er bekommt aber sehr gute und sehr laute Antworten von einem neu auftretenden fremden Mann, der, wenn man sich nicht beirren läßt, der Begleiter des Automobilisten gewesen ist. Einige Male müssen einige Zuhörer zusammen lachen, beruhigen sich aber immer mit neuen sachlichen Einfällen. Nun besteht eigentlich keine große Meinungsverschiedenheit zwischen Automobilisten und Bäckerjungen, der Automobilist sieht sich von einer kleinen freundlichen Menschenmenge umgeben, die er überzeugt hat, der Bäckerjunge läßt von seinem einförmigen Armeausstrecken und Vorwürfemachen langsam ab, der Automobilist leugnet ja nicht, daß er einen kleinen Schaden angerichtet hat, gibt auch durchaus dem Bäckerjungen nicht alle Schuld, beide haben Schuld, also keiner, solche Dinge kommen eben vor usw. Kurz, die Angelegenheit würde schließlich in Verlegenheit ablaufen, die Stimmen der Zuschauer, die schon über den Preis der Reparatur beraten, müßten abverlangt werden, wenn man sich nicht daran erinnern würde, daß man einen Polizeimann holen könnte. Der Bäckerjunge, der in eine immer untergeordnetere Stellung zum Automobilisten geraten ist, wird von ihm einfach um einen Polizisten geschickt und vertraut sein Tricycle dem Schutz des Automobili-

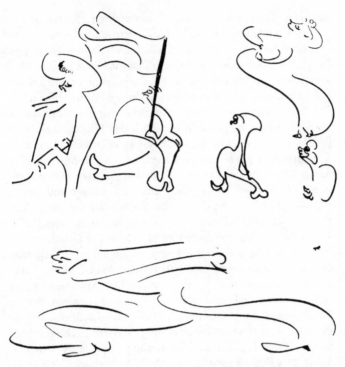

sten an. Nicht mit böser Absicht, denn er hat es nicht nötig, eine Partei für sich zu bilden, hört er auch in Abwesenheit des Gegners mit seinen Beschreibungen nicht auf. Weil man rauchend besser erzählt, dreht er sich eine Zigarette. In seiner Tasche hat er ein Tabaklager. Neu Ankommende, Uninformierte, und wenn es auch nur Geschäftsdiener sind, werden systematisch zuerst zum Automobil, dann zum Tricycle geführt und erst dann über die Details unterrichtet. Hört er aus der Menge von einem weiter hinten Stehenden einen Einwand, beantwortet er ihn auf den Fußspitzen, um dem ins Gesicht sehen zu können. Es zeigt sich, daß es zu umständlich ist, die Leute zwischen Automobil und Tricycle hin- und herzuführen, deshalb wird das Automobil

mehr zum Trottoir in die Gasse hineingefahren. Ein ganzes Tricycle hält, und der Fahrer sieht sich die Sache an. Wie zur Belehrung über die Schwierigkeiten des Automobilfahrens ist ein gro
ßer Motoromnibus mitten auf dem Platz stehengeblieben. Man
arbeitet vorn am Motor. Die ersten, die sich um den Wagen niederbeugen, sind seine ausgestiegenen Passagiere im richtigen Gefühl ihrer näheren Beziehung. Inzwischen hat der Automobilist
ein wenig Ordnung gemacht und auch das Tricycle mehr zum
Trottoir geschoben. Die Sache verliert ihr öffentliches Interesse.
Neu Ankommende müssen schon erraten, was eigentlich geschehen ist. Der Automobilist hat sich mit einigen alten Zuschauern,
die als Zeugen Wert haben, förmlich zurückgezogen und spricht
mit ihnen leise. Wo wandert aber inzwischen der arme Junge herum? Endlich sieht man ihn in der Ferne, wie er mit dem Polizisten den Platz zu durchqueren anfängt. Man war nicht ungeduldig, aber das Interesse zeigt sich sogleich aufgefrischt. Viele neue
Zuschauer treten auf, die auf billige Weise den äußersten Genuß
der Protokollaufnahme haben werden. Der Automobilist löst
sich von der Gruppe und geht dem Polizisten entgegen, der die
Angelegenheit sofort mit der gleichen Ruhe aufnimmt, welche
die Beteiligten erst durch halbstündiges Warten sich verschafft
haben. Die Protokollaufnahme beginnt ohne lange Untersuchung. Der Polizist zieht aus seinem Notizbuch mit der Schnelligkeit eines Bauarbeiters einen alten schmutzigen, aber leeren
Bogen Papier, notiert die Namen der Beteiligten, schreibt die
Bäckerfirma auf und geht, um dies genau zu machen, schreibend
um das Tricycle herum. Die unbewußte unverständige Hoffnung der Anwesenden auf eine sofortige sachliche Beendigung
der ganzen Angelegenheit durch den Polizisten geht in eine Freude an den Einzelheiten der Protokollaufnahme über. Diese Protokollaufnahme stockt bisweilen. Der Polizist hat sein Protokoll etwas in Unordnung gebracht, und in der Anstrengung, es wieder
herzustellen, hört und sieht er weilchenweise nichts anderes. Er
hat nämlich den Bogen an einer Stelle zu beschreiben angefangen, wo er aus irgendeinem Grunde nicht hätte anfangen dürfen.

Nun ist es aber doch geschehen, und sein Staunen darüber erneuert sich öfters. Er muß den Bogen immerfort wieder umdrehen, um den schlechten Protokollanfang zu glauben. Da er aber von diesem schlechten Anfang bald abgelassen und auch anderswo zu schreiben angefangen hat, kann er, wenn eine Spalte zu Ende ist, ohne großes Auseinanderfalten und Untersuchen unmöglich wissen, wo er richtigerweise fortzusetzen hat. Die Ruhe, die dadurch die Angelegenheit gewinnt, läßt sich mit jener früheren, durch die Beteiligten allein erreichten, gar nicht vergleichen.

Der Text ist abgedruckt im Band *Tagebücher 1910–1923*.
Die Zeichnungen stammen von Kafkas Hand und entstanden vermutlich während seiner Universitätsjahre.

*Franz Kafka wurde am 3. Juli 1883 als Sohn eines jüdischen Kaufmanns
in Prag geboren. Den Vater erlebte er schon früh als übermächtige Erscheinung, die für den Schriftsteller zur kaum überwindbaren Herausforde-
rung werden sollte. Die ersten literarischen Arbeiten entstanden bereits
während des Jurastudiums, das er mit der Promotion abschloß. Ab 1902
Freundschaft mit Max Brod. 1908 wurde Kafka Angestellter der »Ar-
beiter-Unfall-Versicherungs-Anstalt«, ein Beruf, der zahlreiche Dienst-
reisen mit sich brachte. Er empfand starkes Interesse für das jiddische
Theater. 1912 begann die Arbeit an dem Roman* Der Verschollene *(später von Max Brod unter dem Titel* Amerika *ediert), der jedoch, wie auch*
Der Prozeß *und* Das Schloß, *unvollendet blieb. Der Band* Betrachtung
*(1913), der acht kurze Prosastücke enthielt, war die erste der wenigen
Buchpublikationen, die zu Kafkas Lebzeiten erschienen. 1912 lernte er
Felice Bauer kennen; es entwickelte sich ein intensiver Briefwechsel, der
zu einer zweimaligen Verlobung führte. 1917 wurde eine Lungentuber-
kulose festgestellt; 1922 wurde er aus gesundheitlichen Gründen vorzeitig
pensioniert. In diese Zeit fiel die Freundschaft mit der Journalistin Milena Jesenská. In den letzten Lebensjahren beschäftigte sich Kafka intensiv
mit der jüdischen Überlieferung und der hebräischen Sprache. Im Herbst
1923 übersiedelte er von Prag nach Berlin; schon im April 1924 jedoch
mußte er sich in ein Sanatorium in Kierling bei Wien begeben, wo er am
3. Juni starb.*

Der S. Fischer Verlag begann 1950 mit der von Max Brod besorg-
ten Ausgabe von Franz Kafkas *Gesammelten Werken* in Lizenz des
Schocken-Verlags, New York, die 1974 abgeschlossen wurde.
Seit 1982 erscheint im S. Fischer Verlag eine Kritische Ausgabe
der Werke von Franz Kafka. Sie wird unter Beratung von Nahum
Glatzer, Rainer Gruenter, Paul Raabe und Marthe Robert herausgegeben von Jürgen Born, Gerhard Neumann, Malcolm Pasley und Jost Schillemeit. Bisher liegen vor: *Das Schloß*, herausgegeben von Malcolm Pasley, und *Der Verschollene*, herausgegeben
von Jost Schillemeit. Beide Bände sind auch als Leseausgabe ohne kritischen Kommentar erhältlich. 1987 sollen die *Drucke zu
Lebzeiten* folgen, *Die Tagebücher* sind in Vorbereitung.

Eugene O'Neill

Meisterdramen

859 Seiten · Leinen · DM 38,–

Meisterdramen. Inhalt: *Unterm karibischen Mond. Kaiser Jones. Der haarige Affe. Trauer muß Elektra tragen. Eines langen Tages Reise in die Nacht. Ein Mond für die Beladenen. Im Nebel von Cardiff. Jenseits vom Horizont. Der große Gott Brown. Alle Kinder Gottes haben Flügel. Gier unter Ulmen. Der Eismann kommt. Fast ein Poet.*
Der Band ist inhaltsidentisch mit der zweibändigen Ausgabe *Meisterdramen*, die 1960 und 1963 im S. Fischer Verlag erschien.

Dramaturgische Notizen

Gewiß will ich über das Glück schreiben, wenn ich so glücklich bin, dieser Luxusware zu begegnen, und es ausreichend dramatisch finde und im Einklang mit einem tiefen Lebensrhythmus. Aber Glück ist ein Wort. Was bedeutet es? Erhebung? Ein verstärktes Gefühl für den bedeutenden Wert des menschlichen Seins und Werdens? Gut, wenn es das bedeutet – und nicht nur eine süß lächelnde Zufriedenheit mit seinem Los, – dann weiß ich, daß mehr Glück in einer wirklichen Tragödie ist als in all jenen Stücken mit Happy-End, die jemals geschrieben wurden.

Es ist nur die Tagesmeinung, eine Tragödie für traurig zu halten. Die Griechen und die Elisabethaner wußten es besser. Sie fühlten den gewaltigen Auftrieb darin. Die Tragödie rüttelte sie wach, so daß sie das Leben tiefer als bisher begriffen. Durch die Tragödie wurden sie frei von den kleinlichen Rücksichten alltäglicher Existenz. Sie sahen ihr Leben geadelt durch die Tragödie.

Wir können nur durch irgendeine Form von »Übernaturalismus« (Surrealismus) das auf dem Theater ausdrücken, was wir intuitiv erfassen von jener Selbstverfolgung, die der besondere Zins ist, den wir Modernen für das Darlehen des Lebens zu zahlen haben. Der alte »Naturalismus« oder »Realismus«, wenn Sie wollen (ich wünsche zu Gott, irgendein Genie wäre gigantisch genug, klar und ein für allemal die Verschiedenheit dieser Begriffe zu definieren!), läßt sich nicht länger verwenden. Er repräsentiert das waghalsige Trachten unserer Väter nach Selbsterkenntnis, indem sie den Familienkodak auf die böse Natur richteten. Aber für uns ist ihre alte Keckheit Unsinn. Wir haben voneinander allzu viele Momentaufnahmen in jeder ungraziösen Stellung gemacht. Wir haben allzuviel gelitten unter der Banalität des Oberflächlichen.

Ich persönlich glaube nicht, daß eine Idee einem Publikum übermittelt werden kann, außer durch Charaktere. Wenn es »Einen

Mann« und »Eine Frau« sieht – nur Abstraktionen –, dann verliert es den menschlichen Kontakt, durch den es sich selber mit
den Darstellern des Spiels identifiziert...

Ich muß es bekennen, daß ich noch mit keinem meiner Stücke
restlos zufrieden war, und daß ich bis zu ihrer Aufführung ständig an ihnen arbeitete. Selbst während der Aufführung fallen mir
noch Änderungen ein, und ich bedauere dann tief, daß ich nichts
mehr verbessern kann. Dies ist nur natürlich, denn die Gefühle
jedes schöpferisch tätigen Menschen liegen in der Tiefe. Man
kann, wie Shaw, seine Aufrichtigkeit hinter einem Augenzwin-
kern verbergen und über sein ernstes Streben hinwegtäuschen,
doch Shaws Bemühen wird sein Herz deswegen nicht weniger
erschüttern.

Wenn du ein Stück beendet hast und es in die Proben geht, fängt
es an, sich von dir zu entfernen. Ganz gleich, wie gut die Insze-
nierung ist, wie tüchtig die Schauspieler sind – etwas geht verloren: deine Vision von dem Stück, so wie du es in deiner Phantasie
gesehen hast. Ich glaube nicht, daß die Schauspielkunst so gut ist,
wie sie sein sollte. Nach Typen besetzen ist etwas Arges – du
bekommst keine Schauspieler und Schauspielerinnen dadurch,
daß du sie bittest, auf die Bühne zu gehen und sich selbst zu spielen. So geht es einfach nicht, es tut nicht gut, weder für die
Schauspieler noch für den Schriftsteller. Der Autor wird abhängig davon, daß die Schauspieler für ihn Gestalten ausfüllen, statt
daß er seine Charaktere niederschreibt. Ob meine Stücke gut
oder schlecht sind, ich habe stets versucht, es so zu halten. Daher
war ich manchmal enttäuscht von den Schauspielern, die Gestalten waren in meiner Phantasie zu wirklich und lebendig. Was die
Länge anbelangt, schön, wenn du ein Publikum nicht für drei
Minuten fesseln kannst, sind drei Minuten zu lang. Kannst du sie
dazu bringen, dir drei Stunden zuzuhören, dann mögen drei
Stunden nicht lang genug sein.

Das Drama ist eine symbolische und eine reale Biographie von
dem, was sich in einem großen Teil der amerikanischen Seele
gerade ereignet hat: der Tod des alten Gottes und die Unfähigkeit
von Wissenschaft und Materialismus, den überlebenden elemen-
taren religiösen Instinkten einen friedenbringenden neuen Gott
zu schaffen und Trost für die Todesfurcht. Mir scheint, daß jeder, der heute etwas Wichtiges tun will, diesen wahrhaft wichti-
gen Gegenstand aufgreifen muß, der hinter all den kleinen Gegenständen der Theaterstücke und Romane steckt – oder sein Ge-
schreibsel bleibt ganz an der Oberfläche der Dinge und bedeutet
nicht mehr als eine Salonunterhaltung.

1929

*Eugene O'Neill wurde am 16. Oktober 1888 als Sohn eines Schauspielers
irischer Abstammung in New York geboren. Seine Kindheit war bestimmt von dem rastlosen Wanderleben seiner Eltern, die mit einer Schau-
spieltruppe durch die Lande zogen, und belastet von der Alkoholkrankheit
des Vaters und der zunehmenden Morphiumsüchtigkeit der Mutter. Nach
dem Besuch katholischer Internatsschulen studiert O'Neill kurze Zeit an
der Princeton University und versucht sich dann in den verschiedensten
Jobs, als Büroangestellter, Goldgräber, Schauspieler, Matrose, techni-
scher Zeichner, Vertreter, Tierpfleger. Eine schwere Tuberkulose zwang
den Vierundzwanzigjährigen 1912 zu völliger Muße: im Sanatorium
begann er Theaterstücke zu schreiben – zuerst vor allem Einakter. Die
›Province-town-Players‹ entdeckten 1916 O'Neill und reklamierten ihn
als Hausautor. Seinen Durchbruch als Dramatiker hatte er 1920 mit dem
Stück* Jenseits vom Horizont, *das im New Yorker Morosco Theater uraufgeführt wurde und ihm den Pulitzerpreis eintrug. Dieser wurde ihm
noch zwei weitere Male zugesprochen, 1921 für* Anna Christie *und 1928
für* Seltsames Zwischenspiel. *O'Neill schrieb insgesamt über 40 Büh-
nenstücke; als erster Bühnenautor Amerikas erhielt er 1936 den Nobelpreis. In den letzten Jahren vor seinem Tod vernichtete O'Neill einen Teil
seiner literarischen Produktion. Er starb nach langer Krankheit am 27.
November 1953 in Boston.*

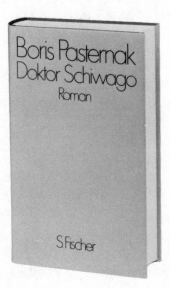

Boris Pasternak

Doktor Schiwago
Roman
640 Seiten · Leinen · DM 25,–

Die *Schiwago*-Affäre
Chronologie der Ereignisse

1946
Beginn der Arbeit an *Doktor Schiwago*.

1953
Tod Stalins.
Pasternaks Übersetzung von Goethes *Faust, Erster Teil* erscheint.

1954
Die Literaturzeitschrift *Snamja* druckt zehn Gedichte Pasternaks unter der Überschrift »Verse aus dem Roman in Prosa *Doktor Schiwago*«. Ablehnung durch die sowjetische Kritik, Angriffe in der *Prawda*.

1955
Auf Brechts ausdrücklichen Wunsch übersetzt Pasternak dessen Dankesrede anläßlich der Verleihung des Stalin-Friedenspreises in Moskau. Abschluß der Arbeit an *Doktor Schiwago*.

1956
Der Schriftstellerverband warnt die sowjetische Jugend vor Pasternak. Die Literaturzeitschrift *Nowi Mir* lehnt die Veröffentlichung des *Doktor Schiwago* ab. Das Manuskript liegt dem Staatsverlag zur Prüfung vor.
Der Verleger Feltrinelli in Mailand erhält die Rechte für eine italienische Ausgabe; um der sowjetischen Zensur nicht zuvorzukommen, wird eine Sperrfrist von sechs Monaten vereinbart.

Oktober 1956
Aufstände in Polen und Ungarn.

1957
Pasternak bittet Feltrinelli unter dem Druck des Schriftstellerverbandes, das Manuskript zurückzusenden. Der Erste Sekretär des Schriftstellerverbandes und der sowjetische Kulturattaché in Mailand intervenieren bei Feltrinelli, um das Erscheinen des Romans zu verhindern. Feltrinelli besteht jedoch auf der Erfüllung des Vertrages. Er verläßt die KPI.
Die Weltpresse wird auf die Vorgänge um *Doktor Schiwago* aufmerksam.

15. November 1957
Doktor Schiwago erscheint in italienischer Sprache bei Feltrinelli.

Innerhalb des folgenden Jahres schließt Feltrinelli Verträge mit achtzehn Verlagen in nichtkommunistischen Ländern. Auf der Weltausstellung in Brüssel tauchen Exemplare in russischer Sprache auf, die offenbar auf dem Originalmanuskript basieren.

23. Oktober 1958
Verleihung des Nobelpreises für Literatur an Boris Pasternak.
Pasternak kündigt an, er wolle den Preis in Stockholm entgegennehmen.

25. Oktober 1958
Pasternak telegrafiert an die Schwedische Akademie: »Außerordentlich dankbar, bewegt, stolz, erstaunt, beschämt.«

26. Oktober 1958
In der *Prawda* wird Pasternak als »Spießer« und als »Unkraut« bezeichnet.

27. Oktober 1958
Pasternak erklärt, er werde nach Stockholm nur unter der Bedingung reisen, daß er auch zurückkehren könne.

— Не может быть. Какая знаменательная подробность! Неужели правда! Так об был я твоим злым гением? Как это роднит нас! Просто предопределение какое-то!

— Вот к кому я тебя ревную безумно, непоправимо.

— Что ты? Ведь я не только не люблю его. Я его презираю.

— Так ли хорошо ты все себя знаешь? Человеческая, в особенности женская природа так темна и противоречива! Каким-то уголком своего отвращения ты, может быть в большем подчинении у него, чем к свободе о ком-нибудь ~~всей своей любовью~~ *И коли бы ты ни было другою, кого ты любишь по доброй воле, без принуждения*

— Как страшно то, что ты сказал. И, по обыкновению, сказал так метко, что эта противоестественность кажется мне правдой. Но тогда как это ужасно!

Manuskriptseite aus *Doktor Schiwago*

28. Oktober 1958
Im S. Fischer Verlag erscheint *Doktor Schiwago* in deutscher
Sprache.

29. Oktober 1958
Der Beschluß des sowjetischen Schriftstellerverbandes über den
Ausschluß Pasternaks und die Forderung nach Aberkennung der
Staatsbürgerschaft werden im Moskauer Rundfunk verlesen. Pasternak lehnt den Nobelpreis ab. Sein Telegramm an die Schwedische Akademie lautet: »In Anbetracht der Auslegungen, die
diese Ehrung in der Gesellschaft, zu der ich gehöre, gefunden
hat, bin ich gezwungen, den unverdienten Preis, der mir zuerkannt wurde, abzulehnen. Nehmen Sie bitte meine freiwillige
Weigerung nicht mit Unwillen auf.«
Pasternaks Haus in der Schriftstellerkolonie Peredelkino wird
unter polizeiliche Bewachung gestellt.

31. Oktober 1958
In einem Brief an Chruschtschow bittet Pasternak, in der Sowjetunion bleiben zu dürfen.

6. November 1958
In einem Brief an die *Prawda* bekennt sich Pasternak schuldig,
den antisowjetischen Auslegungen seines Romans Vorschub ge-
leistet zu haben. Er betont, keinerlei Repressalien ausgesetzt gewesen zu sein. »Ich glaube, daß ich in mir die Kraft finden werde,
um meinen guten Namen wiederherzustellen und das erschütter-
te Vertrauen der Kollegen wiederzugewinnen.«

30. Mai 1960
Tod Pasternaks.

August 1960
Olga Iwinskaja, die Geliebte Pasternaks, wird verhaftet. Der
Nachlaß wird vermutlich beschlagnahmt.

Dezember 1960
Olga Iwinskaja und ihre Tochter werden zu Haftstrafen verurteilt, da sie »illegal« Honorare für *Doktor Schiwago* von Feltrinelli angenommen haben.

Oktober 1961
Im Moskauer Literatur-Verlag erscheint eine Gedicht-Auswahl Pasternaks im Umfange von 240 Seiten und mit einer Auflage von 10 000 Exemplaren.

Frühjahr 1962
Die deutsche Ausgabe des *Doktor Schiwago* erreicht das 500. Tausend.

Herbst 1962
Carlo Ponti erwirbt von Feltrinelli die Filmrechte an *Doktor Schiwago*.

1963
Die Weltauflage des *Doktor Schiwago* erreicht drei Millionen.

1965
Doktor Schiwago wird unter der Regie von David Lean verfilmt. Produktionskosten: ca. 20 Millionen Dollar. Premiere am 22. Dezember in New York.

In der Sowjetunion ist *Doktor Schiwago* bis heute unpubliziert.

Doktor Schiwago. Roman. Übertragen von Reinhold von Walter. (Deutsche Erstausgabe 1958, erschienen im S. Fischer Verlag, Frankfurt am Main)

Boris Leonidowitsch Pasternak wurde am 10. Februar 1890 als erstes Kind des impressionistischen Malers Leonid Pasternak und der Pianistin Rosa Kaufmann in Moskau geboren. 1900 kam es zu einer ersten Begegnung mit Rainer Maria Rilke während einer Bahnfahrt nach Jassnaja Poljana, zu Leo Tolstoj, dem Freund der Familie Pasternak. Angeregt unter anderem von dem Komponisten Alexander Skrjabin beschäftigte sich Pasternak ab 1903 mit Musiktheorie und Komposition. 1909 immatrikulierte er sich an der Juristischen Fakultät der Moskauer Universität, wechselte jedoch bald zur Philosophie. 1912 reiste er mit 200 Rubeln, die seine Mutter für ihn erspart hatte, nach Marburg und studierte während des Sommersemesters bei Hermann Cohen und Nicolai Hartmann an der Philosophischen Fakultät. 1914 erschien sein erster Gedichtband Der Zwilling in den Wolken, *doch erst seine dritte Veröffentlichung im Jahr 1922,* Meine Schwester, das Leben, *machte ihn auch außerhalb der engen literarischen Zirkel bekannt. Als 1934 der »Schriftstellerverband der Sowjetunion« gegründet wurde, lobte Nikolaj Bucharin Pasternak als »einen der hervorragendsten Meister des Verses in unserer Zeit«. In diesem Jahr erschien auch eine erste Gesamtausgabe seiner Gedichte. Ab 1936 begann das »siebenjährige Schweigen« Pasternaks, in dem er nur mit Übersetzungen hervortrat: u. a. Shakespeare, Goethe, Schiller und Kleist. 1946 wurde das Werk Pasternaks während der »Schdanow-Kampagne« heftig kritisiert, und erst 1954, kurz nach Stalins Tod, erschienen die zehn Gedichte des Jurij Schiwago. Der Roman selbst, an dem er seit 1946 gearbeitet hatte, war für den Sommer angekündigt. 1958 wurde Pasternak für den inzwischen in Italien erschienenen* Doktor Schiwago *der Nobelpreis für Literatur zuerkannt. Pasternak sah sich jedoch gezwungen, den Preis abzulehnen, als er wegen der Hetzkampagne gegen ihn mit der Ausbürgerung rechnen mußte.*
Er starb am 30. Mai 1960 auf seiner Datscha in Peredelkino bei Moskau.

Für den Herbst 1986 sind im S. Fischer Verlag der Briefwechsel Boris Pasternaks mit seiner Kusine Olga Freudenberg sowie eine überarbeitete deutsche Fassung des autobiographischen Prosatextes *Geleitbrief* in Vorbereitung.

Das Franz Werfel Buch
Herausgegeben von
Peter Stephan Jungk

438 Seiten · Gebunden · DM 25,–

Das Franz Werfel Buch. Mit einleitenden Texten herausgegeben von
Peter Stephan Jungk. – Inhalt: Sechsundzwanzig Gedichte, u. a.
*Vater und Sohn, Fremde sind wir auf der Erde alle, Lächeln Atmen
Schreiten;* die Erzählungen *Cabrinowitsch, Die wahre Geschichte vom
wiederhergestellten Kreuz, Kleine Verhältnisse, Par l'Amour, Das
Trauerhaus, Eine blaßblaue Frauenschrift, Weißenstein, der Weltverbes-
serer;* das Drama *Bocksgesang;* der Essay *Ein Versuch über das Kaiser-
tum Österreich* sowie fünfunddreißig bisher unpublizierte Briefe an
Gertrud Spirk und Alma Mahler.

Autobiographische Skizze

Geboren am 10. September 1890 in Prag. Meine Vorfahren gehören der deutschböhmischen Judengemeinschaft an. Ihre Sprossen lassen sich in Prag und einer Provinzstadt deutscher Zunge weit zurückverfolgen. Von einzelnen Personen weiß ich nichts zu berichten, außer daß einer (jedoch nicht meines Namens) Arzt auf der Kleinseite in Prag und mein Urgroßvater väterlicherseits Stabsfourier der Napoleonischen Armee auf dem russischen Feldzug gewesen ist.

Die Eltern meines Vaters zogen um die Mitte des 19ten Jahrhunderts nach Prag, wo sich mein Großvater Vermögen erwarb, das er aber wieder verlor, so daß mein Vater mittellos und schuldenüberlastet ins Leben trat, was für ihn doppelt hart war, da er eine gute Jugend und sorgfältige Erziehung (in einer bayrischen Internatsschule) genossen hatte. – Nach einigen Jahren des Kampfes gelangte er zu Wohlstand und heiratete meine Mutter.

Der Hauptteil des Ehrgeizes und Lebensinteresses meiner Eltern – (heute sehe ich das mit Dankbarkeit) – galt ihren Kindern, meinen zwei Schwestern und mir. Ich wuchs mit dem fördernden Gefühl auf, daß Menschen mich wichtig nahmen und für mich Sorge trugen. Darin sehe ich ein großes Glück, denn dieses Gefühl gibt dem Menschen ein Fundament von Ruhe und Gelassenheit, das ihn vor mancher häßlichen Gier schützt. – Ich denke an meine Kindheit mit Freude zurück, und es beginnt mir leid zu tun, daß ich viele der Gaben, die mir damals freiwillig geboten wurden, aus Trägheit und dunklem Protest ausgeschlagen habe.

In Prag besuchte ich die Piaristenschule und absolvierte im Jahre 1908 das Gymnasium, ohne jedoch in meiner ganzen Schulzeit durch schul-füchsisch-bürokratische Lehrweise, mit der die vorgeschriebenen Disziplinen zu Tode gehetzt wurden, das geringste zu gewinnen, außer hie und da die Erinnerung an eine schrullig-verschrobene Lehrerfigur. – Die schönen und starken, vielfach auch bitteren Kunden dieser bewegten Jahre habe ich dem Konventikel von jungen Menschen zu verdanken, das sich damals zumeist in meiner Schulklasse zusammengefunden hatte, und dem mancher angehört hat, der nicht unbekannt geblieben ist. Ich nenne die Dichter Paul Kornfeld und Franz Janowitz, den Schauspieler Ernst Deutsch, den Maler Fritz Pollak, den Schriftsteller Willy Haas. Von meinem vierzehnten Jahr an begann die Beschäftigung mit den Künsten mein Leben vollständig auszufüllen, so ganz ausschließlich, daß die Wirklichkeit für mich absterbend, ich nur mit Mühe und unter den schlechten Schülern in die höhere Klasse gelangte. Die verzehrende Kunstsensation meiner Jugend war das Theater, dem ich nicht wie ein Genießer, sondern wie ein Monomane anhing, vor allem das musikalische Theater. Das wagnerische Werk war das entscheidendste Erlebnis, das aber eines Tages durch einen neuen, hinreißenden, fremdartigen Eindruck übertönt wurde. Es war das die Darstellung der verdischen Oper durch eine italienische Stagione, der die herrlichsten Sänger der Zeit angehörten. Die ästhetischen Perspektiven, die sich nur durch dieses elementare Ereignis eröffneten, sind lange noch nicht zu Ende gedacht und ausgeschöpft. Ich kann aber sagen, daß durch dieses Erlebnis in mir damals jene Prinzipien erweckt wurden, die in vielen anderen Jünglingen gleichzeitig und später die künstlerische Lebenseinstellung hervorgerufen haben, die man Expressionismus zu nennen sich angewöhnt hat. Ich kann die Prinzipien hier nur andeuten: Überwindung der ›Wahrheit‹, der ›Psychologie‹, der ›Motivation‹, der ›Tiefe‹, der ›kontrastlosen Ernsthaftigkeit‹, die ›Spielfeindschaft‹ durch einen überlogischen Wirkungswillen, der die Geschehnisse nur als Maske nimmt, hinter der sich das abstrakt Unfaßliche, der Gesang oder die Idee verbirgt, die, um Erscheinung zu werden, durch Wort oder deutbaren Sinn niemals verraten werden darf.

Nach dem Abiturientenexamen besuchte ich Vorlesungen der philosophischen und juristischen Fakultät, ohne mich für ein Studium entscheiden zu können. Mein Vater bestand darauf, daß ich nach Hamburg ging, und dort in eine Firma eintrat, die sich mit Schiffstransporten befaßte. Das tat ich aber so widerwillig, daß mir schon nach einigen Wochen mein Hamburger Prinzipal das consilium abeundi erteilte. – Ich blieb noch einige Monate auf eigene Faust in Hamburg und lernte diese Stadt vor vielen anderen deutschen Städten lieben, schon wegen der originellen und großen Landschaft der Niederelbe.

Im Jahre 1911 rückte ich zu einem Artillerieregiment der Prager Garnison ein und diente mein Freiwilligenjahr haßerfüllt und reichlich mit Arreststrafen gesegnet ab. Das Jahr darauf ließ ich mich in Leipzig als Lektor eines Verlages nieder, wo ich bis zum Kriegsausbruch verblieb. Die Kriegsjahre 1915–1917 verbrachte ich als Mannschaftsperson bei einem Artillerieregiment an der russischen Front in Ostgalizien; trotz allen Grauens denke ich an diese Zeit ohne böse Gefühle. Die Schrecknisse des Militärgeistes haben mir in Kasernen, in Musterungskommissionen, Stabsärzten und Kanzleifeldwebeln ärger zugesetzt als im Felde, wo es mir nur körperlich schlecht ging.

Seit dem Herbste 1917 lebe ich in Wien. Ich habe das hohe Glück gefunden, das ich unbewußt immer gesucht habe.

1921

»Wenn ich der Alma nicht begegnet wär', hätt' ich noch vierzig gute Gedichte geschrieben und wär' selig verkommen«, bekannte Werfel noch kurz vor seinem frühen Tod im Exil. In der Tat, jenes »hohe Glück«, die Begegnung mit der um elf Jahre älteren Alma Mahler-Gropius, brachte in Werfels Leben die Sicherheit und Stetigkeit, ohne die die Produktivität seiner reifen Jahre nicht zu denken ist. Almas ebenso vitale wie mütterliche Überlegenheit bot ihm bis ans Ende den Schutz, dessen er, fortwährend schwankend zwischen Selbstzweifel und Überschwang, so nötig bedurfte.

Werfels spätes Bekenntnis bringt aber auch zum Ausdruck, daß er sich, noch immer und vor allem, als Lyriker begriff. Als lyrischer »Wunderknabe« wurde schon der Zwanzigjährige bestaunt, der im Prager Literaten-Café »Arco« seine langzeiligen, außerordentlich expressiven und mu-

*sikalischen Gedichte deklamierte, dröhnend, pathetisch und innig, fast
kindlich hingerissen von der eigenen Diktion. Max Brod vermittelte die
erste Buchpublikation, den Gedichtband* Der Weltfreund; *Karl Kraus,
der gefürchtete Wiener Kritiker und Herausgeber der* Fackel, *brachte
einen Vorabdruck und zollte damit Werfel jenen ironischen Respekt, in
dem sich nur ganz wenige Zeitgenossen sonnen durften:* »In wessen Liebe
die Welt so liebenswert wird, der schafft dem Weltfeind eine frohe
Stunde.«
Zwei Jahre später folgte die Gedichtsammlung Wir sind, *die sich im gesamten deutschen Sprachraum rasch verbreitete und stärksten Widerhall
fand. Werfel war berühmt. Selbst Autoren, die dem Phänomen des Expressionismus fern standen, waren hingerissen.* »Schrieb ich Ihnen neulich«, *so Rilke an Marie von Thurn und Taxis,* »wie sehr mich diese ganze
Zeit der junge Dichter beschäftigt, Franz Werfel, den ich mir kürzlich
entdeckt habe? Ich lese fast nur ihn, staunend, staunend ...« *Kafka
schätzte Werfels vitale Sprachkunst gar höher als die eigene; mit einer
resignierten Bewunderung beobachtete er Werfels hymnisches Dichten.*
»Weißt Du, Felice«, *heißt es 1913 in einem Brief an die spätere Verlobte,*
»Werfel ist tatsächlich ein Wunder, als ich sein Buch* Der Weltfreund
*zum ersten Mal las (ich hatte ihn schon Gedichte vortragen hören), dachte
ich, die Begeisterung für ihn werde mich bis zum Unsinn fortreißen. Der
Mensch kann Ungeheueres.« Auch noch nach dem Ersten Weltkrieg, während Werfel sich bereits an der dramatischen Form versuchte, vermochte er
seine Zuhörer mit einer – wie Hiller es nannte – »Musik des Gefühls« zu
berauschen: Was bei den »Arconauten« begonnen hatte, setzte sich im
Wiener »Herrenhof« fort.*
*Auch Werfels reiches erzählerisches Werk trägt den Stempel des Lyrischen;
jedoch kommt dies weniger in der Form zum Ausdruck – zeitlebens hielt er
an einer konventionellen, geradlinigen Erzählweise fest –, als vielmehr in
der Kraft der Erfindung: Werfel war ein Fabulierer per excellence, der
sich bildhaften, abenteuerlichen und sogar skurrilen Einfällen ganz über-
lassen konnte. In seinem letzten vollendeten Werk, dem Roman* Stern der
Ungeborenen, *steigerte sich dieses poetische Phantasieren zum Entwurf
einer utopischen Welt, in der sich Traum und Technik auf gespenstische
Weise durchdringen.*

In der letzten Stunde seines Lebens aber korrigierte Werfel die Druckfahnen zu einem Sammelband von Gedichten. »*Durch das Gedicht* Der Dirigent«, *so berichtet Werfels langjähriger Herausgeber Adolf D. Klarmann,* »*geht der Bleistiftstrich des Abgerufenen*«.

Franz Werfel wurde am 10. September 1890 in Prag geboren. Er besuchte 1909 und 1910 Vorlesungen der philosophischen und der juristischen Fakultät der Deutschen Universität in Prag. Abgebrochenes Volontariat in einer Hamburger Speditionsfirma, dann Eintritt in den Kurt Wolff Verlag als Lektor. Publikation mehrerer Bände expressionistischer Lyrik. 1914 wurde Werfel zum Militär eingezogen, erlitt 1915 einen schweren Unfall und war fortan kriegsuntauglich. 1917 begegnete er Alma Mahler-Gropius, die er zwölf Jahre später heiratete und mit der er bis zu seinem Tode verbunden blieb. Übersiedelung nach Wien. 1919 erschien seine erste große Erzählung Nicht der Mörder, der Ermordete ist schuldig. *1921 wurde sein Drama* Spiegelmensch *an mehreren deutschen Bühnen aufgeführt. 1924 wechselte Werfel zum Paul Zsolnay Verlag, der sein Programm mit* Verdi. Roman der Oper *eröffnete. Es folgten Romane und Novellen, u. a.* Der Tod des Kleinbürgers, Der Abiturententag *und* Die Geschwister von Neapel; *daneben lyrische Arbeiten. 1933 wurde er als Jude aus der Preußischen Akademie ausgeschlossen, seine Bücher wurden in Deutschland verbrannt. Ab 1938 betreute der Bermann-Fischer Verlag (zunächst Wien, dann Stockholm) Werfels Werk; Werfel floh nach Paris, von dort wegen der drohenden Auslieferung mit Alma Mahler, Golo Mann, Heinrich und Nelly Mann über die Pyrenäen nach Madrid und Lissabon und schließlich nach New York. Seine letzten Jahre verlebte Franz Werfel in Los Angeles, Kalifornien, wo er am 26. August 1945 einem Herzleiden erlag.*

Eine Gesamtausgabe der Werke von Franz Werfel erschien 1948 bis 1967 im S. Fischer Verlag. Für 1987 plant der Verlag den Beginn einer Edition der *Gesammelten Werke in Einzelbänden*, die die Textfassung der Handschriften berücksichtigen wird. Eine Werfel-Biographie von Peter Stephan Jungk soll 1986 erscheinen.

Tibor Déry

Der unvollendete Satz
Roman

951 Seiten · Leinen · DM 38,–

Tibor Déry setzt seine Anstrengung zur Größe dort an, wo das Erzählen am problematischsten geworden, bei den Trümmern des traditionellen Gesellschaftsromans. Sein Thema ist gerade das, dessen Bewältigung der Moderne verwehrt scheint: Er schildert die vollständige Gemeinschaft der Menschen. Deren Leben muß er Stück für Stück dem trockenen soziologischen Begriff der Gesellschaft und dem vagen, dunkelmännischen Erlebnis der Massen entreißen, einem Begriff, einem Erlebnis, welche die zerfallene Welt durch die Inhumanität wissenschaftlicher Verfügung oder magischer Beschwörung in ihre Gewalt bringen wollen. Der Schauplatz ist Budapest 1933–36, eine von wirtschaftlichen und politischen Kämpfen brodelnde europäische Hauptstadt. Kapitalisten, die ihr Kapital unterschlagen, und Arbeiter, die keine Arbeit finden, bilden die absurde Hierarchie dieser Stadt der Krise. [...]
Nicht nur die Prägnanz der Charaktere, auch die Fülle ihrer Beziehungen konnte Déry aus dem traditionellen Roman in sein Werk hinüberretten. Manche seiner Gestalten leben in unauflöslicher Verflechtung, ohne voneinander zu wissen. Andere begegnen sich in Szenen von mitreißender dramatischer Kraft. [...]
In großen, figurenreichen Bildern der vergifteten *conditio humana* führt Déry die realistische Darstellung weit über ihre gewohnten Grenzen hinaus. Seine Einbildungskraft reicht von der schmerzverzerrten Groteske bis zur tragischen Vision. Man könnte damit die delirierenden, höllenfarbenen Höhepunkte von Balzacs Romanen vergleichen; doch der Vergleich läßt die Unterschiede zwischen zwei künstlerischen Zielen, zwei geschichtlichen Stunden hervortreten. *Der unvollendete Satz* ist eine ›comédie humaine‹, aber eine explodierte.

Ivan Nagel

Die Verwandtschaft [mit Proust] ist groß, zuweilen fast ein wenig verwirrend. Wie der französische Romancier, so baut auch Déry großartig-groteske Szenen auf, schildert er verschiedene gesellschaftliche Sphären, gibt er das Geschwätz und die Niedertracht des bürgerlichen Salons mit vollendeter Meisterschaft wieder. Beide sind fasziniert vom Geheimnis der Zeit und ihres Hinganges, vom seltsamen Wirken der Erinnerung, die plötzlich eine vergangene Wirklichkeit fast leibhaftig auferstehen läßt; beide sind Psychologen, welche die seelischen Vorgänge am konkreten körperlichen Detail ablesen und das herrliche Unheil der Leidenschaft scharfsinnig analysieren. Beide lieben die groß sich entfaltende Metapher. [...]
Gerade der Vergleich mit Proust läßt aber auch erkennen, welchen Preis der Franzose für seinen größeren literarischen Triumph bezahlen mußte. In der *Recherche* fehlt fast völlig die Welt der Arbeit und des Arbeiters; es fehlen die Hoffnung, der Mut und die brüderliche Anteilnahme am Geschick des anderen. Von all dem ist der gewaltige und auf jeder Seite menschliche Roman Tibor Dérys durchglüht; es pulsiert in ihm in anderer Unmittelbarkeit das schreckliche und das schöne Leben und die Zuversicht, daß der jetzt noch nicht vollendbare Satz – der Entwurf eines menschenwürdigen Lebens – nicht Fragment bleiben muß.

Rudolf Hartung

Nicht nur mein persönlicher Geschmack, auch die Geschichte hat das Buch auf die Probe gestellt. Hat es sie auch nur halbwegs bestanden? Ich lasse die Frage aus Unbescheidenheit offen. Doch muß ich Ihnen gestehen, daß mich heute, da ich nach langen Jahren wieder einmal in dem Buch blättere, ein unheimliches Gefühl überkommt: Es ist mir, als würden meine Figuren mehr über die Welt wissen und aussagen, als sie von mir gelernt haben. Wie eine Bande von kindischen Verschwörern schwatzen sie fortwährend aus der Schule, die sie geschwänzt haben. Aber auch der Autor

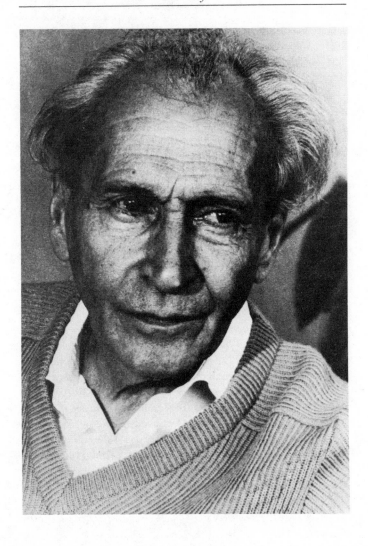

scheint vier Jahre lang, während er sie zeugte und belehrte, einen leichten Rausch gehabt zu haben, der ihm Augen und Ohren öffnete für Ungesehenes und Unerhörtes, das er selbst nicht verstand.

Aus einem Brief Tibor Dérys
an den S. Fischer Verlag, 10. April 1962

Der unvollendete Satz. Roman. Übertragen von Charlotte Ujlaky. – Titel der ungarischen Originalausgabe: *A befejezetlen mondat*. (Deutsche Erstausgabe 1962, erschienen im S. Fischer Verlag, Frankfurt am Main)

Tibor Déry wurde am 18. Oktober 1894 in Budapest geboren. 1917 veröffentlichte er seine ersten Gedichte und Erzählungen in Zeitschriften und wurde nach dem Pressegesetz wegen Vergehens gegen die Sittlichkeit verurteilt. 1919 trat Tibor Déry in die ungarische Kommunistische Partei ein und wurde Mitglied des Schriftsteller-Direktoriums in Béla Kuns Räterepublik (März bis Juli 1919). Nach deren Zusammenbruch emigrierte er zunächst in die Tschechoslowakei, später nach Wien, dann nach Deutschland, ein Jahr später nach Paris und von dort nach Italien. 1926 lebte er wieder in Ungarn; in den Jahren 1928 bis 1936 hielt er sich im westlichen Ausland auf und kehrte dann endgültig nach Budapest zurück. Ab 1937 entstand der große Roman Der unvollendete Satz, *der 1947 in Ungarn erschien. Wegen seiner Teilnahme am Volksaufstand wurde Tibor Déry 1957 zu neun Jahren Gefängnis verurteilt, 1960 aber begnadigt. Er veröffentlichte Romane, Dramen, Gedichte und Essays; im S. Fischer Verlag erschienen u. a. die Romane* Der unvollendete Satz *(1962),* Herr G. A. in X. *(1966),* Ambrosius *(1968),* Lieber Schwiegervater *(1976). Tibor Déry starb am 18. August 1977 in seiner Heimatstadt.*

Max Horkheimer
und
Theodor W. Adorno

Dialektik
der Aufklärung

Philosophische Fragmente
Mit einem Nachwort von
Jürgen Habermas

S. Fischer

Max Horkheimer
und
Theodor W. Adorno

Dialektik der Aufklärung
Philosophische Fragmente
Mit einem Nachwort
zur Neuausgabe von
Jürgen Habermas

302 Seiten · Leinen · DM 20,–

Die Vorrede zur *Dialektik der Aufklärung* beginnt mit einem wissenschaftsskeptischen Geständnis der Autoren: Ihre bisherigen Arbeiten hätten sich an den etablierten Wissenschaftsbetrieb angelehnt und jedenfalls thematisch an einzelne Disziplinen angeschlossen; sie hätten sich »auf Kritik und Fortführung fachlicher Lehren« beschränkt – »die Fragmente, die wir hier vereinigt haben, zeigen jedoch, daß wir jenes Vertrauen aufgeben mußten«. In Wahrheit ist es nur Horkheimer, der mit diesen Worten das Programm seiner Antrittsrede als Direktor des Instituts für Sozialforschung wie auch sein in der »Zeitschrift für Sozialforschung« mehrfach entwickeltes Programm widerruft. Adorno war von Vertrauen in die Soziologie und die Einzelwissenschaften schon immer weit entfernt gewesen. In seiner mit Horkheimers Antrittsrede ungefähr gleichzeitigen Antrittsvorlesung als Frankfurter Privatdozent hatte er einen klaren Trennungsstrich zwischen Philosophie und Wissenschaft gezogen: »die Idee der Wissenschaft ist Forschung, die der Philosophie Deutung«. Sollte die Soziologie doch einmal als cleverer Fassadenkletterer erfolgreich sein und aus dem baufälligen Hause der Metaphysik halbvergessene oder fast schon verlorengegangene Dinge stehlen, würde sie die Beute kaum lange behalten, weil nur die Philosophie den wahren Wert der Schätze erkennen könne.

Daß die *Dialektik der Aufklärung* eine Sammlung von *Fragmenten* blieb, lag nicht in der ursprünglichen Absicht von Horkheimer, der ein systematisches Werk geplant und sich bis dahin konventioneller Darstellungsformen bedient hatte. Hingegen war Adorno schon früh davon überzeugt, daß der fragmentarische Charakter der Darstellung dem philosophischen Denken einzig angemessen ist. Die Philosophie verfügt über keine Methode, auch über keine der Hermeneutik. Sie muß vielmehr phantasiereich Spuren und Verschlingungen einer entstellten Realität *enträtseln*, muß geistesgegenwärtig reagieren auf »flüchtige, verschwindende Hinweise in den Rätselfiguren des Seienden«. Sie kann keine Resultate erzielen, keinen Sinn positiv festmachen; mit der Lösung des Rätsels bringt sie vielmehr dieses selbst zum Verschwin-

Theodor W. Adorno

Max Horkheimer

den – sie *löst* ihre Probleme wie den Bann dämonischer Gewalten.
Sie fertigt Schlüssel an, vor denen die Wirklichkeit aufspringt.
Der Aphorismus ist die ebenbürtige Form. Mit Bezugnahme auf
Benjamins *Trauerspiel*-Buch spricht Adorno von Konstruktionen,
von künstlich hergestellten Modellen, von Bildern oder Figuren,
zu denen die »Elemente einer gesellschaftlichen Analyse grup-
piert werden«. Ein solches Programm läßt sich nicht methodisch
durchführen und in systematischer Form darstellen. [...]
Die *Dialektik der Aufklärung* hat die Mentalität von mehreren Stu-
dentengenerationen mitgeprägt. Bis in die sechziger Jahre hinein
bildete sie den unproblematischen Hintergrund für eine Kritische Theorie, wie sie durch Adornos verbreitete Publikationen
nach und nach auch in die Universitäten Eingang gefunden hatte.
Dann kamen Marcuses Bücher hinzu, dienten seit Mitte der sechziger Jahre als Katalysator für die Bewegung der Studenten. In
diesem Zusammenhang haben die Arbeiten aus den dreißiger
Jahren, darunter auch Horkheimers Zeitschriften-Aufsätze, ein
eigenes Profil und eigenes Gewicht gewonnen. Lange Zeit hatte
die *Dialektik der Aufklärung* den Blick auf diese »frühe« Kritische
Theorie, wie man jetzt sagte, verstellt. Sie war zwar philoso-
phisch weniger radikal gewesen als die spätere Theorie, aber in
ihren politischen Aussagen war sie brisanter. Das Marxistische
darin spielte eine Rolle, nicht Horkheimers origineller Entwurf
des Materialismus. Erst die wissenschaftshistorisch gerichteten
Forschungen der siebziger Jahre haben die Bedeutung dieses Programms zu Bewußtsein gebracht.
Inzwischen hat sich das Klima an den deutschen Universitäten
ein weiteres Mal geändert. Der französische Poststrukturalis-
mus, insbesondere das Werk von Foucault, weckte ein erneutes
Interesse an der *Dialektik der Aufklärung*. Diesmal kam die Rezeption aus einer stärker von Nietzsche als von Marx bestimmten
Perspektive zustande. Axel Honneths vergleichende Studie
macht demgegenüber die Differenzen zwischen Adornos und
Foucaults Machttheorie geltend; einen ebenso sorgfältig durchge-
führten Vergleich zwischen Adornos und Derridas Vernunftkri-

tik gibt es noch nicht. Keineswegs jedoch fehlt es gegenwärtig an Versuchen, die *Dialektik der Aufklärung* auf einen einzigen ihrer Sätze zu reduzieren – die Aufklärung sei totalitär. Zu dieser Seelenmetaphysik hat freilich Adorno das Nötige schon gesagt: »Wem Freiheit, Menschlichkeit und Gerechtigkeit nichts als ein Schwindel sind, den sich die Schwachen zum Schutz vor den Starken ausgedacht haben [...], der vermag recht wohl, als Anwalt der Starken auf den Widerspruch zu deuten, der zwischen jenen vorweg schon verkümmerten Ideen und der Realität gilt. Die Kritik an den Ideologien überschlägt sich. [...] Spengler und seinesgleichen sind weniger die Propheten des Zuges, den der Weltgeist nimmt, als seine beflissenen Agenten.«

Jürgen Habermas

Dialektik der Aufklärung. Philosophische Fragmente. Mit einem Nachwort zur Neuausgabe von Jürgen Habermas. – (Erstausgabe 1947, erschienen im Querido-Verlag, Amsterdam)

Max Horkheimer wurde am 14. Februar 1895 in Stuttgart geboren. Er studierte Philosophie, promovierte 1922 und habilitierte sich 1925. 1930 wurde er Ordinarius der Sozialphilosophie und Direktor des Instituts für Sozialforschung in Frankfurt am Main. 1933 emigrierte er mit dem Institut zunächst nach Genf, dann nach Paris, schließlich nach New York. Er führte dort die »Zeitschrift für Sozialforschung« fort bis 1938. Die unter Horkheimers Leitung entstandenen Studien über Autorität und Familie *erschienen 1936. 1940 Übersiedelung nach Kalifornien. 1947 erschienen* Eclipse of Reason *und die gemeinsam mit Theodor W. Adorno verfaßte* Dialektik der Aufklärung. *1950 Rückkehr nach Frankfurt und Wiedererrichtung des Instituts für Sozialforschung. Ab 1951 für zwei Jahre Rektor der Johann Wolfgang Goethe-Universität; von 1954 bis 1959 Gastprofessor an der University of Chicago. 1955 Goethe-Plakette, 1960 Ehrenbürger der Stadt Frankfurt am Main. Max Horkheimer starb am 7. Juli 1973 in Nürnberg.*

Theodor W. Adorno wurde am 1. November 1903 in Frankfurt am Main geboren. Er studierte Philosophie, Soziologie und Musikwissenschaft, promovierte 1924 und habilitierte sich 1930. 1933 wurde er aus dem Universitätsdienst entlassen, im folgenden Jahr emigrierte er nach Oxford. 1938 übersiedelte er nach New York und wurde Mitarbeiter des Instituts für Sozialforschung. Ab 1941 Wohnsitz in Los Angeles, von 1944 bis 1949 Direktor des Research Project on Social Discrimination. Adorno kehrte 1949 nach Frankfurt zurück und wurde 1951 Professor an der Johann Wolfgang Goethe-Universität. Wiederaufbau des Instituts für Sozialforschung gemeinsam mit Max Horkheimer. 1963 Goethe-Plakette der Stadt Frankfurt am Main; ab 1966 Vorsitzender der Deutschen Gesellschaft für Soziologie. Theodor W. Adorno starb am 6. August 1969 in Brig/Wallis. – Seine wichtigsten Werke: Philosophie der neuen Musik, Minima Moralia, Prismen, Noten zur Literatur, Negative Dialektik, Ästhetische Theorie.

Im Herbst 1985 beginnt der S. Fischer Verlag mit einer auf 18 Bände angelegten Ausgabe von Max Horkheimers *Gesammelten Schriften*, herausgegeben von Alfred Schmidt und Gunzelin Schmid Noerr.

Carl Zuckmayer

Als wär's
ein Stück von mir
Horen der Freundschaft

575 Seiten sowie 64 S. Abb.
Leinen · DM 25,–

Aus einem Gruß zum 70. Geburtstag

Daß ein Mensch ein Leben lang bleibt, der er ist, gehört heute zum Seltensten. Man paßt sich an. Man behauptet, mit der Zeit zu gehen. Man entwickelt sich, bis man abgewickelt ist und nur noch eine dürre Formel übrig bleibt. Echte Typen sind sehr selten geworden, treten sie noch auf, so sind sie häufig Konfektionsware, für den Geschmack der jeweiligen Saison zugeschnitten. Fehlt aber diese Art Zuschnitt, so wird gekläfft. Ein Störenfried – was soll das? ein Unangepaßter, einer, der sich nicht an die allgemeine Regel hält und sich nicht von den Lebensaltern zwingen läßt, vorerst Protest, dann sogenanntes ›reifes Werk‹ und schließlich weise oder ungeduldige Greisenpädagogik von sich zu geben.

Was soll uns einer, der dem Knaben in sich nie den Hals umgedreht hat? Der, ein Siebziger, sich fähig zeigt wie mit sieben Jahren, im Schwung eines intakten Übermuts noch Indianer zu spielen, wenn die Lust dazu ihn ankommt, einer, der das befreiende Lachen nie verloren hat, der die Prüfung, eigene und fremde Not, Rückschläge jeder Art nicht durch das Auskosten abgründiger Klage und durch das Hinschreiben der Zeit vorgreifender Todesrunen, sondern durch eine scheinbar aufreizende, weil unverwüstliche Munterkeit übersteht. [...]

Daß wir, innerhalb des Bereichs unserer Sprache, eine so sehr bis in die letzte Fiber von Jugendkraft erfüllte Gestalt besitzen, stimmt uns dankbar. Jede Stunde, die man mit dem Dichter verbringt, übt eine belebende Wirkung aus. Daß er jetzt Erinnerungen geschrieben hat, die gar nichts von dem wehmütigen Zurückblenden, dem Geraune vom unwiederbringlichen Einst an sich haben, sondern alles ins Kraftfeld spannender Gegenwart heben, wundert keinen, der mit dem erstaunlichen Erzähler zusammensaß, seine aus dem Stegreif entstandenen, seine mündlichen Berichte kennt, in denen nichts im Dämmer des Gewesenen liegt, sondern alles, bis zu den frühesten Kindheitserinnerungen, prall mit Aktualität erfüllt ist. Es gibt kein Herbarium bei ihm, nichts

ist abgestorben, alles sprießt und wächst. Dieses Buch *Als wär's ein Stück von mir* ist in unserer Literatur ein sehr seltenes Ereignis. Wir besitzen, im Unterschied zu den Angelsachsen, Franzosen, Spaniern und Italienern, wenig Selbstbiographien. Unter diesen wenigen befinden sich einige Werke von großem Tiefgang, mächtige, ernste Zeugnisse über den Erfahrungsgehalt einer vorbildlichen Existenz. Wir haben sachliche Erinnerungen an sachliches Wirken in der Wissenschaft, der Wirtschaft, der Politik; wir besitzen Apologien und in jüngerer Zeit recht viel mehr oder weniger geschwätzige Berichte, meist aus Literatur- und Künstlerkreisen. Ein Buch wie dieses letzte von Zuckmayer aber besaßen wir bisher nicht; was völlig neu ist an seiner Aussage, das ist das Fehlen jeder Klage, das Vorhandensein eben dieser alles überstehenden Unverwüstlichkeit. Merkwürdig, mitten in einer Epoche der literarischen Apokalyptik, dieses ›testimonium laetitiae‹.

Carl Jacob Burckhardt

Aus einem Brief

Jemand hat mir Ihr Buch *Als wär's ein Stück von mir* geschenkt, und ich habe es in einem Zuge gelesen. Und nun muß ich Ihnen sagen, wie groß und tief die Teilnahme ist, in der ich Ihren darin beschriebenen, so reichen und bewegten Lebensweg begleitet habe. Ich genoß zunächst einfach Ihre Sprache. Mich freuten sodann Ihre Schilderungen von Land und Leuten diesseits und jenseits des Atlantik, Ihre Schattenrisse von den Ihnen zu Nahen und Nächsten gewordenen Persönlichkeiten, Ihre Eindrücke und Stellungnahmen in den vielen im engeren oder weiteren Sinn geschichtlichen Situationen, in die Sie jeweils hineingegangen, durch die Sie – immer als Derselbe – hindurchgegangen, aus denen Sie dann auch wieder unversehrt, aber jedesmal gewachsen und in neuer Tatenlust wieder hinausgegangen sind. Richtig erbaut hat mich Ihre Gesinnung und Haltung in all diesen hellen oder auch dunklen Übergängen. Und zuletzt ergötzte mich auch das, daß Sie endlich und zuletzt (nachdem man es Ihnen einst in Zürich für uns so beschämend schlecht gemacht) Ehrenbürger von Saas-Fee und so mein Mit-Eidgenosse geworden sind! Was ich Ihnen da schreibe, soll Ihnen nur andeuten, daß ich Ihnen dankbar bin und Sie aus der Ferne in Ihrer Menschlichkeit einfach gern habe.

Karl Barth

Als wär's ein Stück von mir. Horen der Freundschaft. (Erstausgabe 1966, erschienen im S. Fischer Verlag, Frankfurt am Main)

Carl Zuckmayer wurde am 27. Dezember 1896 in Nackenheim am Rhein geboren. Nach Gymnasialjahren und Abitur in Mainz zog er als Kriegsfreiwilliger in den Ersten Weltkrieg, danach studierte er Geisteswissenschaften und Biologie. Erste Stücke blieben ohne Erfolg – Der fröhliche Weinberg *brachte ihm 1925 den Durchbruch und den Kleist-Preis. Seitdem gehört Carl Zuckmayer zu den erfolgreichsten deutschen Autoren: als Dramatiker (*Schinderhannes, *1927;* Katharina Knie, *1928;* Der Hauptmann von Köpenick, *1931;* Des Teufels General, *1946); als Erzähler (*Eine Liebesgeschichte, *1934;* Der Seelenbräu, *1945;* Die Fastnachtsbeichte, *1959) und als Lyriker. Zuvor in Berlin und Henndorf bei Salzburg ansässig, floh er 1938 in die Schweiz und emigrierte im folgenden Jahr nach Amerika, wo er bis 1946 als Farmer in den »Grünen Bergen« (Vermont) lebte. 1958 kehrte er endgültig nach Europa zurück, siedelte sich in der Schweiz, in Saas-Fee (Wallis) an und wurde 1966 Schweizer Staatsbürger. Dem Dichter wurde der Ehrendoktor von der Universität Bonn, vom Dartmouth College und von der University of Vermont verliehen; er erhielt 1929 den Georg-Büchner-Preis, 1952 den Goethe-Preis der Stadt Frankfurt am Main, 1960 das Große Österreichische Ehrenzeichen für Kunst und Wissenschaft und 1972 den Heinrich-Heine-Preis der Stadt Düsseldorf; seit 1971 war er Mitglied des Ordens Pour le Mérite (Friedensklasse) für Wissenschaft und Künste. Am 18. Januar 1977 starb Carl Zuckmayer in Visp (Wallis).*

Thornton Wilder
Die Brücke
von San Luis Rey
Roman
Die Iden des März
Roman
Unsere kleine Stadt
Schauspiel

S. Fischer

Thornton Wilder

Die Brücke von
San Luis Rey
Roman

Die Iden des März
Roman

Unsere kleine Stadt
Schauspiel in drei Akten

519 Seiten · Leinen · DM 20,–

Caesars Tagebuchbrief an Lucius Mamilius Turrinus auf der
Insel Capri.

[...] Das Leben hat keinen Sinn außer dem, den wir ihm geben.
Es ermutigt den Menschen nicht, noch demütigt es ihn. Weder
Seelenqual noch höchster Wonne können wir entgehen, aber diese Zustände haben aus eigenem uns nichts zu sagen; diese Himmel und Höllen warten auf den Sinn, den wir ihnen geben, wie
alle Lebewesen ungeschlacht und fassungslos die Namen erwar-
teten, die Deukalion und Pyrrha über ihnen aussprachen. Mit
diesem Gedanken wage ich endlich jene seligen Schatten aus meiner Vergangenheit um mich zu versammeln, an die ich bisher wie
an Opfer der Zusammenhanglosigkeit des Lebens dachte. Ich
wage zu wünschen, daß aus meiner guten Calpurnia ein Kind
erstehe, damit es sage: Auf das Sinnlose will ich einen Sinn prä-
gen, und in den Einöden des Unerkennbaren will ich kennbar
sein.
Dieses Rom, auf das ich mein Leben baute, besteht an sich nur als
eine Anhäufung von Gebäuden, die größer oder weniger groß ist
als eine andre, und von Bürgern, die fleißiger oder weniger fleißig
sind als solche einer andern Stadt. Wasserflut oder Torheit, Feu-
ersbrunst oder Wahnsinn können es jederzeit zerstören. Ich
glaubte ihm durch Erbe und Erziehung anzuhangen, aber solche
Anhängsel haben keine größere Bedeutung als der Bart, den ich
mir vom Gesicht schabe. Ich wurde zu Roms Verteidigung vom
Senat und den Consuln berufen; so verteidigte Vercingetorix
Gallien. Nein, Rom wurde für mich erst dann zu einer Stadt, als
ich mich, wie schon viele vor mir, entschied, ihm einen Sinn zu
geben; und für mich kann Rom nur insofern bestehn, als ich es
nach meiner Idee geformt habe. Ich sehe nun, daß ich jahrelang
kindisch glaubte, ich liebte Rom und es sei meine Pflicht, Rom zu
lieben, weil ich ein Römer bin – als wäre es möglich oder ach-
tungswert, Anhäufungen von Steinen und ein Gewimmel von
Menschen zu lieben. Wir stehn zu nichts in Beziehung, ehe wir es
nicht in einen Sinn gehüllt haben, und wir wissen auch nicht mit

Gewißheit, was dieser Sinn ist, ehe wir uns nicht opfervoll mühten, ihn dem Ding aufzuprägen. [...]

Heute wurde mir gemeldet, eine Frau warte, um mich zu sprechen. Sie betrat meine Kanzlei tief verschleiert, und erst als ich meine Sekretäre aus dem Zimmer sandte, wurde mir gestattet, zu wissen, daß es Clodia Pulcher war. Sie kam, um mich zu warnen, daß eine Verschwörung gegen mein Leben im Gang sei, und um mir zu beteuern, daß weder sie noch ihr Bruder irgendwie teil daran hätten. Hierauf begann sie, mir die Namen dieser Aufwiegler zu nennen und die Tage, die für ihre Anschläge gewählt worden seien.

Bei den unsterblichen Göttern, diese Verschwörer vergessen die Tatsache in Rechnung zu stellen, daß ich der Liebling der Frauen bin! Kein Tag vergeht ohne neuen Beistand von diesen schönen Warnerinnen.

Ich wollte meiner Besucherin schon sagen, daß ich alles das bereits wisse, aber ich unterließ es. Ich sah sie als alte Frau am Feuer sitzen und sich erinnern, daß sie den Staat gerettet hatte. Allerdings war sie imstande, mir eine neue Tatsache mitzuteilen: diese Männer erwägen auch die Ermordung des Marcus Antonius. Wenn das wahr ist, sind sie sogar noch alberner, als ich gedacht hatte.

Von Tag zu Tag schiebe ich Maßnahmen zur Abschreckung dieser Tyrannentöter auf und kann mich auch nicht entschließen, was mit ihnen geschehn sollte. Es war bisher meine Gepflogenheit, jede solche Blase zum Platzen kommen zu lassen; die Tat selbst, und nicht ihre Bestrafung, ist das für die Öffentlichkeit Lehrreiche. Ich weiß nicht, was tun. [...]

Calpurnia an ihre Schwester Lucia.   *[15. März]*

[...] Mein Mann bat mich, mir von ihm einige Stätten, die er liebe, zeigen zu lassen. Ich wäre schon gern nicht mehr auf den Straßen gewesen, wie Du Dir wohl denken kannst, aber ich habe gelernt, ihn nicht zur Vorsicht zu mahnen. Ich weiß, daß er sich der Gefährlichkeit wohl bewußt ist und sich solchen Gefahren mit vollem Bedacht aussetzt. Er ging neben meiner Sänfte her, und ein paar Wachen folgten. Ich machte ihn auf einen riesenhaften Äthiopier aufmerksam, der uns auch zu folgen schien. Er erklärte mir, daß er einmal der Königin von Ägypten versprochen habe, diesen Begleiter nie wegzuweisen, der seither geheimnisvoll auftauche und wieder verschwinde, manchmal die ganze Nacht vor unserm Haus stehe und manchmal wieder drei Tage lang ihm auf Schritt und Tritt folge. Er ist wirklich eine unheimliche Gestalt, aber mein Mann scheint ihn sehr gern zu haben und richtete unaufhörlich Bemerkungen an ihn.

Der starke Wind erhob sich, der sich dann bald in einen Sturm verwandeln sollte. Wir gingen den Hügel hinab und auf das Forum und blieben bald hier, bald da stehn, liebe Lucia, wobei er die Erinnerung an einen Augenblick in der Geschichte oder in seinem eignen Leben wachrief. Wie er seine Hände auf dem, was er liebt, ruhn läßt und wie er in meine Augen schaut, um sich zu vergewissern, daß ich seine Erinnerung teile! Wir gingen durch kleine, dunkle Gäßchen, und er hielt die Hand an die Mauer des Hauses, worin er zehn Jahre lang als junger Mann gewohnt hatte. Wir standen eine Weile am Fuß des Capitols. Nicht einmal als der Sturm losbrach und die Leute wie Blätter an uns vorbeitrieb, wollte er seine Schritte beschleunigen. Auf sein Verlangen trank ich aus der Quelle der Rhea *[die in dem Ruf stand, Fruchtbarkeit zu gewährleisten]*. Wie ist es möglich, daß ich die glücklichste Frau und doch so sehr von bösen Vorahnungen erfüllt bin?

Unser kleiner Spaziergang war etwas höchst Unvernünftiges. Beide hatten wir eine sehr unruhige Nacht. Mir träumte, daß der Giebel des Hauses vom Sturm abgehoben und aufs Pflaster geschleudert wurde. Ich fuhr aus dem Schlaf auf und hörte ihn neben mir stöhnen. Er erwachte und schlang die Arme um mich, und ich konnte das laute Klopfen seines Herzens fühlen.

Mögen die unsterblichen Götter über uns wachen!

Heute morgen war er nicht wohl. Er war bereits ganz angekleidet und wollte grade in den Senat, als er es sich anders überlegte. Er ging für einen Augenblick an seinen Schreibtisch zurück und schlief da ein, was, wie mir die Sekretäre sagen, noch nie vorgekommen ist.

Nun ist er aufgewacht und schließlich doch weggegangen. Ich muß mich beeilen und Vorbereitungen für die Gäste heute abend treffen. Ich schäme mich dieses Briefs, er ist so weibisch.

Aus dem Roman *Die Iden des März*

Immer steht Wilder innerhalb der Einheit alles Geschehens, und dabei weiß er tiefer als andere, was Vergänglichkeit ist und auch was Dauer in unablässigen Auferstehungen bedeutet. Das Bewußtsein des Schwindel erregenden, verschwenderischen Ablaufs unzählbarer menschlicher Geschicke in Jahrtausenden und in einem Weltall, das nichts weiß von diesen Geschicken, außerhalb dessen sie sich aber nicht abspielen können, führt ihn zu seiner gelassenen Bescheidenheit, die irrtümlicherweise bisweilen für Distanz oder Kühle gehalten wurde, und die doch nur ein Teil des ergriffenen Staunens ist, des Respektes, aus dem sich die dem Dichter so eigene, wunderbare poetische Atmosphäre ergibt. Ja, dies spezifisch Poetische entsteht bei ihm dadurch, daß das Ergehen des einzelnen auch dort, wo Pfeil und Schleudern treffen, eingeordnet bleibt in das Ergehen der im Strom der Zeit vorüberziehenden Menschheit, und diese Menschheit kennt er wie wenige; ob er uns in das spanische Amerika des alten Regimes führt oder nach Rom am Ende der Republik, immer ist seinem künstlerischen Können die letzte atmosphärische Eigenheit vergangener Zeit, fremden Menschentums erreichbar. Er hat Peru nicht gekannt, als er in der *Brücke von San Luis Rey* uns die echteste Vision dieses Landes schenkte, die Gestalten seiner *Iden des März* sprechen, wie Ludwig Curtius ausrief, auf englisch das echteste Latein der römischen großen Welt des ersten Jahrhun-

derts. Es handelt sich nicht um tastende Einfühlung, sondern um das Wunder der Verwandlung, um Identifikation. Das größte aller Friedensgebote, die Fähigkeit des Sichversetzens in den ganz Andern, ist erfüllt. [...] Wilders Dichtung ist eine Antwort auf alle Anklagen, sie ist endlich wieder einmal *keine* Dichtung des Ärgernisses und des Aufruhrs, sie ist ein Werk nachdenklichen Trostes, und zuletzt gelangt sie zu einer apollinischen Helle, durch welche alle Übergänge, auch derjenige vom Leben zum Tode, der Grundbedingung aller andern Notwendigkeiten, in so erstaunlich musikalischer Weise sich vollziehen.

Carl Jacob Burckhardt

Die Brücke von San Luis Rey. Roman. Übertragen von Herberth E. Herlitschka. – Titel der amerikanischen Originalausgabe: *The Bridge of San Luis Rey*. (Deutsche Erstausgabe 1929, im S. Fischer Verlag erstmals 1950)
Die Iden des März. Roman. Übertragen von Herberth E. Herlitschka. – Titel der amerikanischen Originalausgabe: *The Ides of March*. (Deutsche Erstausgabe 1949, erschienen im Bermann-Fischer Verlag, Wien)
Unsere kleine Stadt. Schauspiel in drei Akten. Übertragen von Hans Sahl. – Titel der amerikanischen Originalausgabe: *Our Town*. (Deutsche Erstausgabe 1953, erschienen im S. Fischer Verlag, Frankfurt am Main)

Thornton Wilder wurde am 17. April 1897 im Madison, Wisconsin, als Sohn eines Zeitungsverlegers geboren, der später Generalkonsul in Hongkong und Shanghai wurde. 1911 bis 1912 besuchte Thornton Wilder eine englische und eine deutsche Missionsschule in China, 1915 bis 1920 amerikanische Colleges und Universitäten. 1920 trat er mit dem Drama The Trumpet shall sound *hervor. 1920 bis 1921 archäologische Studien an* der Amerikanischen Akademie in Rom, 1922 bis 1925 Lehrer für Französisch in Lawrenceville, New Jersey. Wilder erhielt 1927 den Pulitzer-Preis für seinen Roman Die Brücke von San Luis Rey. Es folgten Die Frau aus Andros (1930), Das lange Weihnachtsmahl (1931), Dem Himmel bin ich auserkoren (1935). Für das Schauspiel Unsere kleine Stadt wurde ihm 1938 zum zweiten Male der Pulitzer-Preis verliehen, ein drittes Mal 1942 für Wir sind noch einmal davongekommen. Während des Krieges Dienst als Offizier. 1948 erschienen Die Iden des März. 1950 bis 1951 war Wilder Professor an der Harvard University. Er erhielt 1957 den Friedenspreis des Deutschen Buchhandels, die Goethe-Plakette der Stadt Frankfurt am Main, und er wurde aufgenommen in die Friedensklasse des Ordens Pour le mérite. Der achte Schöpfungstag wurde ausgezeichnet als bester amerikanischer Roman des Jahres 1967. Wilders siebenter und letzter Roman, Theophilus North, erschien 1973. Thornton Wilder starb am 7. Dezember 1975 in Handen, Connecticut.

Ernest Hemingway

Wem die Stunde schlägt
Roman

455 Seiten · Leinen · DM 20,–

Wem die Stunde schlägt, *der packendste und wohl populärste Roman im Werk Ernest Hemingways, schildert vier Tage im Leben des Amerikaners Robert Jordan. Aus Liebe zur Freiheit und aus Liebe zu Spanien kämpft er als Freiwilliger im Spanischen Bürgerkrieg auf der Seite der spanischen Republikaner gegen die faschistischen Putschisten. Seine Aufgabe ist es, die Guerilleros in den Bergen um Segovia hinter den faschistischen Linien zu beraten und mit ihnen eine strategisch wichtige Brücke zu sprengen. Bei Pablos Guerillagruppe begegnet er Maria, einem jungen Mädchen, dessen Eltern im Bürgerkrieg ermordet wurden. Die Liebe zu Robert Jordan läßt sie die Schrecken ihrer Vergangenheit überwinden, und für den Amerikaner bedeutet die Bindung an Maria die Überwindung seiner Einsamkeit. Jordan wird beim Gefecht um die Brücke verletzt und bleibt zurück, um den Rückzug der Gruppe zu decken. Er weiß, daß er sterben wird.*
Die Gestalten von Wem die Stunde schlägt *sind unvergeßlich. Neben Robert Jordan und Maria ragen der verschlagene Pablo und seine Gefährtin Pilar aus einem Ensemble von Charakteren heraus, das das Spanien des Bürgerkrieges dem Leser über das Verständnis von Menschen greifbar macht. Pilars Schilderung der grausamen Geschehnisse in ihrem Heimatdorf gilt zu Recht als eine der größten erzählerischen Leistungen Hemingways.*
Wem die Stunde schlägt *markiert einen Wendepunkt im Werk Hemingways. Robert Jordans Liebe zu Maria und zum spanischen Volk ist eine Abwendung Hemingways von der existentiellen Einsamkeit und der Kühle seiner vorhergehenden Romane.*

Dann fing ich eine andere [Erzählung] an, zu der ich lange Zeit keine Lust gehabt hatte, und nachdem ich regelmäßig jeden Tag daran gearbeitet hatte, entdeckte ich, daß ich fünfzehntausend Wörter geschafft hatte, daß sie sehr aufregend war, und daß sie ein Roman war. Schreibe daran weiter, bis er fertig ist. Ich wünschte, ich könnte Dir das, was ich bis jetzt habe, zeigen, weil ich sehr stolz darauf bin, aber das bringt auch Pech. Genau wie darüber reden. Jedenfalls habe ich in Kuba einen herrlichen Platz

Hemingway als Kriegsberichterstatter
in Spanien, 1937/38

zum Arbeiten [Hotel ›Ambos Mundos‹, Havanna], ohne Telefon, kann von niemandem belästigt werden; ich fange um 8.30 an und arbeite ununterbrochen bis ungefähr zwei Uhr, jeden Tag. So werde ich es weitermachen, bis er fertig ist. Ich habe viel Geld aus Hollywood abgelehnt und auch anderes Geld, und vielleicht werde ich Dich anzapfen müssen, um weitermachen zu können. Wenn Du meine »Sicherheit« sehen willst, kannst Du es – aber jetzt brauchst Du es noch nicht. Das verspreche ich Dir. Habe sehr langsam gearbeitet, jeden Tag noch einmal jedes Wort von Anfang an gelesen. Ich hoffe, es wird ein guter Roman. Jedenfalls wird er so gut, wie ich ihn schreiben kann; bin gut in Form, habe alle Sorgen beiseite geschoben und schreibe so sorgfältig und gut, wie ich kann. Es ist 20mal besser als *Der Abend vor der Schlacht*, was flach war. Dies ist abgerundet und nach der Erinnerung geschrieben, während das andere erfunden ist.

Aus einem Brief Ernest Hemingways
an Maxwell Perkins, 25. März 1939

Hemingways Bedeutung als einer der großen Stilisten dieser Epoche ist in der amerikanischen und europäischen Erzählkunst der vergangenen fünfundzwanzig Jahre offenkundig. Das gilt hauptsächlich für den lebendigen Dialog und den verbalen Schlagabtausch, für die er Vorbilder geschaffen hat, die ebenso leicht zu imitieren wie schwer zu erreichen sind. [...]
Der diesjährige Nobelpreis für Literatur wird einem der großen Autoren unserer Zeit verliehen, einem von jenen, die, ehrlich und unerschrocken, die wahren Züge des harten Antlitzes unseres Zeitalters wiedergeben.

Aus der Nobelpreis-Laudatio, 1954

Wem die Stunde schlägt. Roman. Übertragen von Paul Baudisch. – Titel der amerikanischen Originalausgabe: *For Whom the Bell Tolls.* (Deutsche Erstausgabe 1941, erschienen im Bermann-Fischer Verlag, Stockholm)

Ernest Hemingway wurde am 21. Juli 1899 in Oak Park, Illinois, als Sohn eines Arztes geboren. Schon früh begleitete er seinen Vater auf Jagden und Fischzüge, und Hemingways außerordentliche Liebe zur Natur, die Intensität, mit der er die Jagd und das Fischen erlebte, gehen auf diese frühen Eindrücke zurück. Sie spiegeln sich in seinen ersten Kurzgeschichten. Im Ersten Weltkrieg diente er als freiwilliger Sanitäter an der italienischen Front. Das erschütternde Erlebnis des Krieges und die Abwendung von den Posen und großen Worten des Patriotismus schilderte er in dem Roman A Farewell to Arms *(In einem anderen Land).*

Entscheidenden Einfluß auf Hemingways knappen, kraftvollen, konkreten Stil hatten Ezra Pound und Gertrude Stein, denen er 1923 in Paris begegnete, wo er als Journalist lebte. Die in den zwanziger Jahren erscheinenden Kurzgeschichten und Romane stehen noch unter dem Eindruck des Krieges, setzen sich mit der Entfremdung von der bürgerlichen Gesellschaft auseinander, die eine Nachwirkung der Fronterlebnisse war. Besonders die Gruppe der in Paris im geistigen Exil lebenden amerikanischen Schriftsteller sah sich als »verlorene Generation«, und Hemingway wurde zu ihrem bekanntesten Exponenten.

Nach Aufenthalten in Spanien kehrte Hemingway 1927 nach Amerika zurück, beobachtete dann als Reporter den spanischen Bürgerkrieg und berichtete aus China. Seine Romane Fiesta, In einem anderen Land, Wem die Stunde schlägt *und die Erzählung* Der alte Mann und das Meer *wurden zu großen literarischen Erfolgen. 1954 erhielt Hemingway den Nobelpreis für Literatur. Am 2. Juli 1961 starb er in Idaho durch eigene Hand.*

Henri Michaux

In der Gesellschaft
der Ungeheuer
Ausgewählte Dichtungen
Französisch und deutsch
Mit einem Aufsatz von
E. M. Cioran
Zusammengestellt von
Christoph Schwerin

247 Seiten · Leinen · DM 25,–

Klein

Wenn ihr mich zu Gesicht bekommt,
dann laßt gut sein,
das bin nicht ich.

In den Sandkörnern,
in den Körnern von Körnern,
im unsichtbaren Mehl der Luft,
in einer großen Leere, die sich nährt wie Blut:
da leb ich, da.

Oh, kein Grund für mich großzutun: Klein, ja klein!
Und wenn einer mich zu fassen bekäme,
er könnte mit mir machen, was ihm beliebt.

Übertragen von Paul Celan

Gong bin ich

Im Gesang meines Zorns, da ist ein Ei,
und in dem Ei, da sind meine Mutter, mein Vater und meine
    Kinder,
und in diesem Ganzen, da sind Freude und Traurigkeit,
    gemischt, und Leben.
Große Stürme, die ihr mir beigesprungen seid,
schöne Sonne, die du mir entgegengewirkt hast,
es ist Haß in mir, starker, langjähriger Haß,
und was die Schönheit angeht, so werden wir schon sehen.
In der Tat, nur lamellenweise bin ich hart geworden;
wenn man erst wüßte, wie weich ich geblieben bin im Grunde.
Gong bin ich und Watte und Schneegesang,
ich sags und weiß, was ich sage.

Übertragen von Paul Celan

Der Trepanierte

Die Ruhe, die man im Leben hat (denn man hat sie, und manchmal sogar so lange, daß man beinahe das Unglück herbeiwünscht,
so sehr kann sie zur Langeweile werden), die Ruhe, die man im
Leben hat, beruht auf einem Vertrauen, welches auf dem Vertrauen andrer beruht, welches wiederum auf unserem Kopf beruht, den eine begrenzte Erfahrung uns verleitet für festgegrün-
det zu halten.
Aber eines Tages, anläßlich eines Hausbalkens, der herabfällt,
während die Zimmerdecke dich mit eigentlich unnötigen weiteren Materialschlägen bombardiert, zeigt der Schädel, was er ist,
nämlich ein Objekt unter anderen Objekten, ein zerbrechliches
Objekt. Das ruft einen Moment lang Erstaunen hervor: bei den
Augenzeugen. Denn du selbst kommst erst später damit dran,
und das ist etwas anderes. In diesem Moment bist du stockstill.
Und sobald ein Mensch wirklich stockstill ist, muß man darauf
gefaßt sein, daß die anderen es um so weniger sind. Sie beschäfti-
gen sich mit dir, überbeschäftigen sich, überschlagen sich dabei.
Wie man so sagt, »sie greifen ein«. Aber Eingreifen oder nicht,
der mit dem Schädelbruch... na ja, er wird es später erfahren.
Wenn er drei Tage danach, den Schädel in Bandagen verpackt,
unsicher ein müdes Augenlid hebt, gratulieren sich die Ärzte und
Krankenwärter. Er aber, er gratuliert sich nicht. Er gratuliert
keinem.
Es gibt für jeden eine Stelle in seinem Körper, wo man mit besonderer Vorliebe lebt. Nicht die gleiche bei allen. Das ist ganz natürlich. Aber für viele ist es natürlich, sich besonders gern in
ihrem Kopf aufzuhalten. Gewiß wandern sie hierhin und dorthin, steigen wieder herab, gleiten von Organ zu Organ, aber sie
kehren oft und gern in ihren Kopf zurück.
Genau das versucht der Trepanierte sogleich zu tun, doch eine
Sekunde nach diesem Sogleich weiß er, fühlt er, ist er dessen
gewiß, daß er niemals wieder in seinen Kopf hinaufsteigen kann,
wenigstens nicht mehr, um dort wirklich zu wohnen. Besonders

eine Stelle ist da in seinem Kopf, wo er sich hinbegeben möchte, eine Stelle, die er gut kennt, er ganz allein, denn von dort sah er die andern kommen mit ihren kleinen Angelegenheiten, und von dort aus verstand er sie im Zaum zu halten, wenn es sein mußte, ganz sanft, ohne daß zuviel Ärger daraus entstand; diese Stelle ist jetzt verlorengegangen in dem großen Vakuum, das sich vage bewegt... und wehtut.

Ein Krieg bricht aus, ein Krieg geht vorüber. Bevor er vorübergeht, stürzt er sich in große Unkosten. Er tobt sich unerhört aus. Es ist also ganz natürlich, daß er hier und dort ein paar Schädel zertrümmert. So sagt sich auch der Trepanierte. Er will kein Mitleid. Er möchte nur in seinen Kopf heimkehren.

Sei es am Tage, sei es bei Nacht, er ist ein Trepanierter. Das gedämpfteste Licht der mildesten Lampe tut ihm jetzt weh (denn alles ist brutal, was in den Kopf hereinkommt, wenn etwas wahrhaft Brutales einmal, ein erstes Mal, eingedrungen ist), und doch zieht er es vielleicht dem schwarzen Vakuum vor, wo nur geträumt wird. Aber das ist keine echte Vorliebe.

Er sucht nicht dies, er sucht, und er sucht einzig und allein, sucht unaufhörlich, sucht nichts anderes als die Heimkehr hinauf in seinen Kopf.

Übertragen von Kurt Leonhard

Seine Skrupel sollten ihn bis zu einem Fetischismus des Minimalen, der kaum wahrnehmbaren Nuance führen, sowohl psychologisch als auch verbal, sich nahezu endlos wiederholend, mit einer atemberaubenden Insistenz. Den Taumel durch Vertiefung erlangen, dies erschien mir das Geheimnis seines Vorgehens zu sein. [...]

Weil er sich zu keiner Form des Heils herabgelassen hat, zu keinem Trugbild von Illumination, ist seine Arbeit so überaus stimulierend. Er bietet Euch nichts an, er ist, der er ist, er verfügt über kein Rezept der Heiterkeit, er fährt fort, er zaudert, als be-

ginne er erst. Er akzeptiert Euch, vorausgesetzt, daß Ihr ebenfalls
ihm nichts anbietet. Ein Nicht-Weiser, ein Nicht-Weiser besonderer Art. Ich wundere mich immer wieder, daß er vor lauter
Intensität nicht zuschanden geworden ist. Seine Intensität mani-
festiert sich indes nicht zufällig, schwankend, ruckweise; sie ist
konstant, schlackenlos, sie ruht in sich selbst und stützt sich auf
sich selbst, ist unerschöpfliche Unsicherheit, ist »Seinsinten-
sität«.

E. M. Cioran

In der Gesellschaft der Ungeheuer. Ausgewählte Dichtungen. Französisch und deutsch. Mit einem Aufsatz von E. M. Cioran. Zusammengestellt von Christoph Schwerin. – Die Auswahl basiert
auf der zweibändigen Werkausgabe *Dichtungen, Schriften,* die 1966
bzw. 1971 im S. Fischer Verlag, Frankfurt am Main, erschien.
Übertragen von Paul Celan und Kurt Leonhard.

*Henri Michaux wurde am 24. Mai 1899 in Namur (Belgien) geboren
und verbrachte seine Kindheit in Brüssel. Nach Abbruch des Medizinstu-
diums unternahm er ausgedehnte Reisen als Matrose an Bord eines Kohlen-
dampfers. 1922 erste Schreibversuche, 1924 Übersiedelung nach Paris.
Beeinflußt durch die Bilder von Klee, Ernst und Chirico, begann er selbst
zu malen. 1923 erste Buchveröffentlichung:* Fables des Origines. *Reisen
führten ihn nach Afrika, Indien, Lateinamerika, Indonesien und China.
In den folgenden Jahren erschienen* Un certain Plume *(1930),* Un Bar-
bare en Asie *(1933),* Voyage en Grande Garabagne *(1936). Von 1937
bis 1939 arbeitete Michaux als Redakteur der Zeitschrift »Hermès«,
1938 veranstaltete die Galerie Pierre Loeb in Paris eine erste Ausstellung
seiner Werke. 1939 Reise nach Brasilien, 1940 Rückkehr ins besetzte
Frankreich. Während der Kriegsjahre arbeitete Michaux an Texten und
Bildern:* Exorcismes *(1943),* Le Lobe des Monstres *und* Labyrinthes
*(1944). 1947 reiste er nach Ägypten. 1948 verunglückte seine Frau töd-
lich. In diesem Jahr entstanden Hunderte von Tuschzeichnungen und* Por-

trait des Meidosems, *1950/1951 dann die Texte und Zeichnungen* Mouvements. *Unter ärztlicher Aufsicht experimentierte Michaux zwischen 1956 und 1960 mit halluzinogenen Drogen. 1960 Teilnahme an der Biennale in Venedig. Es folgten weitere Publikationen, Michaux verweigerte jedoch eine Gesamtausgabe seiner Werke. Er starb am 19. August 1984 in Paris.*

FRANCIS PONGE
EINFÜHRUNG
IN DEN KIESELSTEIN
UND ANDERE TEXTE
FRANZÖSISCH UND DEUTSCH
MIT EINEM AUFSATZ VON
JEAN-PAUL SARTRE

S. FISCHER

Francis Ponge

Einführung in den Kieselstein
und andere Texte
Französisch und deutsch
Mit einem Aufsatz von
Jean-Paul Sartre
Ausgewählt von
Christoph Schwerin

296 Seiten · Leinen · DM 25,–

Regen

Mit sehr unterschiedlichem Gang kommt der Regen herab, in den Hof, wo ich ihn fallen sehe. Mittendrin ist er ein feiner, diskontinuierlicher Vorhang (oder Netz), ein unversöhnlicher, doch relativ langsamer Fall vermutlich ziemlich leichter Tropfen, ein immerwährendes Herabstürzen ohne Nachdruck, ein sehr feines Zerbröckeln des reinen Meteors. In geringer Entfernung von den Mauern rechts und links fallen geräuschvoller die schwereren, vereinzelten Tropfen. Hier sind sie an Größe einem Weizenkorn gleich, dort einer Erbse, anderswo fast einer Murmel. Über Steinleisten, über Fensterbleche läuft der Regen waagerecht, während er sich an die Unterfläche dieser Hindernisse in konvexen Karamelbonbons hängt. Über die ganze Oberfläche eines kleinen Zinkdaches in Blickhöhe rinnt er als sehr dünne Schicht, schillernd infolge der höchst mannigfaltigen Strömungen, welche die unmerklichen Wellen und Buckel der Bedachung verursachen. Von der angrenzenden Traufe, die er mühsam wie ein tiefer Bach ohne großes Gefälle durchfließt, stürzt er jäh als ganz senkrechter, ziemlich grob geflochtener Wasserfaden zu Boden, wo er zerplatzt, doch wieder aufspringt in kleinen, glitzernden Nadeln.

Jede seiner Formen hat einen besonderen Gang; ihm entspricht ein besonderes Geräusch. Das Ganze lebt mit der Intensität eines komplizierten Mechanismus, präzis und verwegen, wie ein Uhrwerk, das vom Gewicht einer bestimmten, sich niederschlagenden Dampfmasse getrieben wird.

Das Schlagwerk der senkrechten Wasserfäden am Boden, das Gluckern der Traufen, die winzigen Gongschläge vervielfachen sich und tönen gleichzeitig wider in einem Konzert ohne Monotonie, nicht ohne Zartheit.

Hat sich die Uhrfeder entspannt, drehen bestimmte Rädchen sich eine Zeitlang weiter, mählich verlangsamt, bis die ganze Maschinerie stockt. Kommt nun die Sonne wieder hervor, verschwindet das alles alsbald, der glitzernde Apparat verdunstet: es hat geregnet.

Sidi-Madani, Sonnabend, den 27. Dezember 1947

Wenn die Ideen meine Erwartungen nicht erfüllen, meinen Geschmack nicht befriedigen, so rührt dies daher, daß ich sie nur
allzu leicht goutiere, weil ich sehe, wie sie danach verlangen und
nur dafür geschaffen sind. Die Ideen erbitten meine Zustim-
mung, fordern sie, und für mich ist es nur allzu leicht, sie ihnen
zu gewähren: dies Geschenk, diese Übereinkunft bereitet mir
kein Vergnügen, eher einen gewissen Widerwillen, ein Ekel-
gefühl. Die Gegenstände, die Landschaften, die Ereignisse, die
Personen der Außenwelt befriedigen mich umgekehrt viel mehr.
Sie überzeugen mich. Schon allein deswegen, weil sie meiner
Überzeugung keineswegs bedürfen. Ihre Gegenwärtigkeit, ihre
Evidenz, die ganz konkret sind, ihre Dichte, ihre Dreidimensio-
nalität, das, was an ihnen greifbar, unbezweifelbar ist, ihre Existenz, deren ich viel sicherer bin als meiner eignen, dieser Aspekt:
»so etwas erfindet man nicht (es offenbart sich vielmehr)«, dieser
Aspekt: »das ist schön, weil ich es niemals hätte erfinden können,
weil ich gar nicht dazu imstande gewesen wäre«, all das ist meine
einzige Daseinsberechtigung, genau genommen mein *Vorwand;*
und *die Vielfalt der Dinge macht mich in Wirklichkeit aus.*

Aus: *My creative method*

Begegnet man ohne Vorurteil dem Werk von Francis Ponge, so ist
man versucht zu glauben, aus einer besonderen Zuneigung zu
den ›Dingen‹ habe er es unternommen, sie um jeden Preis zu
beschreiben, das heißt mit Wörtern, mit allen gebräuchlichen,
abgegriffenen, ausgelaugten Wörtern, so wie sie sich dem naiven
Schriftsteller anbieten, eine x-beliebige Farbskala auf einer Pa-
lette. Liest man aber ein wenig aufmerksamer, so wird man sehr
rasch irre daran: Ponges Sprache scheint hinterhältig, verhext zu
sein. Im gleichen Maße wie sie uns einen neuen Aspekt des be-

nannten Gegenstandes zeigen, scheinen uns die Wörter zu ent-
gleiten, nicht mehr die fügsamen und gewöhnlichen Werkzeuge
des Alltags zu sein und uns neue Aspekte ihrer selbst zu enthül-
len. [...]
Seine Leidenschaft, sein Laster galten dem unbelebten, materiel-
len *Ding*. Dem festen Körper. Alles bei ihm ist fester Körper:
angefangen bei seinem Satz bis hin zu den tiefen Gesteinslagen
seines Universums. Wenn er den Mineralien menschliche Verhal-
tensweisen leiht, so, um die Menschen zu mineralisieren. Wenn
er sich Seinsweisen der Dinge zulegt, so, um sich zu mineralisieren. Vielleicht ist es erlaubt, hinter seinem revolutionären Unterfangen einen großen nekrologischen Traum zu ahnen, nämlich
den, alles, was lebt, in das Leichentuch der Materie einzuhüllen,
zumal den Menschen. Alles wird unter seiner Hand zum *Ding*,
inbegriffen und vor allem seine Gedichte. Und sein letzter Wille
ist, daß diese ganze Zivilisation mit ihren Büchern eines Tages
wie eine gewaltige Leichenstätte aus Schalentieren den Augen
eines Überaffen erscheint, Ding auch er, der die Residuen unseres Ruhmes zerstreut durchblättern wird.

Jean-Paul Sartre

»Dem menschlichen Geist zur Lust verhelfen«, notiert Ponge zur
Intention seiner Texte. In der Tat vermitteln sie sinnliches Vergnügen und Heiterkeit, lassen einen lächeln über die Präzision,
das Überraschende, das Zärtliche seiner Einfälle, seiner Bemü-
hungen, die Natur der Dinge und die »zweite Natur« der Kunst-
werke liebevoll zu benennen. Seine Texte bieten Gegenbilder zu
allem hastigen Verfügen über Gegenstände, sie sind wie literarische Modelle eines versöhnten Verhältnisses zu dieser Welt. Man
möchte ihn einen absoluten Antibarbaren nennen, der uns an unsere Möglichkeiten zu differenzierter Wahrnehmungsfähigkeit
gemahnt.

Jörg Drews

Einführung in den Kieselstein und andere Texte. Französisch und deutsch. Mit einem Aufsatz von Jean-Paul Sartre. Ausgewählt von Christoph Schwerin. – Die Auswahl basiert auf den Bänden *Lyren* und *Stücke, Methoden,* die 1965 bzw. 1968 im S. Fischer Verlag, Frankfurt am Main, erschienen. Übertragen von Gerd Henniger und Katharina Spann.

Francis Ponge wurde am 27. März 1899 in Montpellier geboren; er besuchte Gymnasien in Avignon, Caen und Paris. Studium der Literatur und Rechtswissenschaft ohne Abschluß. Erste Zeitschriftenveröffentlichung 1921, erste Buchveröffentlichung 1926: Douze petits Ecrits. *Er arbeitete als Buchhändler, wurde 1937 von der Librairie Hachette wegen der Organisierung eines Streiks entlassen. Eintritt in die Kommunistische Partei. Ponge wurde bei Kriegsausbruch eingezogen, er kam als Flüchtling nach La Suchère und schrieb dort* Le Bois de Pins. *1942 erschien bei Gallimard* Le Parti Pris des Choses. *Ponge wurde Lokalredakteur des Lyoner »Progrès«. Nach der Befreiung nahm er die Einladung Aragons an, das Feuilleton der Wochenzeitschrift »Action« zu leiten; er zog sich jedoch aus diesem Amt wie auch aus der Partei 1947 zurück und lebte einige Jahre in äußerster Armut. 1952 wurde er Dozent bei der »Alliance Française«. Sein literarischer Rang wurde nun allmählich erkannt: 1962 erschien eine Gesamtausgabe bei Gallimard. In den folgenden Jahren unternahm Ponge zahlreiche Vortragsreisen, u. a. in die Bundesrepublik Deutschland und in die Vereinigten Staaten. Er lebt heute in Bar-sur-Loup, Haute-Provence.*

Raymond Aron
Frieden und Krieg

Eine Theorie der Staatenwelt

Mit einem Geleitwort
zur Neuausgabe
von Richard Löwenthal

S. Fischer

Raymond Aron

Frieden und Krieg
Eine Theorie der Staatenwelt
Mit einem Geleitwort zur Neuausgabe von
Richard Löwenthal

942 Seiten · Leinen · DM 38,–

Das Buch, dessen französisches Original 1962 unter dem Titel *Paix et Guerre entre les Nations* erschien, hat wie Arons Gesamtwerk zwei einander ergänzende, doch untereinander sehr verschiedene Aspekte: Die erste Hälfte, die Teil I und Teil II unter den Titeln *Theorie* und *Soziologie* umfaßt, geht von Überlegungen über den grundsätzlichen Unterschied von Außen- und Innenpolitik, über die grundsätzliche Eigenart der Beziehungen zwischen den Staaten im Vergleich zu anderen zwischenmenschlichen Beziehungen aus, die dem Phänomen des Krieges zugrunde liegen und von den besonderen Bedingungen spezifischer Geschichtsepochen wenn nicht unabhängig, so doch nur in relativ sekundären Zügen abhängig sind. Die zweite Hälfte, mit Teil III über *Geschichte* und Teil IV über *Praxeologie*, das heißt über die Entscheidungsprobleme außenpolitischen Handelns, von denen Krieg oder Frieden abhängen, ist völlig auf die Besonderheiten der Weltpolitik seit dem Ende des Zweiten Weltkrieges, oder in Arons Worten auf das »planetarische System im thermonuklearen Zeitalter«, und damit auf den unvermeidlichen Vorrang des »bipolaren« Konflikts der Supermächte vor anderen weltpolitischen Problemen zugeschnitten.

Die wichtigste Folge dieses Aufbaus ist die Tatsache, daß der Verfasser in den verschiedenen Teilen des Buches notwendig eine ganz verschiedene Stellung zum Verhältnis von Moral und Außenpolitik einnehmen muß und sie auch ganz bewußt einnimmt. Der Rationalismus fordert vom Wissenschaftler, in Übereinstimmung mit seiner Berufsmoral, die nüchterne Erkenntnis und schonungslose Darstellung der Dinge, wie sie sind. In der politischen Analyse ergibt sich daraus für Aron, daß, »solange die Menschheit ihre Einigung zu einem Weltstaat nicht vollendet hat« (was er wohl kaum erhoffte), »immer ein *wesentlicher* Unterschied zwischen Innenpolitik und Außenpolitik bestehen« wird. »Die erstere strebt danach, das Monopol der Gewalt den Inhabern der legitimen Autorität vorzubehalten. Die letztere billigt die Pluralität der Zentren von Militärmächten. Soweit die Politik die innere Organisation der Kollektive betrifft, hat sie die Unter-

werfung unter die Herrschaft des Gesetzes zum eigentlichen
Ziel. In dem Maße, in dem die Politik die Beziehungen zwischen
Staaten betrifft, scheint ihre – ideale und zugleich objektive –
Bedeutung darin zu liegen, für das einfache Überleben der Staa-
ten zu sorgen angesichts der möglichen Bedrohung, die sich aus
dem Vorhandensein anderer Staaten ergibt. Daher kommt die
übliche Gegenüberstellung in der klassischen Philosophie: die
Kunst der Politik lehrt die Menschen innerhalb der Kollektive in
Frieden zu leben; sie lehrt die Kollektive entweder im Krieg oder
im Frieden zu leben. Die Staaten sind in ihren wechselseitigen
Beziehungen nicht aus dem *Naturzustand* herausgekommen.
Wenn sie ihn überwunden hätten, gäbe es keine Theorie der in-
ternationalen Beziehungen mehr.«
Die Schlußfolgerung ist logisch und klar: Wo es kein gemeinsa-
mes Gesetz gibt, nämlich jenseits der Staatsgrenzen, gibt es auch
keine gemeinsame Moral. So muß es eine Theorie der Außenpolitik darstellen, die der historischen Wirklichkeit entspricht. In der
Theorie der Außenpolitik, wie Aron sie in der ersten Hälfte seines Buches entwickelt, hat die Moral nichts zu suchen: Sie würde
nur das wissenschaftlich getreue Bild der Wirklichkeit verne-
beln.
Erst im vierten Teil dieses Buches, wo es um die »Antinomien des
diplomatisch-strategischen Handelns« in der bipolaren und thermonuklearen Gegenwart geht, wird die »Suche nach einer Moral« von Aron als ein zentrales Thema anerkannt, aber sie
schwingt schon im dritten Teil, der sich mit der analytischen
Darstellung dieser Gegenwart beschäftigt, unvermeidlich mit –
weil in dieser Analyse klar wird, daß es in Kriegen des thermonuklearen Zeitalters nicht nur um das Überleben der Staaten,
sondern bei voller Anwendung der neuen Waffen um das der Völker – und mit hoher Wahrscheinlichkeit auf beiden Seiten – gehen
muß. Dieser dritte Teil ist nicht nur voll von brillanten Einsichten, sondern auch nach fast 25 Jahren nur in wenigen Einzelheiten von untergeordneter Bedeutung überholt. Unter dem Titel
Das planetarische System im thermonuklearen Zeitalter wird hier die

erstmalige Entstehung von im wörtlichen Sinne den Planeten umspannender Politik analysiert, zweitens die Herausbildung zweier Supermächte und ihrer Sonderrolle im Zeitalter der thermonuklearen Waffen, drittens der besondere Charakter ihrer Gegnerschaft aufgrund des Konflikts radikal verschiedener politischer Systeme und der sie rechtfertigenden Ideologien, und schließlich viertens der teils parallele, teils systematisch verschiedene Charakter der Beziehungen zwischen jeder der beiden Führungsmächte und den – je nachdem freiwillig oder unfreiwillig – von ihnen geführten »Blocks« angehörender Staaten. Eine besondere Überlegung gilt dem Unterschied zwischen dem Wettbewerb der Weltmächte in Europa, wo die meisten Staaten Blöcken angehören und die Truppen beider Lager einander direkt gegenüberstehen, und in der Dritten Welt, wo die weitaus meisten Staaten formal und eine Mehrheit auch wirklich »blockfrei« sind: Aron, der *vor* der Errichtung der Berliner Mauer, *vor* dem Scheitern von Chruschtschows Berlin-Ultimatum und *vor* der kubanischen Raketenkrise, aber auch *vor* dem gescheiterten Vietnamkrieg der Vereinigten Staaten schrieb, kam zu dem Schluß, daß nur wesentliche Machtverschiebungen in Europa, nicht Gewinne oder Verluste einer oder der anderen Seite in der Dritten Welt, historisch entscheidende Bedeutung haben könnten – und daß gerade darum diverse Kriege in der Dritten Welt mit direkter oder indirekter Beteiligung der Supermächte hätten stattfinden können, während Überschreitungen der europäischen Ost-West-Grenze mit ihrem weit ernsteren Potential der nuklearen Eskalation nicht zufällig von beiden Seiten immer wieder vermieden worden waren.

Im vierten und letzten Teil seines Werkes wendet sich Aron der für ihn wie für den Leser entscheidenden Frage zu, ob und wie der Krieg, der von jeher ein notwendiger Bestandteil der »klassischen« Außenpolitik war und auch in unserer Zeit ein ständig wiederkehrender Bestandteil der Beziehungen zwischen »blockfreien« Staaten der Dritten Welt, oder zwischen diesen und einer der Supermächte (oder deren Beauftragten) geblieben ist, im direkten Konflikt der Supermächte vermieden werden kann – also dort, wo er von vornherein mit der Gefahr, wenn auch nicht in jedem Fall mit der Notwendigkeit der thermonuklearen Vernichtung eines oder beider Staaten und Völker, wenn nicht großer Teile der Menschheit verbunden ist. Für dieses Problem einer radikal neuen Art von Kriegsgefahr will auch Aron bei der kühlen Analyse nicht stehenbleiben, sondern er sucht, ohne von der Nüchternheit ins Wunschdenken zurückzufallen, eine Antwort zu finden, die seinem moralischen Verantwortungsbewußtsein entspricht: Ähnlich einigen bedeutenden aktiven Politikern seiner und unserer Zeit, bleibt Aron ein bewußter Vertreter der »Verantwortungsethik« im Sinne Max Webers.

Aus dem Geleitwort von Richard Löwenthal

Frieden und Krieg. Eine Theorie der Staatenwelt. Übertragen von Sigrid von Massenbach. Mit einem Geleitwort zur Neuausgabe von Richard Löwenthal. – Titel der französischen Originalausgabe: *Paix et Guerre entre les Nations.* (Deutsche Erstausgabe 1963, erschienen im S. Fischer Verlag, Frankfurt am Main)

Raymond Aron wurde am 14. März 1905 in Paris geboren. Nach dem Besuch der Lycées Hoche in Versailles und Condorcet in Paris trat Aron in die Ecole Normale Supérieure ein und studierte an der Sorbonne Philosophie. Auf sein Staatsexamen folgte ein ausgedehnter Aufenthalt in Deutschland (Köln und Berlin), wo er in den Einflußbereich von Max Weber, Husserl und Heidegger gelangte.
Während des Zweiten Weltkrieges war er in London Herausgeber der Zeitschrift »La France Libre«. Anschließend wurde er Mitarbeiter des »Combat«. Ab 1947 war er Leitartikler, 1976/77 politischer Direktor des »Figaro«, seit 1977 arbeitete er in führender Stellung für das Wochenmagazin »L'Express«.

Im Jahre 1955 wurde Aron Professor für Soziologie an der Sorbonne in Paris. Sein Hauptinteresse galt der Analyse der modernen Industriegesellschaft und ihrer verschiedenen politischen Systeme. Er war jahrzehntelang der einflußreichste politische Kommentator Frankreichs, der großen Widerhall in der ganzen westlichen Welt gefunden hat. Aron war darüber hinaus nach dem Ende des Zweiten Weltkrieges der bedeutendste Vertreter einer Philosophie der Politik in Europa, die das Denken von Generationen mitgeformt hat.

Raymond Aron ist vielfach geehrt worden, zuletzt in der Bundesrepublik Deutschland im Jahre 1979 mit dem Goethe-Preis der Stadt Frankfurt am Main. Er starb am 17. Oktober 1983 in Paris.

Hauptwerke: Die deutsche Soziologie der Gegenwart *(1935, dt. 1953)*, Opium für Intellektuelle oder die Sucht nach Weltanschauung *(dt. 1957)*, Frieden und Krieg *(dt. bei S. Fischer, 1963)*, Die industrielle Gesellschaft *(dt. als Erstausgabe in der Fischer-Bücherei, 1964)*, Einführung in die Atomstrategie *(dt. 1964)*, Fortschritt ohne Ende *(dt. 1970)*, Demokratie und Totalitarismus *(dt. 1970)*, Die heiligen Familien des Marxismus *(dt. 1970)*.

René Char

**Draußen die Nacht
wird regiert**
Poesien
Französisch und deutsch
Mit einem Nachwort von
Albert Camus
Ausgewählt von
Christoph Schwerin

219 Seiten · Leinen · DM 25,–

Der Turmsegler

Turmsegler mit den zu großen Flügeln, der da kreist und schreit
seine Freude rings um das Haus. So ist das Herz.

Er läßt den Donner verdorren. Er sät in den heiteren Himmel.
Streift er den Boden, schlitzt er sich auf.

Sein Widerpart ist die Schwalbe. Er verabscheut die häusliche.
Was gilt das schon: Filigran des Turms?

Er rastet in dunkelster Höhlung. Niemand hat es so eng wie er.

Im Sommer der langen Helle streicht er davon in die Finsternis
durch die Fensterläden der Mitternacht.

Kein Auge vermag ihn zu halten. Er schreit, das ist sein ganzes
Dasein. Ein schmales Gewehr streckt ihn nieder. So ist das Herz.

Die Bemühung des Dichters geht dahin, *alte Feinde* in *loyale Gegner* zu verwandeln; denn jedes fruchtbare Morgen ist von gelingendem Entwerfen bedingt, zumal dort, wo alles Segelwerk emporwill, sich verflicht, niedergeht und dezimiert wird – all die Segel, in denen der Wind der Kontinente ein Herz dem Wind der Abgründe zurückgibt.

Wir werden hin- und hergerissen zwischen dem Drang zu erkennen und der Verzweiflung, erkannt zu haben. Der Stachel bleibt bei seinem Brennen, wir bleiben bei unserem Hoffen.

Worte, Gewitter, Eis und Blut: sie werden schließlich einen Rauhreif bilden, gemeinsam.

Ich sehe den von politischer Perversion ruinierten Menschen, der Handeln und Büßen verwechselt, der seine Vernichtung eine Errungenschaft nennt.

Die Fluglinie des Gedichts. Sie müßte einem jeden *sinnlich wahrnehmbar* sein.

Man kann den Tränen nicht ein Bett richten, wie man es dem durchreisenden Geist richtet.

Ich werde niemals ein Gedicht der Einwilligung schreiben.

Zwischen der Wirklichkeit und ihrer Darlegung gibt es dein Leben, das die Wirklichkeit verherrlicht, und diesen Nazi-Abhub, der ihre Darlegung zuschanden macht.

Eine Zeit wird kommen, wo im Himmel-und-Hölle-Spiel der Welt die Nationen ebenso eng voneinander abhängen werden wie die Organe ein und desselben Körpers von dessen Haushalt und Aufbau.
Das von Maschinen zum Bersten volle Gehirn: wird es noch das

Fortleben des dünnen Rinnsals von Traum und Evasion verbür-
gen können? Der Mensch – nachtwandlerisch steuert er auf die
mörderischen Fundgruben zu, geleitet vom Gesang der Er-
finder.

Der Zweifel ist am Ursprung alles Großen zu finden. Die Unge-
rechtigkeit der Geschichte tut ihr Möglichstes, um ihn nicht zu
erwähnen. Dieser Zweifel ist genialisch. Ihn nicht mit dem Ungewissen vergleichen, das durch die Zerbröckelung des Empfin-
dungsvermögens entsteht.

In unserem Dunkel: nicht *einen* Platz hat die Schönheit darin. Der
ganze Platz ist ihr, der Schönheit, zugedacht.

    Aus: *Hypnos*. Aufzeichnungen aus dem Maquis (1943–1944).
    Übertragen von Paul Celan.

Ich würde die Neuheit dieser Gedichte weniger bewundern,
wenn ihre Inspiration nicht zugleich in einem so hohen Grade alt
wäre. Mit Recht nimmt Char den tragischen Optimismus des
vorsokratischen Griechenlands für sich in Anspruch. Von Empe-
dokles bis Nietzsche wurde ein Geheimnis von Gipfel zu Gipfel
weitergegeben, dessen schwierige und spärliche Tradition Char
nach langer Verdunkelung wieder aufnimmt. Das Feuer des Ätna
brütet unter einigen seiner unbeweisbaren Formeln, der königliche Wind von Sils Maria belebt seine Gedichte und läßt in ihnen
ein Rauschen von kühlen und aufrührerischen Wassern widerhal-
len. Das, was Char »die Weisheit mit Augen voll Tränen« nennt,
ersteht hier, auf der Höhe unserer Zusammenbrüche.
Alt und neu zugleich, verbindet diese Dichtung Verfeinerung
und Einfalt. Mit demselben Schwunge trägt sie die Tage und die
Nacht. Dort wo Char geboren ist, erscheint im großen Licht
bekanntlich die Sonne manchmal dunkel. Um zwei Uhr, wenn

die Hitze in der Landschaft ihren höchsten Grad erreicht hat, bedeckt ein schwarzer Hauch das Land. Ebenso ist es, immer wenn die Dichtung von Char dunkel erscheint, nur eine besessene Kondensation des Bildes, eine Verdichtung des Lichtes, was ihn von jener abstrakten Durchsichtigkeit entfernt, die wir meistens nur deswegen fordern, weil sie nichts von uns verlangt.

Albert Camus

Draußen die Nacht wird regiert. Poesien. Französisch und deutsch. Mit einem Nachwort von Albert Camus. Ausgewählt von Christoph Schwerin. – Die Auswahl basiert auf der zweibändigen Ausgabe *Poésies. Dichtungen,* die 1959 bzw. 1968 im S. Fischer Verlag, Frankfurt am Main erschien. Übertragen von Paul Celan, Gerd Henniger, Johannes Hübner, Lothar Klünner und Jean-Pierre Wilhelm.

René Char wurde am 14. Juni 1907 in Isle-sur-Sorgue bei Avignon auf dem Besitz seiner Großeltern geboren, wo er bis zum Eintritt ins Gymnasium von Avignon seine Kindheit verbrachte. 1925 bis 1928 kaufmännische Ausbildung in Marseille, Lehrling in Cavaillon und Militärdienst. 1929 erste Buchveröffentlichung: Arsenal. *Beginn der Freundschaft mit Paul Eluard. Begegnung mit André Breton und den Surrealisten in Paris. 1933 kurzer Besuch in Berlin, wo er die Machtübernahme Hitlers erlebte. 1936 Rückkehr nach Isle-sur-Sorgue, schwere Erkrankung, langwährende Genesung. 1939 wurde Char eingezogen und verbrachte den Winter im Elsaß; die Erfahrungen dort fanden ihren Niederschlag im* Poème pulvérisé. *Im Mai 1940 Rückkehr nach Isle-sur-Sorgue. Bis 1945 keine Publikation von Gedichten, Char schrieb jedoch weiter während der zwei Jahre im Maquis in den Alpen und der Provence. 1944 zum Interalliierten Generalstab von Nordafrika delegiert, leitete er in Algier das Zentrum des Fallschirmspringer-Kommandos der französischen Südzone. »Seitdem keine anderen Erlebnisse, als sie viele Menschen hatten.«*

*1945 und 1946 erschienen bei Gallimard, vorgeschlagen von Albert Ca-
mus, Chars Dichtungen aus der Zeit des Widerstandes:* Seuls demeurent
und Feuillets d'Hypnos. *1955 erste Begegnung mit Paul Celan und mit
Martin Heidegger, für den er 1966 und 1969 Seminare in Thor organi-
sierte. Pierre Boulez vertonte Texte von Char:* Le Marteau sans Maître
(1955), Visage Nuptial *(1956),* Le Soleil des Eaux *(1967). 1968
schwere Erkrankung. 1971 und 1980 Ausstellungen der Bücher und Ma-
nuskripte Chars in Paris, im Musée d'Art Moderne und in der Biblio-
thèque Nationale. 1984 Einrichtung eines René-Char-Museums in Isle-
sur-Sorgue, wo der Dichter nach wie vor wohnt.*

Albrecht Goes
Erzählungen
Gedichte
Betrachtungen

S. Fischer

Albrecht Goes

Erzählungen

Gedichte

Betrachtungen

205 Seiten · Leinen · DM 20,–

Inhalt u. a.: Die Erzählungen *Das Brandopfer. Der schwere Herrenstoff. Das Löffelchen. Das mit Katz.* Etwa 30 Gedichte, darunter *Die Schritte. Die Kerze. Erschütterung. Bratapfel. Bangnis. Ewige Heimat. Sieben Leben. Nach schwerem Winter. Gruß aus Rumänien. Abends im Tessin. Aber im Winde das Wort. Immer Kiefer am Waldrand. Für Brigitte. Nehmen, Geben. Den Müttern. Zauber der Verwandlung. Landschaft der Seele. Im Beginenhof. Die Zuversicht. Die Langverstoßne. Über einer Todesnachricht. Taubensprache. Davids Traum. Lautespielender Engel. Die unablösbare Kette. Tübingen, 1928. Lichtschatten du. Nichts stürzt, Motette.* Und die essayistischen Texte *Freude am Gedicht: Über Franz Werfel. Wunscherfüllung. Contessa Perdono. Verborgene Herrlichkeit. Auf Wegen der Befreiung. Ein Ort, wie von der Muse selbst gewählt – Eduard Mörike. Schmerzhafte Liebe.*

Der schwere Herrenstoff

Auf die Prophetie war die Rede gekommen. Sie ist nicht so sehr
Weissagung von Einzelheiten, sie ist ein Vorgefühl für das Kom-
mende, und gerade so hat sie zu Israel gehört, auch zu jenem
verborgenen Israel, das damals, als es noch ein Israel unter uns
gab, uns zuweilen nahe kam, wenngleich nicht ganz nahe: etwas
Unnahbares gehört ja allezeit zum Rang des prophetischen Lebens.

Ich hatte die Geschichte von dem reichen polnischen Magnaten
erzählt, dem alten Salomon B., der den Besuch seines Enkelsoh-
nes bekam, das war 1925, und Herr Hitler stand noch ziemlich
weit von den Toren entfernt. Ein kostbares Stück Tuch lag da, ein
schweres, brokatenes Tuch, und die Augen der schönen, jungen
Enkelfrau gingen darüber hin, wie nur je Frauenaugen über Bro-
kattücher gehen. Es war finster im Zimmer, und dunkel war der
Glanz der großen, goldenen Leuchter, der siebenarmigen. »Ein
schönes Stückchen Tuch, wie?« – so ließ sich plötzlich der alte
Mann vernehmen – »nimm Dir's mit, Kleine, nimm Dir's mit!
Wirst's brauchen können – für einen Bettelsack –« Nie konnte ich
die Abendstunde vergessen, so hat der Enkel später berichtet, nie
das bange Lachen des alten Mannes, der selbst dann als Bettel-
mann gestorben ist.

Da sagte die alte Dame: »Vom schweren Tuch weiß ich auch eine
Geschichte.« Sie sah uns nicht an, während sie nun erzählte; ich
konnte mir schon denken, wohin sie blickte... auch sprach sie
mit einer etwas heftigen Stimme, und der Arzt, der Jüngste in
unserer Tischrunde, mußte eingangs ein wenig lächeln, ich sah es
wohl. Aber dann lächelten wir alle nicht mehr, denn das, was die
Dame erzählte, das war wie aus dem Buch der Legende, und war
doch geschehene Geschichte; geschehen im Jahre 1939, wenige
Wochen vor dem Ausbruch des zweiten Weltkriegs.

»Es war in Breslau« – so erzählte die Dame – »und es kam mich
der Wunsch an, mir ein wirklich gutes – nein: ein elegantes Kleid
machen zu lassen. Ich ging in das beste Stoffgeschäft der Stadt,

das früher jüdische Besitzer hatte. Der ehemalige Inhaber, so hieß es, sei an irgendeiner Stelle im Geschäft noch tätig. Ich äußerte meinen Wunsch, und der Verkäufer mühte sich um mich; die schönsten Seiden- und Samtstoffe wurden herbeigeschleppt. Plötzlich aber stand der ehemalige Besitzer, ein kleiner, buckliger, alter Mann vor mir; ich weiß nicht, wie er so mir nichts, dir nichts aus dem Hintergrund hergekommen war. Er wischte mit einer Handbewegung alle die Pracht zur Seite, holte einen schweren Herrenstoff vom Regal herunter und sagte: ›Gnädige Frau, nehmen Sie dies. Und ich sage Ihnen: Sie werden denken an einen kleinen, alten Mann in Breslau, der Ihnen einmal zu diesem Stoff geraten hat.‹

Ich war sogleich in einem seltsamen Zwiespalt. Es verlangte mich durchaus nicht danach, wieder, wie schon manchmal in diesen Jahren, einen kräftigen Stoff zu tragen; der Sinn stand mir ausdrücklich, ich sagte es schon, nach einem eleganten Kleid. Aber die Redeweise des alten Mannes, dieser merkwürdige Beschwörerton tat mir's an, und so sagte ich denn nach einigem Besinnen: ›Gut. Gut. Packen Sie mir von diesem Stoff – wieviel brauch ich? – packen Sie mir's ein. Und die Zutaten auch.‹

Man schnitt mir die Stoffe zurecht, rollte alles zusammen, und ich verließ das Geschäft, mein Paket unterm Arm. An der Türe stand, mich verabschiedend, der alte Mann, und er sagte, mit den gleichen Worten wie vorhin fast, und im gleichen Tonfall: ›–– und Sie werden denken an den kleinen, alten Mann in Breslau, der Ihnen zu diesem Stoff geraten hat.‹

Sechs Jahre gingen hin. Es kam einer von den großen Luftangriffen auf Wien. Rasch, rasch mitten in der Nacht mußte man zusammenpacken, das Mädchen hielt die Hand so um die Kerze, daß kein Lichtschein nach außen drang. Ich stand vor meinem Schrank und suchte nach dem Nötigsten. Und dann nahm ich keines von den schönen, leichten Kleidern mit, sondern ich nahm das Kleid, aus schwerem Herrenstoff geschneidert, und ich hörte die Stimme, wie von weit her: ›Und Sie werden denken an den kleinen alten Mann in Breslau –‹«

Tübingen, 1928

Im halben Licht des Nachmittages
Flußaufwärts rudernd und allein –
Du Spiegelglanz der Silberweide,
Ihr vielvertrauten Häuserreihn,

Mein Fenster dort, Torhof und Leben,
Sturmweg der Nächte, Jahr um Jahr.
Sind zwei im Boot: der, der ich wurde,
Und jener Andre, der ich war?

Wie, wenn ich jetzt die Ruder schweige?
Lautlos schier treibt es mich zurück.
O grüner Strom versunk'ner Jahre,
Lichtschatten du und Wolkenglück,

Und du, aus Wassers Tiefe steigend,
Du groß Erinnerungsgewalt –
Nein. Heute. Hier. Ich seh' des Daseins
Unwiderrufliche Gestalt,

Die Stunde seh' ich, wie sie Träume
Wegweht und wie sie Wünsche stillt,
Seh' das Erreicht', das Unerreichte,
Und, fern von fern: das letzte Bild.

Wunscherfüllung

Vielleicht gibt es sich einmal, dachte ich immer schon. Man ist im selben Verlag, das ist beinah wie ›Wohnung im gleichen Haus‹, und wenn es auch ein sehr großes Haus ist, es könnte doch sein, daß man sich eines Tages begegnet. Dann werde ich ihm sagen, daß ich seiner Dirigentenzauberei – ganz aus der Ferne, nur durch den Äther und durch die Schallplatten noch, große Glücksaugenblicke verdanke, viele, mozartische vor allem; den ersten Satz der Prager Sinfonie etwa, eine Stelle, ein banges, gefährliches Hasch-Hasch darin, kein Kinderhaschhasch, sondern eines, das mit dem Abschied zu tun hat, mit dem ›einmal und noch einmal und dann nie wieder –‹

Und dann gab es sich wirklich, an einem Sommertag im Jahre 1955, in Zürich. Im Schauspielhaus waren wir alle zusammengekommen, um Thomas Manns achtzigsten Geburtstag zu feiern, und eh es oben auf der Bühne anfing, war er im halbverdeckten Orchesterraum erschienen: das kleine Kammerorchester wartete – und plötzlich stand er vor ihnen. »Das ist Kuzi«, sagte eine Stimme hinter mir, und ich wußte, das war Bruno Walters Spielname im Hause Thomas Mann. Er war im dunklen Anzug erschienen, nicht im Frack, und man hatte das Gefühl, er habe sich, ein anderer Ariel, nur gerade aus den Lüften zur Erde herabgelassen, um hier eine Intrade zu dirigieren... und wirklich: als Überraschung für den Jubilar war er von Kalifornien zum Fest erschienen, eine halbe Stunde vor Beginn der Feier war das Flugzeug draußen in Kloten gelandet – nun stand er hier, im Reisekleid noch...

Die schöne Geschichte fiel mir ein – von Mozarts Besuch in Berlin. Wie der abends in der ›Deutschen Oper‹ erschien, sie gaben die ›Entführung‹ und spielten in Pedrillos Arie hartnäckig dis statt d... und der im Reiserock pirschte sich ans Orchester heran, und schließlich rief er: »Verflucht... wollt ihr d greifen!«

Nun, die hier in Zürich spielten nicht dis statt d, sie kannten ihre Musik, Mozarts ›Kleine Nachtmusik‹ in- und auswendig, wie sie der Vogel Rock aus Amerika in- und auswendig kannte. Es gab weder Partitur noch Taktstock, auch fast keine Bewegung der Arme... gerade, daß die zehn Finger zuweilen einmal zuckten. Und es war, als hätte man die ›Kleine Nachtmusik‹, das dreißig-, fünfzigmal gehörte Werk, noch nie gehört, bis zu dieser Stunde.

Und dann hatte die schöne Leserei auf der Bühne oben ihren Anfang genommen, Fritz Strich fungierte als kluger Zeremonienmeister und gab jedem Sprecher seinen Part, und Maria Bekker war die Königin, und Hermann Wlach war der König, und die Therese Giehse war, wie immer, das As im Kartenspiel – und zuletzt kam der Zauberer in die Mitte und las, was Felix Krull von der Liebe weiß: »Das ist ein Paragraph meiner Rede, Zouzou, ich mache einen Abschnitt...«

Später saß man im Zunfthaus zum Rüden und da geschah es, so gegen elf Uhr am Abend, daß man die Plätze tauschte, und ein Freund brachte mich zu Bruno Walter... Und nach wenigen Augenblicken war es so, wie es immer ist, wenn sich zwei im Zeichen Mozarts begegnen: sie rufen sich die Nummern des Köchelverzeichnisses zu wie Geheimchiffren, wie die Suren des Korans... und vergessen darüber Welt und Umwelt. Und dann kam ich auf den Abendanfang zurück, auf die ›Kleine Nachtmusik‹ also, und sagte etwas über die Schwierigkeit, ein so fast närrisch bekanntes Werk neu zu hören, und dann sagte ich: »Aber ich habe es gehört als wie zum erstenmal.«

»Nun, das ist sehr schön... Dann will ich Ihnen sagen: ich habe es dirigiert als wie zum erstenmal, und das heißt ja nichts anderes als das, was Sie sagten: auch ich habe es gehört als wie zum erstenmal. Daß man es auswendig kann, das hat nichts auf sich, das versteht sich von selbst... aber gegen die Gewöhnung gibt es keine andere Arznei als das Erstaunen. Die c-moll-Figuren in der Romanze, in denen so viel ›Don Giovanni‹ steckt, der Septimensprung auf die Fermate vor der Coda im letzten Satz – gut, man weiß, wie es klingen muß, aber wenn es dann da ist, dann hat man nichts gewußt – und es ist über alle Begriffe. Oder denken

Sie das Trio ... das einfältigste und zärtlichste Ding von der
Welt.«
»Beim Trioeinsatz haben Sie den Konzertmeister mit zwei Fingern Ihrer linken Hand gedämpft.«
»Das haben Sie gesehen?«
»Ja, und das war, glaube ich, die einzige Korrektur, die Sie zu
machen hatten.«
»Ja, das sind ja auch ganz ausgezeichnete Spieler ... und schön
schlank ließ es sich so machen. Man darf es nicht stärker besetzen,
es ist ja keine verkappte Sinfonie. ›Eine kleine Nachtmusik‹ – es
wird nicht anders gewesen sein als so: eine Handvoll Musiker
kommen in ein Herrenhaus in Wien, im Herbst 1787, kurz vor
der berühmten Reise nach Prag, stellen ihre Pulte auf, und exeku-
tieren die fünf Sätze – Sie wissen, vor der Romanze stand ursprünglich noch ein Menuett – und nach einer guten Viertelstun-
de ist alles vorbei, so wie es heute da drüben vorbei war. Aber
dann ist doch etwas da, das trägt kein Wind mehr fort. Ich habe
gefunden, es lohne sich, auf der Welt zu sein, um so ein paar
Dinge hörbar zu machen.«
Ich sah Bruno Walter an. »Jeder Zoll an ihm ist Musik« – das
hatte, so fiel mir ein, der erste Probemeister dem achtjährigen
Bruno ins Zeugnis geschrieben. Nun, wenige Wochen noch, und
dann würde mein Gegenüber sein achtzigstes Lebensjahr beginn-
nen. Aber was will diese Achtzig besagen bei einem, der sich so
auf das Anfangen versteht?

... hier habe ich mir Ihre klugen und gütigen Betrachtungen
[*Von Mensch zu Mensch*] in ihrem weiten Wissens- und Bildungs-
umblick und mit ihrem wahrhaft menschenfreundlichen Zure-
den recht glücklich zu Gemüte geführt. ›Von der Milde‹, nach
diesem Hauptstück könnte das ganze Buch heißen, aber die Milde, die von ihm ausgeht, darf man schon Weisheit nennen. Oft
streift sein Ton die Predigt, aber es ist eines sehr weltklugen,

geisterfahrenen und im Leben umgetriebenen Predigers Stimme,
die man hört, und eine Predigt, gesättigt mit Wissen um alle Nö-
te, Ängste und ratlose Bösheiten dieser Zeit.

Aufrichtigen und respektvollen Dank für Ihre ergreifende Erzählung [*Unruhige Nacht*]... Wie wohltuend gerade heute ist das
Gute, Rechte und Tüchtige! Und merkwürdig, es ist, direkt oder
indirekt, immer etwas von *Protest* darin: nämlich gegen das
Schlechte und Falsche.

... wie sehr mich Ihre ernst-bescheidene und menschlich große
Dichtung [*Das Brandopfer*] bewegt hat, die im Zeichen des Wortes
steht: ›Zuweilen muß einer da sein, der gedenkt.‹ Dieses Gedenken und Zeugnis geben hat etwas Stellvertretendes, etwas von
Opfer für die allgemeine Vergeßlichkeit, die den geistlich Armen
gegönnt sei, und die Sie, der Dichter, sich nicht gegönnt haben.

Aus Briefen Thomas Manns an Albrecht Goes

---

*Albrecht Goes wurde am 22. März 1908 im Pfarrhaus Langenbeutingen
in Württemberg geboren. Die Vorfahren waren Theologen und Philolo-
gen, Mathematiker und Politiker. Die Kindheitsjahre verbrachte er nach
dem frühen Tod der Mutter in Berlin. Besuch des Steglitzer Gymna-
siums. Dann Schüler dreier berühmter schwäbischer Lehranstalten: der
Seminare Schöntal und Urach und des Tübinger Stifts. Studium der
Theologie in Tübingen und Berlin. Von 1930 bis 1952 Pfarrer in Württemberg. Dem Predigtamt ist Albrecht Goes treu geblieben. Er erhielt
1953 den Lessing-Preis der Freien und Hansestadt Hamburg. Er lebt in
Stuttgart.
1934 erschien sein erstes Buch, der Gedichtband* Der Hirte. *Seit 1935 ist
er Mitarbeiter der* Neuen Rundschau, *seit 1940 Autor des S. Fischer
Verlags* (Der Nachbar, Gedichte). *1946 im ersten Nachkriegspro-
gramm des Suhrkamp Verlags Berlin war Albrecht Goes mit einer* Rede

auf Hermann Hesse *vertreten. 1950 optierte er bei der Trennung der Verlage für S. Fischer. Große Wirkung ging von seinen Novellen* Unruhige Nacht *(1949),* Das Brandopfer *(1954),* Das Löffelchen *(1965) aus. 1963 erschien der Sammelband* Aber im Winde das Wort. Prosa und Verse aus zwanzig Jahren, *1976* Tagwerk. Prosa und Verse, *1978* Lichtschatten du. Gedichte aus fünfzig Jahren, *1979 eine Ausgabe von Mozart-Briefen.*

Wallenstein
Sein Leben erzählt von
Golo Mann

1126 Seiten · Leinen · DM 25,–

Golo Manns Schilderung macht dieses Europa, dieses Deutsche Reich vor allem in der ersten Hälfte des siebzehnten Jahrhunderts auf eine neue Art vorstellbar, weil er es, wenn es auch widersinnig klingen mag, in seiner Ungreifbarkeit summiert. Der Blick in den Geschichtsatlas zeigt, wie erstaunlich seine pointillistische Malweise dem buntscheckigen Gewimmel dieser Karte gemäß ist: man tritt zwei Schritte zurück, und das Ganze ist da. Er sieht dieses Europa als ein einziges Kraftfeld, »jede Macht mit jeder in direkter oder indirekter Berührung«, und zeichnet die dichten regionalen Beziehungen nach, die »aus vielen Ländern eine Art Block machten, eine Verwandtschaft der Lebensformen, Gesinnungen und Geisteswelt, dort wo wir heute keine suchen würden«. Das ist wichtig. Denn er sucht, umgekehrt, die Zusammenhänge auch nicht dort, wo wir sie heute finden, oder bastelt sie sich zurecht. Zugleich weiß er und sagt es rundheraus, daß diese Zusammenhänge auch durchaus nicht Form, Kontur, Definition und Delineation bedeuten; er rammt keine Wegweiser ins Gelände, wo überhaupt keine Wege und Straßen sind [...]

Dieses Europa, dieses Deutschland vorstellbar zu machen, ist noch selten einem Schilderer gelungen. Hier gelingt es in ungewöhnlich hohem Maß, weil dieser Historiker-Biograph sich vor den Absoluta hütet und weiß, daß Stimmigkeit nur mit Annäherungswerten zu erlangen ist. Er scheut sich zwar nicht zu sagen: das ist nicht wahr, das ist Geschwätz, das kann nicht stimmen, woher will der Mann das wissen, wenn schlüssiger Beleg zur Hand ist, daß der Mann es nicht wissen konnte. Er sagt aber lieber und häufiger: »Das ist so unwahrscheinlich nicht« oder »Beides wird wahr sein, Widersprüche erlaubt die Wirklichkeit sich ohne Scham; das Zweite aber wahrer als das Erste. Spätere Ereignisse lassen es mit Fingern greifen... Den Widerspruch lassen wir gelten; es ist ein lebendiger.« Oft zieht er es vor, »das Faktum zu vermerken, ohne es zu bewerten«, und gesteht, wenn's nun mal so ist, ohne weiteres: diesen Zusammenhang verstehe ich nicht recht (vermutend, daß die Zeitgenossen ihn auch

Wallenstein
Nach einem Kupferstich aus dem 17. Jahrhundert

nicht durchschauten), dieser Sache bin ich nicht auf den Grund gekommen, oder kurzweg: das weiß ich nicht. Es ist höchst erfrischend und Vertrauen einflößend, dies von einem Schilderer zu hören, der sehr vieles weiß und vor allem, daß der Historiker wie der Biograph, der Zeitenschilderer wie der Menschenschilderer, niemals das Ganze restlos in einem zupackenden Griff zu erfassen vermag und ihm stets Wesentliches, aber Gestaltloses durch die Finger schlüpfen muß. Merkwürdig, aber wahr, daß gerade diese ›offenen Stellen‹ skeptischer Behutsamkeit dem Bildnis des Mannes und seiner Zeit die dreidimensionale Tiefe gestalteter Plastizität verleihen. Das ist wissenschaftliche Kunst. [...]

Es war, so stellt der Schilderer fest, eine amorphe Epoche, eine konturlose Epoche, es hätte der Krieg sonst nicht so lange dauern können. Er selber sieht diese Epoche natürlich nicht mit Wallensteins Augen, aber er bringt es zuwege, daß sein Leser sie mit Wallensteins Augen sieht. Der Leser tritt mit diesem kleinen böhmischen Adelsherrn Schritt für Schritt aus dem eng umgrenzten provinziellen Gesichtsfeld heraus und in die amorphe Weite des sich immer maßloser ausdehnenden, immer weniger faßbar konturierten europäischen Blickfeldes hinein, und dann verengt sich dieses Blickfeld wieder in dem Maß, in dem Wallensteins Gesichtskreis sich bis in die letzte Abkapselung hinein wieder zusammenzieht. Das heißt: wir erfahren vom Krieg und der europäischen Mächtekonstellation immer nur so viel – oder nicht sehr viel mehr – als Wallenstein selbst wußte oder erfuhr. Wir sind uns allzeit bewußt, wie weit Wallensteins Blick reicht, wo er nur noch undeutlich, dann gar nicht mehr sieht. Und das gleiche gilt in jedem einzelnen der zahllosen, sich immer wieder verändernden und verschiebenden Stadien der Geschichte für die Mit- und Gegenspieler, für den Kaiser, für Gustav Adolf, Richelieu, die Kurfürsten. Dies ist mit außerordentlicher Kunst und Disziplin bewerkstelligt und vermittelt einen stimmigen Eindruck von ›Leben und Zeit‹, eine Unmittelbarkeit des Geschichtserlebnisses, eine geradezu hexerische Identität von Biographie und

Historiographie, die das eine ins andere verzaubert und mit einem den erlösenden Kunstwerk-Gleichklang hörbar werden läßt.

Peter de Mendelssohn

Der Kraftspruch des Schriftstellers, an den ich glaube, stammt von Cato, dem Älteren, der jungen Schriftstellern den Rat gab: *rem tene, verba sequentur,* halte dich an die Sache, dann kommen die Worte, dann kommt die Sprache von selber. Daran glaube ich fest.

Golo Mann

Wallenstein. Sein Leben erzählt von Golo Mann. (Erstausgabe 1971, erschienen im S. Fischer Verlag, Frankfurt am Main)

Golo Mann wurde am 27. März 1909 in München als drittes Kind von Thomas und Katia Mann geboren. Nach den frühen Jahren im Elternhaus verbrachte er seine Jugend in Kurt Hahns Landerziehungsheim Schloß Salem. Dann studierte er Philosophie und Geschichte – vornehmlich in Heidelberg, wo er bei Karl Jaspers promovierte. 1933 emigrierte Golo Mann nach Frankreich; er wirkte als Hochschullehrer in St. Cloud und Rennes. 1937 bis 1940 redigierte er in Zürich die von seinem Vater herausgegebene Zeitschrift »Mass und Wert«. Als Kriegsfreiwilliger wurde er in Frankreich interniert. Im Spätherbst 1940 gelang ihm mit Heinrich Mann, dessen Frau und dem Ehepaar Werfel die abenteuerliche Flucht über die Pyrenäen. Ab 1942 lehrte er in den USA Geschichte am Olivet College und am Claremont Men's College. 1958 bis 1960 hatte er eine Gastprofessur in Münster inne, 1960 bis 1964 war er Professor für Politische Wissenschaften an der TH Stuttgart. Zahlreiche Auszeichnungen: u. a. Büchner-Preis 1968, Gottfried Keller-Preis 1969, Goethe-Preis der Stadt Frankfurt am Main 1985. Golo Mann lebt in Kilchberg am Zürichsee.
Werke: Friedrich von Gentz. Geschichte eines europäischen Staats-

mannes *(1947)*, Vom Geist Amerikas *(1954/1961)*, Deutsche Geschichte des 19. und 20. Jahrhunderts *(1958)*, Geschichte und Geschichten *(1961)*, Wallenstein *(1971)*, Wallenstein. Bilder zu seinem
Leben *mit Fotos von Ruedi Bliggenstorfer (1973)*, Zwölf Versuche
(1973), Zeiten und Figuren. Schriften aus vier Jahrzehnten *(1979)*.
*– Golo Mann, Mitherausgeber der »Propyläen-Weltgeschichte«, ist ein
profunder Kenner der abendländischen Lyrik, er hat viele Gedichte ins
Deutsche übertragen, u. a. Oden des Horaz und Verse von Antonio Ma-
chado.*

Golo Mann schreibt an einem autobiographischen Werk: *Erinnerungen und Gedanken.* Autor und Verlag planen für 1986 das
Erscheinen des ersten Bandes.

Luise Rinser

Die gläsernen Ringe

Mitte des Lebens

Ich bin Tobias

Geh fort
wenn du kannst

Der schwarze Esel

Mirjam

Vier Bände in Kassette
Gebunden · DM 50,–

Die alten Waschstege sind nicht mehr da, kein Mensch wäscht mehr die Wäsche im Bach, das ist, wie überall, verboten, das wäre »Umweltverschmutzung«, aber auch ohne Verbot: wer wollte heute noch seine schmutzige Wäsche öffentlich waschen, wer hat überhaupt noch schmutzige Wäsche, was schmutzig ist, wirft man weg und vergißt es, oder man läßt es abholen und weit wegfahren und nimmt es sauber wieder in Empfang, für Geld wird einem jede schmutzige Wäsche gewaschen. Wer auch wollte heute den Mangel einer elektrischen Waschmaschine öffentlich bekennen, wer wollte sich so erniedrigen zu zeigen, daß er zerrissene Küchentücher und fadenscheinige Bettlaken hat, wer wollte sich schon Rückenschmerzen holen im niedern Dienst des Häuslich-Notwendigen. Wer wagte denn noch die selbstverständliche Demut. Keine Waschtage mehr, keine roten Wäscherinnenarme, keine aufgeweichten und an den Fingerkuppen gerillten Hände, keine Holzstege, kein Gespräch mehr von Steg zu Steg. Der Bach, nur hier, für hundert Meter vielleicht, noch nicht in unterirdisch verlegte Beton- oder Eisenrohre gezwängt, nur eingeengt, zum Kanälchen geworden, seines Charakters beraubt, läuft still und grün, den Septemberhimmel spiegelnd, den auch nicht mehr reinen, den von aufsteigenden Gasen verschmutzten Himmel, der Bach läuft zum Wehr, das alte Wehr gibt es noch, er läuft wie eh und je in die Falle, und hinter dem Wehr verschwindet er, ist einfach nicht mehr da, erst drei Kilometer nördlich darf er sich wieder zeigen, aber nur den Ingenieuren und den wenigen Arbeitern im neuen großen Elektrizitätswerk, das er speisen muß, der Stadt Geld einbringend, wer dankt ihm das, wer weiß überhaupt etwas von der Biographie dieses Baches, woher kommt er, wo tritt er nach getaner Arbeit wieder zu Tage, wohin fließt er dann, wo mündet er, nicht einer von den zwei Dutzend Leuten, Einheimischen und Zugezogenen, von mir befragt im Lauf der nächsten Tage, weiß etwas von diesem Bach, nur ein cleveres Schulkind sagt: der Bach ist kein Bach, er ist ein Kanal, das Baden darin ist verboten, er macht Elektrizität, früher hat er Überschwemmungen gemacht, und Leute sind darin ertrunken.

Das ist eine Verleumdung, ein Kinderschreck, nie ist jemand hier
ertrunken, aber das Schulkind weiß es besser: doch, Kinder sind
ertrunken.
Ein Kind, Klaras Kind, das ist wahr.
Einmal war dieser Bach die Herzader der Stadt, einmal spannen
sich in den verwahrlosten Anlagen am Bach stadtauswärts alle
Liebesgeschichten an, alle Verführungen fanden hier statt im
Schilf und hinter den wehenden Vorhängen der Weiden, nächt-
lich oder in der mittäglichen Arbeitspause der Weber und Färber
und Laufmädchen aus Bernheimers Fabrik und der Drucker und
Sekretärinnen vom »Tageblatt«, in der heißen Stunde, wenn das
grüne Wasser die weißen Umarmungen widerspiegelte. Bei wie-
vielen Ehebrüchen führte die Spur, verfolgt man sie zurück, ins
Rohrdickicht, das damals bachaufwärts vor der Stadt sich hin-
breitete und wo das Stöhnen der Liebespaare täuschend den Rufen der Sumpfvögel glich, die mit solch unschuldiger Hehlerei
die stadtbekannten Sünder begünstigten. Wieviel hämischer
Klatsch wurde von Waschsteg zu Steg, ins Aufklatschen der nas-
sen Wäsche eingeschoben, bachauf bachab gesendet, ein Nach-
richtensystem, das so rasch, so zuverlässig funktionierte wie die
Trommelsignale der Buschneger. Wie viele unsaubere Geschäfte
wurden längs dieses Baches ausgeheckt von gutgekleideten Bürgern mit Strohhüten, Zigarren und Spazierstöcken. Dieser Bach
auch war es, der einmal, das wußte ich an diesem Morgen noch
nicht (vieles wußte ich noch nicht), Stefanies alte sehr alte räudige
Katze, Vermächtnis des vor den Nazis flüchtenden, des toten Peter Niels, von Peters Vater mit einem Gnadenschuß erlöst, wei-
tertrug, Stefanie aus den Augen, die nicht weinten, die ihr nur
nachblickten so lange sie zu sehen war. An diesem Bach stand die
Bank, neben der Klara schwanger wurde beim Heimgehen vom
Bahnhof, wo sie den Sanitätsdienst leitete im Krieg, und wo der
Sanitätszug stand mit den Schwerverwundeten und Sterbenden,
und von woher der Geruch nach Lysol und Lagerstroh wehte
und woher Klara diesen Geruch mitbrachte in ihrem gestärkten,
aber verschwitzten und zerknitterten Schwesternkleid und an ih-

ren scharf desinfizierten Händen. An diesem Bach, oder nicht
weit davon, steckte Peter Niels Stefanie den Verlobungsring an
den Finger und verwechselte dabei die Hände, er steckte ihn an
ihre rechte Hand, und so war es ein Ehering, und da trägt ihn
Stefanie seither, sie trägt ihn rechtmäßig. Über diesem Wasser
baumelte tage- und nächtelang die Leiche von Max Bredel, der
sich aufgehängt hatte in unerträglichem Grausen vor sich selbst,
mitten im Winter, in Frost und Schnee, um sicher zu sein, daß
man ihn sobald nicht findet und ganz gewiß nicht lebend und zu
retten, zu einer Zeit also, in der kein Spaziergänger sich hierher
verlief, und es kam auch keiner, so lange kam keiner, daß die
Krähen Zeit hatten, sich über sein Gesicht herzumachen. In diesem Bach, weiter stadtauswärts, wollte Dora Lilienthal sich er-
tränken in der Nazizeit, sie hatte sich einen schweren Stein in
einem Sack auf den Rücken gehängt und ihn mit starken Bändern
kreuzweise über der Brust festgebunden, als man sie fand und
mit Gewalt rettete, »hätten wir sie doch damals und hier sterben
lassen«, sagte Stefanie, »hätten wir sie hier in Frieden ertrinken
lassen, sie wäre von dem Stein sofort in die Tiefe gezogen und
bewußtlos geworden, es hätte in ihren Ohren gebraust und sie
hätte Musik gehört, was für ein wunderbarer Tod, vergleichswei-
se, ein menschenwürdiger Tod, freiwillig und zu rechter Zeit.«
Aus diesem Bach hat man (wenn Berthies Bericht stimmt) Klaras
totes Kind gefischt. In ein paar Jahren wird es überhaupt keinen
Bach mehr geben hier, kein Kind wird mehr ertrinken, nicht einmal eine Katze, hier wird man überfahren werden, vom scharfen
Blech zerschnitten, auf den Steinrand geschleudert, alles oberir-
disch, wenn die Ringstraße fertig sein wird, welche die Stadt mit
der Autobahn verbindet und mit der weiten Welt, die nicht weiter und größer und besser ist als diese Stadt, welcher der Mensch
seine jämmerlichen, der Erfahrung der verdorbenen Provinz ent-
nommenen Maße aufdrängt. Es ist nicht gut für mich, an diesem
Bach zu sitzen, ohne Papierschiffchen schwimmen zu lassen von
Waschsteg zu Waschsteg, von mir zu Stefanie, von mir zu einem
befreundeten Wesen, das mich trösten könnte. Ich stehe auf und

pflücke ein paar der zeitverwirrten Feuerbohnenblüten und
streue sie auf das grüne Wasser, ich gebe ihnen keine Botschaft
mit, denn niemand nähme sie auf und niemand kennte meinen
Code und niemand könnte lesen, was da steht, die Botschaft meiner Traurigkeit, die so vergänglich und so beständig ist wie das
vorbeiziehende Wasser, eine Trauer worüber denn, vermischt
mit einem Triumph, worüber, über das Leben, das lebt, vergeht,
wiederkehrt und immer ist und uns zu freier Verfügung steht.

Aus dem Roman *Der schwarze Esel*

Sie erzählt von Engeln, vom Gefängnis, Konzentrationslager,
Krieg und Hunger, von Kinderliebe, erster Liebe, Gattenliebe,
schuldhafter Doppelliebe, entsagender Liebe, verwirrter religiö-
ser Erotik, von Lehrerinnen und Totschlagtrinkern, Tagedieben,
Professoren der Medizin, Schriftstellerinnen, Redakteuren, Pfaf-
fen und Pferden, von einer »roten Katze« und einem Bündel weißer Narzissen, von Juden und Emigranten, vom Fronleichnams-
tag, vom Jüngsten Tag, von Beischlaf ohne Liebe und von Liebe
ohne Beischlaf, vom Selbstmord einer alten Frau und vom Tod
eines alten Mannes, von Kommunisten, italienischen Partisanen,
SS-Leuten, Nonnen, Äbten und Äbtissinnen, von Nazis und
Antinazis, Sängern und Huren.
Ihre Geschichten scheinen ganz einfach und auf einfache Weise
erzählt. Manche ihrer Romane sind in Ichform geschrieben,
fingierte Memoiren, Briefe, Tagebücher, um der Doppelwir-
kung des Intimen und des Objektiven willen. Es sind, in der
Sprache des Alltags, alltägliche Geschichten, voller Poesie des
Alltags.

Hermann Kesten

Die gläsernen Ringe. Eine Erzählung. (Erstausgabe 1941,
erschienen im S. Fischer Verlag, Berlin)
Mitte des Lebens. Roman. (Erstausgabe 1950, erschienen im
S. Fischer Verlag, Frankfurt am Main)
Ich bin Tobias. (Erstausgabe 1966, erschienen im
S. Fischer Verlag, Frankfurt am Main)
Geh fort wenn du kannst. (Erstausgabe 1959, erschienen im
S. Fischer Verlag, Frankfurt am Main)
Der schwarze Esel. Roman. (Erstausgabe 1974, erschienen im
S. Fischer Verlag, Frankfurt am Main)
Mirjam. (Erstausgabe 1983, erschienen im
S. Fischer Verlag, Frankfurt am Main)

*Luise Rinser wurde am 30. April 1911 in Pitzling/Oberbayern geboren.
Sie studierte Psychologie und Pädagogik in München und arbeitete von
1935 bis 1939 als Volksschul- und Berufsschullehrerin. 1941 veröffentlichte sie im S. Fischer Verlag die Erzählung* Die gläsernen Ringe; *nach
der zweiten Auflage wurde dieses Buch verboten, die Autorin erhielt Pu-
blikationsverbot. Sie wurde 1944 verhaftet und wegen »Wehrkraftzer-
setzung« vor Gericht gestellt; über ihre Untersuchungshaft in Traunstein
berichtete sie in ihrem* Gefängnistagebuch. *Von 1945 bis 1955 arbeitete
Luise Rinser als Literaturkritikerin bei der »Neuen Zeitung« in München, seither ist sie freie Schriftstellerin. Von 1953 bis 1959 Ehe mit dem
Komponisten Carl Orff; 1959 übersiedelte sie nach Rocca di Papa bei
Rom, wo sie heute lebt.
Außer Romanen und Erzählungen veröffentlichte sie Impressionen von
zahlreichen Reisen, u. a. nach Nordkorea, Bolivien und Japan, sowie
mehrere Bände tagebuchartiger Notizen, u. a.* Baustelle, Grenzübergänge *und* Kriegsspielzeug. *Bekannt wurde Luise Rinser auch durch ihr
öffentliches Engagement als Katholikin und Sozialistin.*

Arno Schmidt

Zettels Traum
Faksimilewiedergabe des DIN-A3-Typoskripts
von 1334 einseitig beschriebenen Manuskriptblättern
mit zahlreichen Randglossen und Handskizzen des Autors

I. BUCH · Das Schauerfeld oder die Sprache von Tsalal
II. BUCH · In Gesellschaft von Bäumen
III. BUCH · Dän's Cottage; (ein Diorama)
IV. BUCH · Die Geste des Großen Pun
V. BUCH · Franziska-Nameh
VI. BUCH · ›Rohrfrei!‹
VII. BUCH · The Twilit of the Gods
VIII. BUCH · Im Reiche der Neith

1352 Seiten · Leinen · Im Schuber ca. DM 598,–

Der Auftritt des gelben Fechters
eine Szene aus Zettels Traum
dargestellt von Ernst Krawehl

Arno Schmidts in fast zehnjähriger Arbeit entstandener Riesen-
roman, mit dem Leitmotiv vom unsäglichen Traum des Webers
Zettel, des großen Anzettlers im Sommernachtstraum, ist nach
dem äußeren Aufbau das innerhalb 24 Stunden sich abspielende
Streit-, Lehr- und Liebesgespräch zwischen vier Personen an
einem wunderträchtigen Hochsommertag in der Lüneburger
Heide, – in ihrem Verständnis ihr schlechthinniger Lebenstag,
in den sie einbringen, was sie haben und sind.
Der Grundriß ist einfach, daher tragfähig für ein Gebäude, wo
jeder Bauteil sich ausladend mit dem nächsten verschränkt. Das
Ehepaar Paul (P) und Wilma (W) Jacobi aus Lünen besuchen mit-
samt Tochter Franziska (Fr) den Ich-Erzähler Daniel Pagen-
stecher (Dän) in seinem dörflichen Holzhaus in »Ödingen«. Be-
suchsabsicht beider Jacobis, die an einer Übersetzung der Werke
E. A. Poes arbeiten, ist, vom Privatgelehrten Dän, dem gemein-
samen Jugendfreund, Aufschlüsse zu erhalten über Unerklärtes,
auch Fragwürdiges und Unterschwelliges in Poes Leben und
Werk.
Dän willfährt nicht nur mit einer universalen Poe-Philologie,
sondern entwickelt eine Poe-Philosophie, die über Poe weit hinaus Entstehungsgründe und Motivationsgeflechte schriftstel-
lerischer Vorstellungsweisen offenlegt.
Vagierend in Wäldern, im Garten, im Haus vor der Bücherwand,
wird das Poewerk nach allen Verstehenskategorien aufgeschlüs-
selt, doch nicht weniger kommt es zwischen den Protagonisten zu
romanhaften Seinsmomenten, die ihre Spannung empfangen
hier von dem verdrossenen Klimakterium der alternden Jacobis
und ihrem Generationskonflikt mit der störrisch-verzagt auf-
begehrenden Franziska, dort von der ungesättigten, stets wieder
in die Schranken verwiesenen Liebe zwischen Dän und dem
Halbkinde Franziska.

Die Schicksalsgeschichte der Personen verläuft dabei nicht neben dem ins Phantastische ausufernden Exegese-Disput her, sondern ist von der Substanz aus in ihn verwoben, dank einer radikal durchbrochenen Gesprächsführung, die Persönliches und Sachliches mehrdeutig mischt, aufeinander dialektisch bezieht und den Handlungspart so führt, daß durch ihn zugleich auch Poe-Situationen abgebildet werden.

Doch zur Dichtung macht Zettels Traum nicht so sehr die endlose Engführung kognitiver Reflexion und sinnengesteuerter Handlung, sondern ein aller Enden hineinspielendes drittes, autonomes Medium: die selber naiv auf den Plan tretenden Naturelemente, die schaffende und zerstörende natura naturans, die – so behutsam der Autor sie in Aktion bringt – durch ihre Anwesenheit das Geschehen von der planen Welt in eine gleichsam sphärische Dimension hebt.

Doch nicht in grandioser Pose erscheinen die Boten der natura naturans, sondern, ein herrlicher Trick Arno Schmidts – im kleinbürgerlichen Gewand all der andern Gäste des Großen Pan am Teich (Buch IV), auf dem Jahrmarkt (Buch VII), angepaßt durchaus ans Treiben der Weekendmenschen – ohne dabei von ihrer Persistenz etwas aufzugeben, und »menschliche Nähe«, gutherzig fast, nur simulierend. Die Elemente auf Urlaub. Wenn's ernst wird, sind sie wieder auf Posten, die Wolke wölkt, es blitzt der Blitz, und der vor allem.

Potentaten der Natur, die im unauffälligen Räuberzivil sich unters Jahrmarkt- und Badevolk mischen:

in schwefelgelb der dürre Blitzjunge mit dem schweren Motorrad und seiner blinkenden Fechtklinge;

im roten Monteurleibchen, als zwielichtiger Handlanger des fahrenden Volks verdreckt unterm Kirmeswagen, die züngelnde Flamme;

gemütvoll badengehende Wolkendamen und -mädchen, im Gras sich räkelnd, die es natürlich Paul angetan haben;

die ZEIT höchstselbst, vorübergehend zwischen den Gräbern von »Scortleben« als handfeste Direktrice des »Gegenwart«-

Panoptikum, untergefaßt von ihr die schwarzverschleierten sia-
mesischen Zwillinge ›Zukunft‹ und ›Vergangenheit‹ aus der
Abnormitätenschau – kaum bemerkt vom versunken dasitzenden
Dän/Schmidt in Betrachtung seines künftigen Grabsteins
(S. 996).

Zu den merkwürdigsten Szenen dieser Observanz gehört in Buch
IV – einem der beiden, wo Arno Schmidt bekennt, ›Walpurgis'
Sack‹ einmal ganz aufgeschnürt zu haben – das abgründige Men-
sur-Duell zwischen Paul und dem Gelben, die sich als versierte
Fechter erkennen. (Daraus Seiten 548 und 551 hier abgebildet.)
Was begibt sich auf ihnen? Wilma und Franziska sind an dem
schwüler werdenden Tag im Haus geblieben, die alten Kumpane
Dän und Paul statten auf eigne Faust dem nahen Badeteich einen
Besuch ab, wo unter den Tagesgästen der »dürre Gelbe« sich als
Virtuose mit dem »schweren Florett« bereits durch tückisch-tän-
delnde Proben hervorgetan und Allzuvorwitzige abgefertigt hat.
Der in Oxford einst geübte Paul schlägt eine Partie vor, die er mit
seinem alten Stockdegen bestreiten wird, von Dän ihm kurz zuvor übermacht. Selbstsicher nimmt der Gelbe an. (S. 547)
Dän freilich warnt Paul kameradschaftlich, er sei nicht mehr fit
genug für solches Wagnis, bei solchem Partner, doch das ist Rol-
lenspiel, denn diesen Fechthandel begleitet in der rechten Ne-
benspalte die Notiz »& 1 Grüner Mann im Grase, lachte-laise«:
der aus seinem Double Dän für ein paar Augenblicke sich gelöst
habende Autor in der ständigen grünen Lederjacke, in der er im
Werk & Dorf aufzutauchen pflegt; er kennt den Ausgang, die
Partie wird unegal auslaufen, aber nicht zu Pauls Nachteil. Mit
dem Stockdegen hat es eine Bewandtnis.
Auf S. 548 der Verlauf dann protokollhaft abzulesen, Regiebuch
und Gedankenbrevier in einem. Zunächst untersucht und be-
merkwürdigt der Gelbe den Stockdegen, Pauls ›BALMUNG‹
(Z. 1–2). Der wissende Dän stumpft die Spitze des Degens, mit
dessen Wirkung vertraut, mit einem Aufsatz ab (5). Der Gelbe
fährt mit der Degenspitze prüfend im »vorgewittrijen Overall«
herum (9–11). Gleich erscheinen kleine Elmsfeuer an der Spitze

der Klinge (13–14), der erschreckte Dän wird beruhigt: »reine Wetterfrage«. Dann aber Kopfwende des Gelben nach dem in einem nahen Wasserloch sich abzeichnenden Windstoß (Gewittervorbote?, Signal aus der höheren Gewitterküche à la »Bereitmachen, gleich geht's los«?). Der Gelbe, sich überrascht fühlend, spielt die Geste herunter (16–17). Beginn der Mensur; Dän übernimmt die Funktion von Pauls Sekundanten (20). Nach dem Austausch mehrerer, verzwickter und rasendgeschwinder Paraden schlägt Paul mit einem gewaltigen Hieb zu, »wie auf ein'am-BOSS« (in ›Amboß‹ als Empfänger des Streichs erscheint der Gelbe als »Boß«) (29). Beide Fechter erstarrt über das Ergebnis (Däns Stockdegen von dunkler Herkunft [S. 550, Z. 10] zerschmettert den himmlischen Blitz); – Paul hatte seinen Ausfall nicht mehr abbremsen können, zu groß war des Stockdegens Wucht. Die Klinge des Gelben in 2 Teile zersprungen (31–33). Gafft, immer noch verblüfft, wortlos, auf das zerbrochene Florett (34), stößt sich gar (39–40) an einem vergeßnen Heugabelstiel eines Bauern, dem er's nicht vergessen wird (da wird er bald mal ein bißchen einschlagen!).
Der Gelbe findet endlich Worte, es sei »das erste Mal in sei'm ganzn Leben« –, »und ausgerechnet jetzt vorm Gewitter!« (zu ergänzen: wo er dienstlich benötigt wird) (45). Der Erzähler wendet sein Auge den Gästen aus Nebel- und Wolkenreich zu, schick im Grase lagernd, ausgewiesen durch perlgraue Badetrikots, graue Bademäntel (47–52), aus hölzerner Schüssel grauen (Nebel)Saft löffelnd (57) und zum Zeitvertreib in einer Broschüre lesend (58) über »Nebelformen im nördlichen Landkreis Celle«, deren Titel und Erscheinens-Ort der Buchleser Dän auf der folgenden Seite gleich wissen will, zumal er hier ja haust.
Doch von der Geschichte des Stockdegens ist das nur der Anfang. Der Gelbe will ihn nun Paul abkaufen (550, 51–52), es sei so wichtig, daß er nicht wieder in falsche Hände (sc. und dem himmlischen Blitz in die Quere) kommt (55–56). Zum Erweis für Dän, welche Macht darin stecke, fragt er »Sie wissen, was Kugelblitze sind? Woll'n Sie ma 1 seh'n?« (58–60).

He drew in SILENCE.& put himself upon his' defence:!-/the contest was brief indeed:-!-/ WILLIAM WILSON

ooch nich=leichter -: darf Ich ma den probier'n ? -";(und
schraubte=kurblte am...: - .../ A!):"-'n StockDegn ! -"rief
der Gelbe, unverkennbar erfreut, aus :!;(und wandte sich
zu'n Spectatoren)):" - Leute'- : wie=lange iss das, daß
Wir so'n BALMUNG nich mehr geseh'n habm ? - A'so dàs'ssja
n ganz=dikker Hunt ! -";(er zog, -(was Er,zuvor,nich=getan
hatte !) - ein'n feschn SchTulpmHandschuh über seine Rechte
-(der Lange=BraunbehòsDe flüsterte ihm was ins Ohr:-?-:!-?)
- er (der GELBE=immer) sah erst Mich an :?;schob'te ████
die (magere) UnterLippe :ñ=ñ'!-(hob ████dann, prüf'nd,die
DegnSchpizze ins, vorgewittrije, Overall : ? - : -(und war
gar=kein ███████████ iblis=Bild ▌: die belederte "and;die,
strohgelb=angelassene,dürre=Klinge, -;(an deren=Ende sogleich 1 kleines=freches SanctElmsFeuer entstand:! ▐(Er ▬
sah wohl Mein Entsetzn; & lächlte Mir,beschwichtijend,zu:
kein'Angst : reine Wetter⁄age.▐);(wandte jedoch,seltsamer-
weise, den Kopf nochmal nach dem,vor 1 WindStoß wischschlndn,
WasserLoch : ?- ; -:"Weiß schon;:dummes Zeug-!" versetzte
er,nicht ohne Schärfe: !-▌ - verneigte sich,(ausgesprochn=
édlmännisch ▐) vor P) -/:Ich mach'n Unparteiischn,ja ?!:"&
Ich=auch!-,rief der Hemdsärmlije)/: &=LOS! -('zur Mensur!:
Die Klingen bindet!- -'(SCHEFFEL,trump=peter)/und der Gelbe
benahm=sich, wahrhaft ▐, rücksichtsvoll !. - Er begann erst,
langsam : ! - (dh, in ei'm TemPOE, das ein Meister 'schnell'
genannt habm=würde :: ! - ? -:!! ▟{& P parierte doch=noch besser, als Ich ▬▬▬▬▬▬...:dà! - (der Gelbe
muste ▬▬▬▬▬▬ eine HalbVolte tun : - ; worauf P's Schwert freilich in den dikkn=WollknHy̆mml abglitschDe: -! - /der
Magere wartete höflich: -! -(bis P sich=wieder gefangn hatte:!)
- aberdá wurd'esERRNST:! -: ▟HIEPZUUU!!! -wie auf ein'am-
BOSS:!!! -(=▬!(wie=guut! daß Ich P auf Sein Ding den Dämp-
fer gesetzt hatte !)) -"UNDBEIDE'ERSCHTARRT 1/ -/(der Erste,
der sich faßte, war noch P; er sagte):" V'zeihung. -Aba'ch
konnt Mein'n Ausfall einfach nich=mehr ▬▬▬▬▬ abbremsn-".
/(Da der Gelbe immer noch,zu verblüfft um Worte zu findn,
auf sein⁄(in 2 Teile zersprungnes) 'schweres Florett' gaff-
te: - /Ich):"A'so ch glaub der Ausgang iss einwandfrei: be-
trachte Dich als etwa 1 Dutzend mal tot=Paul. -:?"/(und auch
der Secundant des Dürren nickte):" 14 Treffer; mindȿtns."/
(Jetzt kam er in Bewegung; tat die paar Schritte hin -(&
rannte dabei an ein' Heugabelstiel,den ein witzijer Bauer
senkrecht auf das Wieslein=hier gepflanzt hatte: er fluchte
ihn an & schwor: der solle ihn auch ǎm längstn geärgert habm !) - brachte die beidn Stücke an,und schimpfte & schimpfte, à la 'es sei doch nich zu glaubm !▾..das erste Mal in
sei'm ganzn Lebem..▾ :& ausgerechnet vorm Gewitter;das köne
ja heiter werdn !.... !!? - /Auch die Andern waren,intres-
sjert näher gekommen : ? (ein Pärchen:Er flach=breit=still;
Sie,▐in ei'm(hübschn!) perlgrauen Badeanzug,einteilig (sah
eintlich besser aus,als ▬ all die Bikiknisse drübm));,sehr
überschlank=schweigsam,(nett!)); der Dritte ein Stämmijer,
anständich im (dito grauen) ████ derbm Pademantl - sie schütt-
ltn Alle die Köpfe :!-/ Kam'm aber schon wieder,und ludn Uns
zum Wiedersitzn ein :?;(dh er=Mich;sie hielt ihren unwahrscheinlich BÜsn P auf eine Art unter die Nase :?! -/(daß Er
Mich,mit einer Handbewegung,aufforderte : einzuwilljen !):/
(na schön):"Aber bloß für'n pǎ Mienutn -". /Und sitzn,/In hölzerner Schüssl ein grauer Saft;(den die 3 Wortkargn langsam
auslöfflten,(-:Was stand uff der Broschüre ?▮-'Über Neblformen
im Nördlichen Landkreis Celle' ?);Ich=gleich:"Ǎch, - darf

(hatte MERLIN nich Ruch,von
King Rhydderich, ein Schwert
Wieland's d.Schmieds bekomm'?)

(Mommännt!;wolln wa doch'n
klarn Kopf behaltn :"Darf
Ich die Spitze,mit'm Auf-
satz, ▬b=stumm'fn..." - (re:-

(:mit=leiDich ?!

(:Mensch=söwǎs hab'Ich ooch
noch nich gesehn!,(MUSPILS
SÖHNE)▬▬

(Schilf=also:GroßGräser m-
it buschijem Wëdl

(seine grüne Lederjacke nebm ihm,im Grase

(wie hatt'er=sich vorgest-
ellt ? - ?:SIZISSO ?'-(Gra-
d glitschte er P wieder unterm Arm durch & meuch'lte
ihn aufs Scharmanteste a
tergo : !!!)

(najǎ : der▮erl fayderte
sofort=wieder seine 3 Met-
er=zurükk -: daß P ihn nim-
mermehr=erreichte.▬▬▬ -
(& die Dicke lachte derart
phormidable :&:"Hö Hö Hö!"-)
daß der einzelne Haubmtau-
cher lieber das Köpfchen
ins Wasser steckte : !

(eine Logik,die Ich nich
faste :?;(P anscheind ooch
nich)

(der Gelbe,hastig verhandl-
nd,mit seiner Fettn, war
nebm's Motorrad getretn:-
(schwere Maschine !:der
graue Tank bullich=beulich
(wie'n Cumulus)

Tritt dann (551, 1–2) an eine jahrealte, verfault-zugewachsene
stickige Miete, fuchtelt (8–10) mit dem Stockdegen rasend schnell
auf eine »ziem'ch verbotene Art«, schon geht (12–14) rötliches
Zukkn übern Himmel, ein sonores Roll'n'n'n'n'n (mit vielen
Donner-o's) läßt sich vernehmen, es wird ernsthaft, schnürende
Finger des Gelben krampfen sich um Däns Oberarm (16), denn
auch für jenen ist's eine äußerste Anstrengung – und die kopfgro-
ße feuerbraune Kugel löst sich daraus, aus der Mitte, hervor,
wird langsam im Luftzug hergeweht »in wunderlich-welliger
Bahn«, senkt sich aber in den Sand, nach Kugelblitzart – – doch
der Satz wird unter Hinüberrücken ins rechte Feld übergangslos
(21–34) französisch fortgeführt – – – »la boule, mi-partie blanche,
mi-partie azurée – quelle lumière intense, le globe éclate, nous
sommes couverts par des jets de flammes. Puis tout s'éteint«.
Aus.

Vom Kugelblitz am Badeteich kein Wort mehr, der Vorgang hat
sich im literarischen Zitat (Verne) vollendet und aufgelöst. Nur
in der Literatur? Paul war 550/46–47 mit der wolkigen Dame im
perlgrauen Bikini ins Wasser gestiegen, kommt 551/10–11, rechte
Spalte, wieder an Land, grad als der Gelbe vor Däns Augen den
Kugelblitz hervorfuchtelt. Und der wohlbemerkte »éclat« mit
der »lumière intense« veranlaßt nun Paul, von seinem Erlebnis
mit der Dicken zu erzählen, aber der nach links gerückte Text
fährt, wie jener andere in französisch, in Poe'schem Englisch
fort, das nun von einem gefährlichen elektrischen Effekten Ent-
kommen bei einer Ballonfahrt in ebenjener Wolke berichtet (40/
41 bis 59/60), mit oder in der Paul soeben verweilte.

Der Gelbe, annehmend, Dän hinreichend impressioniert zu haben, fragt (552/12–13) »was mein'n Sie, wenn das so'n –,– so'n
richtjer Feuer-ä-Kopf handhabe« (das ä, weil er sich fast hätte
Feuer-teufel entfliehen lassen, so ganz zu trauen ist dieser Zwi-
schenwelt doch nicht). Und nach einigem Hin und Her über die
Unverkäuflichkeit solchen Degens »könn' Sie ihn mir für die
Dauer des Gewitters, a'so rund-anderthalb Stundn, (höchstns 2!)
–: leihn – 'ch bring ihn dann wieder-hin: Sie wohn ja in dem

fickrij'n Art,um -:? - trat dann näher an eine jahre=alte
'Miete' (von mannshoh'n Nässln geil=übergrient;(zu deren
Füßn ein paar verrostete ConservenBüxn lagn : da mußt'man
ja noch dankbar sein,daß es nich 2 zerrissne ᶠederCouchn wa-
rn + 1 Kinderwagn !:(tz also diese ᴴerren ᴸandwirte sind
wirklich seelenlose ᴬutomatn !))) - er rief erst=noch so
4=5 Worte Denen hinüber,(die's,angeregt, sich, durcheinan-
der, weiter=gabm :!)- und bewegte dann P's Degn auf eine
ziem'ich verbot'ne Art,(vor allem wieder so=schnell,daß Uns-
ereins gar nich seh'n konnte...? - Wassermachte.█/Kam auch
zurück, der aufSchneider...(- :Mensch! durfte P sie etwa
abtrocknen ?! - (oain GlyxPillᴇ !) - /& da ging doch wirklich schon das 1. rötliche Zukkn, NW, über'n Himml ! :müssn
█a Uns <u>doch</u> mehr=beeiln;(& das sonore Roll'n'n'n'n'n war
auch=näher, als vorhin.)...:?-:?!-:!!! -(& gleichzeitich die
schnürendn Finger des Gelbm um ᴹein'n OberArm :!? -)./:█o-
kam die,kopfgroße=feuerbraune, Kugl l a n g/a m ᵛiether'
gewebt.!.(In circa 1 m Höhe;(ᴸ·ᵘ)ᵈrükkte die, fürwitzigvorsteh-
ndn Rutn eines PseudoSchneeballs beiseite; kam,(mit ᶠußgän-
gerGeschwindigkeit ?) neeᴴerr : wunderlich=wellije Bahn/-/
senkte sich aber in den Sand,la boule, mi=partie blanche mi=

partie azurée,de la grosseur
d'une bombe de dix pouces, se promène lentement...elle
vient ici - là ! - saute sur le sac aux provisions,re-
descend légèrement...il s'approche de lui,(qui le regar-
de fixement ...de moi:il pirouette près de mon pied,(que
j'essaye de retirer -:je ne puis y parvenir !)- Une od-
eur █ de gaz nitreux remplit l'atmosphère;elle pénètre
le gosier,les poumons : on étouffe ! (Pourquoi ne puis=
je retirer mon pied !? ...!!...!!!,(enfin,par un effort
violent,je l'arrache au moment, où la boule allait le
saisir dans son mouvement giratoire & m'entrainer moi=
même, si ...-:Ah ! quelle lumière intense ! le globe é-
clate ! nous sommes couverts ██ par des jets de flammes)
-/Puis tout s'éteint-. ?-:!-/(Die ᴴand lag'te immer noch

(1 dieser typischn Bauern=
Schweinereien: mit den' ██
se die Wälder verschippfie-
ren !)

(die Dikke stieg,an P's Hand, ▄ieder heraus

(Sie lachte so entzükkn't-
iv & hallend :! -(war Der
etwa an irgnd'ne LachStellᴉ
geratn ?!)

um Meinen Arm./ Und auch ᵝ war insofern hülfreich, als Er
just zurück=kam,& von Seinen Erlebnissen, a singular Ren-
cuntre!, schwärmte : -:als Die aus=stiegte;(& Er,immer=fur-
ehrend█, den ᴮademätl um sie=Rum=hielt :!),hätt'Er prakt-
isch██████ geseh'n !;(& vor=all'm diese Rütliche Blitz=
Beleuchtunc, nischt wie flesh & report -:In a ███ sec-
onds after my leaving the clout, a flesh of vivid lightning
shot from one end of █ IT, to the udder-!-:█ caused it,to
kindle=up throughout its vast extent,like a mesa of ignit-
eᵈ charcoal. █(This, it must be re=mebered,was in the
broad light of day.) - No fancy may picture the sublimi-
ty,which might have been exhibited by a similar faynomenon,
taking place amid the darkness of the ████████ NEITH: hell=
itself might then have found a fitting image !. Even as it
was,"(fuhr Er fort):"my hair stud on end,while I gazed,
a-fur down, within the yawning abysses; letting imagination
descend, and stalk about in the strange vaulted halls, &
ruddy gulfs, & red ghastly chasms,o█ the hideous & unfissom-
able fire:! █I had,indeed,maid a narrow S=cape ! :Had the
balloom remained a short ᵛⁱˡᵉ longer within the clout - that
is to say, had not the inconvenience'(hier neigte Er Sein'
Mund, furtrowlicher: zu Mei'm Or':ᴉ)'of getting <u>wet</u>,deter-
manned me,to discharge the ballast - my distraction might,
(& proBabyly would)have been the CONsequence.█Such perils,
although little considered,are perhaps the greatest,witch
must be encuuntered in balloons.I had by this time,however,

(: a lⁱⁿ?

(= herum=stängeln

kleinen Haus drübm« (24–27), was dann auch zugestanden wird (32–33) mit einem abschließenden »Aso Sie bringn ihn dann wieder-'rüber?«.
Der Leser wird mit seinen Gedanken allein gelassen. Zugeben wird er, daß nur Dichter in der Lage sind, Blitze zum Tagesgebrauch an den Himmelsblitzer zu verleihen. Triumphans Ars.

Zettels Traum. 4. Auflage. (Erstausgabe 1970, erschienen im Goverts Krüger Stahlberg Verlag, Stuttgart)

Arno Schmidt wurde am 18. Januar 1914 in Hamburg-Hamm geboren und besuchte dort die Volks- und Realschule. Nach dem Tode des Vaters 1928 Fortzug nach Lauban, der Heimat der Mutter, und Besuch der Oberrealschule in Görlitz bis zur Reifeprüfung 1933. Ein angefangenes Mathematik- und Astronomiestudium in Breslau mußte Schmidt wegen Pressionen des NS-Regimes abbrechen (jüdische Ehe der Schwester). Fünf Jahre Lehre und kaufmännischer Angestellter in der Textilindustrie zu Greiffenberg. 1937 Heirat mit Alice Murawski aus Lauban. Ab 1940 Soldat (Artillerie-Unteroffizier), überwiegend in Norwegen; 1945 Kriegsgefangener in einem britischen Lager bei Brüssel, anschließend Dolmetscher an einer britischen Hilfspolizeischule in Lüneburg. Ab 1946 lebte Arno Schmidt als freier Schriftsteller u. a. in Darmstadt, ab 1958 in Bargfeld bei Celle.
Mit entschlossener Wendung ließ er nach dem Kriege frühe, teils idealistische, teils romantisierende Versuche hinter sich, zugunsten einer auf die wesentliche Aussage reduzierten Sprache. In einem eignen, expressiv-konzentrierten Realismus erschienen seit 1949 zuerst im Rowohlt Verlag, seit 1956 im Stahlberg Verlag und Goverts Krüger Stahlberg Verlag, ab 1972 im S. Fischer Verlag Erzählungen, Kurzromane, Momentbilder in konsequenter Folge: Leviathan *(1949),* Brand's Haide *(1951),* Aus dem Leben eines Fauns *(1953),* Das steinerne Herz – Historischer Roman aus dem Jahre 1954 *(1956),* Die Gelehrtenrepublik *(1957),*

Rosen & Porree *(1959)*. *1958 erste Veröffentlichung der für den Hörfunk verfaßten literaturgeschichtlichen Dialog-Essays in* Dya Na Sore; *es folgten* Belphegor *(1961)*, Die Ritter vom Geist *(1965) und* Der Triton mit dem Sonnenschirm *(1969)*. *Zu den literaturgeschichtlichen Arbeiten gehören auch zwei wesensverschiedene Monographien, eine große Biographie des Dichters Fouqué (1958) und eine psychoanalytisch orientierte Studie über Karl May,* Sitara *(1963)*.
Psychoanalytisch fundierte Prosa zeigte bereits 1960 der Roman KAFF auch Mare Crisium *und 1964 ein gleichgestimmter Kreis von zehn Erzählungen* Kühe in Halbtrauer. *Diese Tendenz wird zu kategorialer Steigerung geführt in den faksimilierten Groß-Typoskripten, auf deren Entwurf und Ausführung sich die Arbeit im Bargfelder Haus zunehmend konzentrierte. In dieser von Arno Schmidt entwickelten Bauform, die zugleich mit der Gestalt des Werkes seine Komposition vorzeigt, erschienen 1970* Zettels Traum, *1972* Die Schule der Atheisten, *1975* Abend mit Goldrand. *Bei der Niederschrift des nächsten Typoskriptbuches (Julia) ereilte Arno Schmidt ein Gehirnschlag, er starb wenige Tage später am 3. Juni 1979 in Celle.*

Die acht Bücher von *Zettels Traum* erscheinen 1986 auch als Studienausgabe in acht broschierten Großheften.
Als Reprints liegen vor: *Leviathan; Brand's Haide; Aus dem Leben eines Fauns; Das steinerne Herz; Die Gelehrtenrepublik; Dya Na Sore; Rosen & Porree; KAFF auch Mare Crisium; Belphegor; Sitara, und der Weg dorthin; Kühe in Halbtrauer; Die Ritter vom Geist; Trommler beim Zaren; Der Triton mit dem Sonnenschirm.*

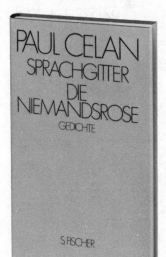

Paul Celan

Sprachgitter

Die Niemandsrose
Gedichte

158 Seiten · Leinen · DM 20,–

Zürich, zum Storchen

Für Nelly Sachs

Vom Zuviel war die Rede, vom
Zuwenig. Von Du
und Aber-Du, von
der Trübung durch Helles, von
Jüdischem, von
deinem Gott.

Da-
von.
Am Tag einer Himmelfahrt, das
Münster stand drüben, es kam
mit einigem Gold übers Wasser.

Von deinem Gott war die Rede, ich sprach
gegen ihn, ich
ließ das Herz, das ich hatte,
hoffen:
auf
sein höchstes, umröcheltes, sein
haderndes Wort –

Dein Aug sah mir zu, sah hinweg,
dein Mund
sprach sich dem Aug zu, ich hörte:

Wir
wissen ja nicht, weißt du,
wir
wissen ja nicht,
was
gilt.

Psalm

Niemand knetet uns wieder aus Erde und Lehm,
niemand bespricht unsern Staub.
Niemand.

Gelobt seist du, Niemand.
Dir zulieb wollen
wir blühn.
Dir
entgegen.

Ein Nichts
waren wir, sind wir, werden
wir bleiben, blühend:
die Nichts-, die
Niemandsrose.

Mit
dem Griffel seelenhell,
dem Staubfaden himmelswüst,
der Krone rot
vom Purpurwort, das wir sangen
über, o über
dem Dorn.

Aus einem Brief Paul Celans an Rudolf Hirsch, 26. Juli 1958

Sprachgitter. Gedichte. (Erstausgabe 1959, erschienen im
S. Fischer Verlag, Frankfurt am Main)
Die Niemandsrose. Gedichte. (Erstausgabe 1963, erschienen im
S. Fischer Verlag, Frankfurt am Main)

*Paul Celan (Paul Antschel) wurde am 23. November 1920 in Czerno-
witz/Bukowina geboren. Er studierte vor dem Krieg Medizin in Tours
und später Romanistik in seiner Heimatstadt. 1942 wurden seine Eltern
in ein Vernichtungslager deportiert, er selbst kam in ein Arbeitslager.
1945 ließ er sich als Übersetzer und Verlagslektor in Bukarest nieder, ging
1947 nach Wien und lebte seit 1948 in Paris, wo er zuerst Germanistik
und Sprachwissenschaft studierte und seit 1950 als Übersetzer und freier
Schriftsteller tätig war. 1952 Heirat mit der Graphikerin Gisèle de Le-
strange. 1948 war sein erster Gedichtband* Der Sand aus den Urnen
erschienen. Es folgten die Bände Mohn und Gedächtnis *(1952);* Von
Schwelle zu Schwelle *(1955);* Sprachgitter *(1959);* Die Niemandsrose *(1963);* Atemwende *(1967);* Fadensonnen *(1968);* Lichtzwang
(1970), Schneepart *(1971) und* Zeitgehöft *(1976). Paul Celan wurde
als der wichtigste Lyriker der Nachkriegszeit mit vielen Preisen ausgezeichnet. So erhielt er unter anderem den Literaturpreis der Freien Hansestadt Bremen (1958), den Georg-Büchner-Preis (1960) und den Großen
Kunstpreis des Landes Nordrhein-Westfalen (1964). Auch als Übersetzer
aus dem Russischen, Französischen und Englischen hat er sich einen großen
Namen gemacht. Paul Celan nahm sich Ende 1970 in Paris das Leben.*

Paul Celan

Übertragungen aus dem Russischen

Alexander Blok · Ossip Mandelstam
Sergej Jessenin

158 Seiten · Leinen · DM 20,–

Dort übern Teich

Dort übern Teich gewoben ist das Rot vom Himmelssaum,
der Auerhahn, er klagt, mit ihm klagts aus dem Nadelbaum.

Auch sie, die Amsel, klagt und weint und kommt nicht mehr
hervor.
In mir – nichts, das da weinen wollt, das Herz ist lichtumflort:

Den Weg, der dort zum Ring sich schließt, kann ich dich
kommen sehn,
das Heu, gehiefelt, wartet schon, wir brauchen nicht zu stehn.

Ich küß dich trunken, meine Hand, sie greift dich – greift ein
Blatt.
Wem Freude seine Sinne raubt, hat Wort und Rede satt.

Ich küß die Finger dir dorthin, wo Tuch und Schleier sind,
solang die Nacht die Nacht sein will, bleibst du mir trunken,
Kind.

Du Auerhahn, du klage nur, du tön nur, Nadelbaum:
sie ist nicht schwer, die Schwermut dort im Rot vom Himmelssaum.

Sergej Jessenin

MAN GAB MIR einen Körper – wer
sagt mir, wozu? Er ist nur mein, nur er.

Die stille Freude: atmen dürfen, leben.
Wem sei der Dank dafür gegeben?

Ich soll der Gärtner, soll die Blume sein.
Im Kerker Welt, da bin ich nicht allein.

Das Glas der Ewigkeit – behaucht:
mein Atem, meine Wärme drauf.

Die Zeichnung auf dem Glas, die Schrift:
du liest sie nicht, erkennst sie nicht.

Die Trübung, mag sie bald vergehn,
es bleibt die zarte Zeichnung stehn.

Ossip Mandelstam

Großartiges dichterisches Klima schlägt einem aus Paul Celans Blok- und Mandelstam-Übersetzungen entgegen. Besonders bei Mandelstam spürt man überall die Erschütterung der Begegnung, die ein so bedeutender Lyriker wie Celan mit dem russischen Poeten hatte. Bloks zyklisches Poem *Die Zwölf* ist bei uns relativ bekannt. Ein Revolutions-Gesang, im Bürgerkrieg Januar 1918 niedergeschrieben. Aber was steht hinter diesem wilden Päan, der so seltsam sich widersprechende Elemente in sich birgt? Man hat von Satire wie von Hymne gesprochen. Beides kann mit gleichem Recht erkannt werden. Jedenfalls ist Bloks berühmtestes Gedicht ein dichterisches Zeitdokument ersten Ranges; und weil es von der ersten bis zur letzten Zeile Dichtung bleibt, ist das Vermuten müßig. Man wird in das halb groteske, halb tragische, in das finstere Erleben einbezogen und mitgerissen.

Die stillere Wirkung geht von den Gedichten Ossip Mandelstams aus, aber ebenso die nachhaltigere. [. . .] Es sind Verse, die gleichsam nach Schnee und Äpfeln duften, in denen sich Jüdisches und Russisches treffen und durchdringen. Der Geist östlicher Philosopheme und christlicher Gläubigkeit sind amalgamiert in einer Sprache von zartester, poetischer Regung. Es gibt keine Stelle, in der nicht diese verwundbare Feinfühligkeit, eine fast körperlos wirkende Sanftmut und Melancholie am Werke wären.

Paul Celan hat die eigenartig vitale Versunkenheit, die Mondstimme Jessenins, gelegentlich fast beängstigend schön ins Deutsche gebracht: aber auch die religiöse, die soziale Gestik des Autors. Doch am besten dieses wunderliche und wunderbare Nichts von Worten, die von ziel- und bedenkenloser Leidenschaft in Freiheit gesetzt werden. Es sind die mit »Birkenzunge« gehauchten Landschaften der goldenen Gehölze, Landschaften der »Abendbraue«, die Celan in seinen Übertragungen in unserer Sprache noch einmal reden läßt, leise, aber von der Art, die kein Verstummen kennt.

Karl Krolow

Alexander Blok: *Die Zwölf.* Übertragen von Paul Celan. (Erstausgabe 1958, erschienen im S. Fischer Verlag, Frankfurt am Main)
Ossip Mandelstam: *Gedichte.* Übertragen von Paul Celan. (Erstausgabe 1959, erschienen im S. Fischer Verlag, Frankfurt am Main)
Sergej Jessenin: *Gedichte.* Übertragen von Paul Celan. (Erstausgabe 1961, erschienen im S. Fischer Verlag, Frankfurt am Main)

ALEXANDER ALEXANDROWITSCH BLOK *wurde am 28. November 1880 als Sohn eines Rechtsgelehrten und einer Schriftstellerin in Petersburg geboren. Die Vorfahren väterlicherseits waren Deutsche. Studium der Rechte, der Geschichte und der Philologie in Petersburg. Reisen nach Westeuropa (Deutschland, Frankreich, Italien). In seinen Gedichten spannt sich der Bogen vom Lied- und Romanzenhaften bis hin zum ekstatisch-radikalen Einklang mit dem als elementar erlebten Geschehen. – Alexander Blok starb am 7. August 1921 in Petrograd in völliger Vereinsamung.*

OSSIP EMILJEWITSCH MANDELSTAM *wurde am 15. Januar 1891 als Sohn jüdischer Eltern in Warschau geboren und wuchs in Petersburg auf. Studium der Philologie in Petersburg, kurze Studienaufenthalte in Heidelberg, Paris, Italien. Während der »Säuberungen« der dreißiger Jahre kam der Dichter, der die Oktoberrevolution als ein Ereignis von geradezu kosmischen Ausmaßen begrüßt hatte, in ein Lager in Woronesch, bald darauf in die sibirische Verbannung. Ossip Mandelstam starb angeblich am 27. Dezember 1938 unter ungeklärten Umständen in einem Lager bei Wladiwostok.*

SERGEJ ALEXANDROWITSCH JESSENIN *wurde am 3. Oktober 1895 als Sohn von Bauern in Konstantinowo (Gouvernement Rjasan) geboren. 1913 kam der bereits seit Jahren Dichtende nach Petersburg, wo er in fast allen literarischen Kreisen Aufsehen erregte. 1914 erschien seine erste Gedichtsammlung, in der sich die Begegnung mit der Poesie Bloks und Kljujews abzeichnet, zugleich jedoch auch das Seelenhaft-Rustikale sich verdeutlicht, das allen späteren Gedichten mitgegeben bleibt. 1915 schloß*

Jessenin sich einer Gruppe von Bauerndichtern an, 1916 begegnete er dem Theoretiker des »Skythentums«, Iwanow-Rasumnik, 1919 unterzeichnete er mit Marienhof, Scherschenewitsch und anderen das »Imaginisten«-Manifest. 1922 Heirat mit der Tänzerin Isadora Duncan. Längere Reisen führten ihn nach Berlin, Brüssel, Venedig, Paris und in die Vereinigten Staaten. 1923 ging der ermüdet und enttäuscht Heimgekommene in den Kaukasus, um im September desselben Jahres nach Moskau bzw. Leningrad zurückzukehren. Am 28. Dezember 1925 setzte Sergej Jessenin in Leningrad seinem Leben ein Ende.

Ilse Aichinger

Die größere Hoffnung
Roman

Meine Sprache und ich
Erzählungen

verschenkter Rat
Gedichte

564 Seiten · Leinen · DM 25,–

Mein grüner Esel

Ich sehe täglich einen grünen Esel über die Eisenbahnbrücke gehen, seine Hufe klappern auf den Bohlen, sein Kopf ragt über das
Geländer. Ich weiß nicht, woher er kommt, ich konnte es noch
nie beobachten. Ich vermute aber, aus dem aufgelassenen Elektrizitätswerk jenseits der Brücke, von wo die Straße pfeilgerade
nach Nordwesten geht (einer Weltrichtung, mit der ich ohnehin
nie etwas anfangen konnte) und in dessen verfallener Einfahrt
abends manchmal Soldaten stehen, um ihre Mädchen zu umarmen, sobald es finster geworden ist und nur mehr ein schwacher
Fetzen Licht über dem rostigen Dach liegt. Aber mein Esel
kommt früher. Nicht daß er schon zu Mittag käme oder kurz danach, wenn die Sonne noch grell in jeden einzelnen der verlasse-
nen Höfe drüben sticht und zwischen die Ritzen der vernagelten
Fenster. Nein, er kommt mit dem ersten unmerklichen Nachlas-
sen des Lichtes, da sehe ich ihn, meistens schon oben auf dem
Steg oder während er die Stegtreppen hinaufsteigt. Nur ein einziges Mal sah ich ihn schon auf der andern Bahnseite über das
Pflaster klappern, aber er sah eilig aus, als hätte er sich verspätet.
Damals schien es mir übrigens, als käme er geradewegs aus dem
halboffenen und in der Hitze stillstehenden Tor des alten Elektri-
zitätswerks.
Um Bahnbedienstete oder sonst Leute, die die Brücke passieren,
kümmert er sich nicht, er weicht ihnen höflich aus, und auch
das Stampfen und Pfeifen der Züge, die zuweilen, während
er darüber geht, unter der Brücke durchfahren, läßt ihn gleichgültig. Oft wendet er den Kopf seitwärts und schaut hinunter,
auch zumeist dann, wenn kein Zug kommt, und nie für sehr
lange. Mir scheint es, als wechselte er dann einige Worte mit
den Geleisen, aber das ist wohl nicht möglich. Und zu welchem
Zweck auch? Ist er jenseits der Mitte der Brücke angelangt, so
verschwindet er nach einigem Zögern, ohne umzukehren. Darüber, nämlich über die Art seines Verschwindens, täusche ich
mich nicht. Ich verstehe das auch ganz gut, weshalb sollte er

sich die Mühe nehmen und umkehren, da er den Weg doch kennt?

Aber wie kommt er, von wo kommt er, wo entsteht er? Hat er eine Mutter oder ein Lager von Heu in einem der stillen Höfe da drüben? Oder bewohnt er eines der ehemaligen Büros und hat darin eine Ecke, die ihm vertraut ist, ein Stück Wand? Oder entsteht er, wie Blitze entstehen, zwischen den ehemaligen Hochspannungsmasten und den herabhängenden Leitungen? Ich weiß freilich nicht genau, wie Blitze entstehen, ich will es auch nicht wissen, aber mein Esel entstünde wie sie. Mein Esel? Das ist ein großes Wort. Aber ich möchte es nicht zurücknehmen. Sicher ist es möglich, daß auch andere ihn sehen, aber ich werde sie nicht fragen. Mein Esel, den ich nicht füttere, nicht tränke, dessen Fell ich nicht glatt reibe und den ich nicht tröste. Dessen Umrisse sich aber gegen die fernen Gebirge so unzweifelhaft abheben wie die Gebirge selbst gegen den Nachmittag. Für meine Augen, mein Esel also. Weshalb soll ich nicht bekennen, daß ich von dem Augenblick lebe, in dem er kommt? Daß seine Erscheinung mir die Luft zum Atem schafft, gerade er, sein Umriß, die Schattierung seines Grüns und seine Art, den Kopf zu senken und auf die Geleise hinunterzuschauen? Ich dachte schon, daß er vielleicht hungrig wäre und nach den Gräsern und spärlichen Kräutern ausschaute, die zwischen den Bahnschwellen wachsen. Aber man soll sein Mitleid bezähmen. Ich bin alt genug dazu, ich werde ihm kein Bündel Heu auf die Brücke legen. Er sieht auch nicht schlecht aus, nicht verhungert und nicht gepeinigt – auch nicht besonders gut. Aber es gibt sicher wenige Esel, die besonders gut aussehen. Ich möchte nicht in die alten Fehler verfallen, ich möchte nicht zuviel von ihm verlangen. Ich will mich damit begnügen, ihn zu erwarten, oder vielmehr: ihn nicht zu erwarten. Denn er kommt nicht regelmäßig. Vergaß ich es zu sagen? Er blieb schon zweimal aus. Ich schreibe es zögernd nieder, denn vielleicht ist das sein Rhythmus, vielleicht gibt es so etwas wie zweimal für ihn gar nicht, und er kam immer, er kam regelmäßig und wäre verwundert über diese Klage. Wie er auch sonst über vieles verwundert zu sein scheint. Verwunderung, ja, das ist es, was ihn am besten bezeichnet, was ihn auszeichnet, glaube ich. Ich will lernen, mich auf Vermutungen zu beschränken, was ihn betrifft, später auch auf weniger. Aber bis dahin gibt es noch vieles, was mich beunruhigt. Mehr als sein möglicher Hunger zum Beispiel, daß ich den Ort seines Schlafes nicht kenne, seiner Ruhe und damit vielleicht seiner Geburt. Denn er benötigt die Ruhe. Es könnte sogar sein, daß er jedesmal den Tod benötigt, ich weiß es nicht. Ich halte es für anstrengend, jeden Abend so grün wie er über die Brücke zu gehen, so zu schauen wie er und im rechten Moment zu verschwinden.

Ein solcher Esel braucht Ruhe, viel Ruhe. Und ob ein altes Elektrizitätswerk dazu der richtige Ort ist, ob es genügt? Ob die herabhängenden Leitungsdrähte ihn sanft genug streicheln, sobald er nicht da ist, während seiner Nacht? Denn seine Nacht ist länger als die unsere. Und ob die Umrisse der Berge ihm ihre Freundschaft genügend bezeigen während seines Tages? Denn sein Tag ist kürzer. Wie immer, ich weiß es nicht. Ich werde es auch nicht erfahren, denn mein Ziel kann nur sein, immer weniger von ihm zu wissen, so viel habe ich während des halben Jahres, das er nun kommt, schon gelernt. Von ihm gelernt. Und so werde ich es vielleicht auch ertragen lernen, wenn er eines Tages nicht mehr kommt, denn das befürchte ich. Er könnte vielleicht mit der Kälte ausbleiben, und das könnte ebenso zu seinem Kommen gehören wie sein Kommen selbst. Bis dahin will ich es lernen, so wenig von ihm zu wissen, daß ich auch sein Ausbleiben ertrage, daß ich dann meine Augen nicht mehr auf die Brücke richte.

Aber bis ich soweit bin, träume ich manchmal davon, daß er einen grünen Vater und eine grüne Mutter haben könnte, ein Bündel Heu in einem der Höfe da drüben und in den Ohren das Gelächter der jungen Leute, die sich in die Einfahrt drücken. Daß er manchmal schläft, anstatt zu sterben.

Geblieben ist Ilse Aichinger nichts als ihr Atem, ein starker und trotz der Kürze ihrer oft abgehackten, dann wieder parataktisch geführten Sätze dauerhafter Atem. Man kann sich auf diesen Atem verlassen; er steigt und fällt wie die Gezeiten. Was er mit sich trägt, sind Weltsplitter, das Treibgut gestrandeter Wortschätze. Der Ausleseprozeß der Wörter, denen sie es gestattet, von ihrem Atem ergriffen zu werden, findet in ihrer Phantasie statt. Diese ist ebenso geschult wie unbewußt. Der Atem der Dichterin nimmt nichts auf, was sich nicht schon vor ihrem Unbewußten auf seine Stichhaltigkeit und Dingfestigkeit hin ausgewiesen hätte. Innere Monologe? Gewiß nicht, sondern schon aus dem Unbewußten souverän gesteuerte Assoziationsreihen von unmittelbarer Ursprünglichkeit. Dem »unendlichen Bewußtsein«, das Kleist im *Marionettentheater* Gott zuordnet, entspricht in diesen Dichtungen ein schier unendliches Unbewußtes. Vom steten Gang ihres Atems ergriffen, vertraut sich dieses Unbewußte gleichsam übergangslos ihrer Sprache an.

Heinz Politzer

Diese Prosa hebt alles aus den Angeln, was sie anspricht und meint. Sie stellt sich und ihre Chance, zu wirken und verstanden zu werden, dabei selbst in Frage, freilich nicht auf die wortzertrümmernde, syntaxzerstörende Art, sondern auf die sehr sanfte, manchmal fast charmante, sehr ironische und rücksichtslos radikale Art der Zerstörung geläufigen Sinnes. Daß Sprache und die Übereinkunft, was Sprache bezeichnet, zweierlei ist, wissen die Literaturverständigen längst; so kompromißlos wie hier hat man den gestörten Konsens aber lange nicht erfahren. [...]
Mit dieser Prosa im Kopf fällt das Mitmachen schwerer, fängt das Fragen wieder an, hört der Zweifel so schnell nicht mehr auf.

Jürgen Becker

Die größere Hoffnung. Roman. (Erstausgabe 1948, erschienen
im Bermann-Fischer Verlag, Wien)
Meine Sprache und ich. Erzählungen. (Erstausgabe 1978, erschienen im Fischer Taschenbuch Verlag, Frankfurt am Main)
verschenkter Rat. Gedichte. (Erstausgabe 1978, erschienen im
S. Fischer Verlag, Frankfurt am Main)

*Ilse Aichinger wurde am 1. November 1921 in Wien geboren. Außer den
ersten ganz frühen Jahren in Linz verlebte sie ihre Kindheit in Wien.
Nach der Einnahme Österreichs durch Hitler im Jahre 1938 geriet ihre
Familie unter die Verfolgung des neuen Regimes. In den Nachkriegsjahren
studierte sie Medizin, gab aber nach fünf Semestern auf, um den Roman*
Die größere Hoffnung *zu vollenden, der 1948 im Bermann-Fischer
Verlag, Wien, erschien. Dieser Roman sowie die 1948 entstandene Spie-
gelgeschichte, für die sie 1952 den Preis der Gruppe 47 erhielt, machten
sie berühmt und unverwechselbar in ihrer Art des Dichtens. »Niemand
kann von mir verlangen, daß ich Zusammenhänge herstelle, solange sie
vermeidbar sind.« Ab 1950 arbeitete sie im Lektorat des S. Fischer Verlags, Frankfurt am Main, und mit Inge Aicher-Scholl an der Hochschule
für Gestaltung in Ulm. 1953 heiratete sie Günter Eich. Für ihren Roman, ihre Erzählungen (z. B. Eliza Eliza, 1965; schlechte Wörter,
1976; Meine Sprache und ich, 1978), für ihre Hörspiele, Szenen und
Dialoge (Auckland, 1969; zu keiner Stunde, 1980) und ihre Gedichte
(verschenkter Rat, 1978) erhielt sie viele wichtige Literaturpreise, unter
anderem: Literaturpreis der Freien Hansestadt Bremen (1957), Literaturpreis der Bayerischen Akademie der Schönen Künste (1961), Nelly-
Sachs-Preis (1971), Preis der Stadt Wien für Literatur (1974), Georg-
Trakl-Preis (1979), Petrarca-Preis (1982), Franz-Kafka-Preis (1983),
Marie-Luise-Kaschnitz-Preis und Günter-Eich-Preis (1984). Ilse Aichinger ist Mitglied der Deutschen Akademie für Sprache und Dichtung,
der Bayerischen Akademie der Schönen Künste und der Berliner Akademie
der Künste. Seit 1984 lebt sie in Frankfurt.*

Lose Sprossen
ein Dank für Heinrich Böll

Ich werfe alle Flinten
ins Korn
und gehe sacht auf ihnen,
daß ich nichts sonst zertrete,
auf diesen stillen Leiter
bewege ich mich fort
zum Feldrand

Ihre Aichinger

Januar 1985.

Reiner Kunze
Die wunderbaren
Jahre
Ausgewählte
Gedichte

S.Fischer

Reiner Kunze

Die wunderbaren Jahre
Ausgewählte Gedichte
260 Seiten · Leinen · DM 20,–

Fünfzehn

Sie trägt einen Rock, den kann man nicht beschreiben, denn schon ein einziges Wort wäre zu lang. Ihr Schal dagegen ähnelt einer Doppelschleppe: lässig um den Hals geworfen, fällt er in ganzer Breite über Schienbein und Wade. (Am liebsten hätte sie einen Schal, an dem mindestens drei Großmütter zweieinhalb Jahre gestrickt haben – eine Art Niagara-Fall aus Wolle. Ich glaube, von einem solchen Schal würde sie behaupten, daß er genau ihrem Lebensgefühl entspricht. Doch wer hat vor zweieinhalb Jahren wissen können, daß solche Schals heute Mode sein würden.) Zum Schal trägt sie Tennisschuhe, auf denen sich jeder ihrer Freunde und jede ihrer Freundinnen unterschrieben haben. Sie ist fünfzehn Jahre alt und gibt nichts auf die Meinung uralter Leute – das sind alle Leute über dreißig.

Könnte einer von ihnen sie verstehen, selbst wenn er sich bemühen würde? Ich bin über dreißig.

Wenn sie Musik hört, vibrieren noch im übernächsten Zimmer die Türfüllungen. Ich weiß, diese Lautstärke bedeutet für sie Lustgewinn. Teilbefriedigung ihres Bedürfnisses nach Protest. Überschallverdrängung unangenehmer logischer Schlüsse. Trance. Dennoch ertappe ich mich immer wieder bei einer Kurzschlußreaktion: Ich spüre plötzlich den Drang in mir, sie zu bitten, das Radio leiser zu stellen. Wie also könnte ich sie verstehen – bei diesem Nervensystem?

Noch hinderlicher ist die Neigung, allzu hochragende Gedanken erden zu wollen.

Auf den Möbeln ihres Zimmers flockt der Staub. Unter ihrem Bett wallt er. Dazwischen liegen Haarklemmen, ein Taschenspiegel, Knautschlacklederreste, Schnellhefter, Apfelstiele, ein Plastikbeutel mit der Aufschrift »Der Duft der großen weiten Welt«, angelesene und übereinandergestülpte Bücher (Hesse, Karl May, Hölderlin), Jeans mit in sich gekehrten Hosenbeinen, halb- und dreiviertel gewendete Pullover, Strumpfhosen, Nylon und benutzte Taschentücher. (Die Ausläufer dieser Hügellandschaft erstrecken sich bis ins Bad und in die Küche.) Ich weiß: Sie will sich nicht den Nichtigkeiten des Lebens ausliefern. Sie fürchtet die Einengung des Blicks, des Geistes. Sie fürchtet die Abstumpfung der Seele durch Wiederholung! Außerdem wägt sie die Tätigkeiten gegeneinander ab nach dem Maß an Unlustgefühlen, das mit ihnen verbunden sein könnte, und betrachtet es als Ausdruck persönlicher Freiheit, die unlustintensiveren zu ignorieren. Doch nicht nur, daß ich ab und zu heimlich ihr Zimmer wische, um ihre Mutter vor Herzkrämpfen zu bewahren – ich muß mich auch der Versuchung erwehren, diese Nichtigkeiten ins Blickfeld zu rücken und auf die Ausbildung innerer Zwänge hinzuwirken.

Einmal bin ich dieser Versuchung erlegen.

Sie ekelt sich schrecklich vor Spinnen. Also sagte ich: »Unter deinem Bett waren zwei Spinnennester.«

Ihre mit lila Augentusche nachgedunkelten Lider verschwanden hinter den hervortretenden Augäpfeln, und sie begann »Iix! Ääx! Uh!« zu rufen, so daß ihre Englischlehrerin, wäre sie zugegen gewesen, von soviel Kehlkopfknacklauten – englisch »glottal stops« – ohnmächtig geworden wäre. »Und warum bauen die ihre Nester gerade bei mir unterm Bett?«

»Dort werden sie nicht oft gestört.« Direkter wollte ich nicht werden, und sie ist intelligent.

Am Abend hatte sie ihr inneres Gleichgewicht wiedergewonnen. Im Bett liegend, machte sie einen fast überlegenen Eindruck. Ihre Hausschuhe standen auf dem Klavier. »Die stelle ich jetzt immer dorthin«, sagte sie. »Damit keine Spinnen hineinkriechen können.«

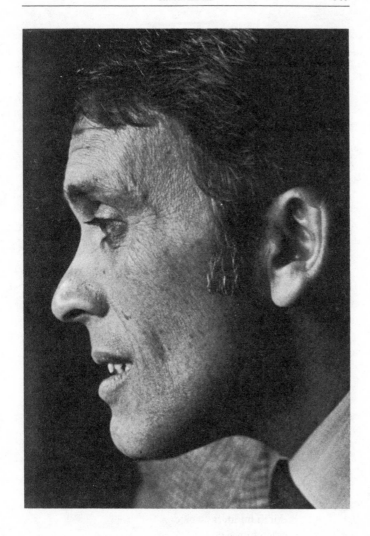

die liebe

Die liebe
ist eine wilde rose in uns
Sie schlägt ihre wurzeln
in den augen,
wenn sie dem blick des geliebten begegnen
Sie schlägt ihre wurzeln
in den wangen,
wenn sie den hauch des geliebten spüren
Sie schlägt ihre wurzeln
in der haut des armes,
wenn ihn die hand des geliebten berührt
Sie schlägt ihre wurzeln,
wächst wuchert
und eines abends
oder eines morgens
fühlen wir nur:
sie verlangt
raum in uns

Die liebe
ist eine wilde rose in uns,
unerforschbar vom verstand
und ihm nicht untertan
Aber der verstand
ist ein messer in uns

Der verstand
ist ein messer in uns,
zu schneiden der rose
durch hundert zweige
einen himmel

leere schneestangen, Norwegen, mitte september

In dieser steinöde werden sie
zu wesen

Als wollten sie den schnee auffangen
ohne arme

Und jede ganz auf sich gestellt
gegen die übermacht des himmels

zu sterben beginnen

Über der baumgrenze in uns, unterhalb
des wahnsinns, um ein weniges
versteinern

Hinabsteigen dann

An einer stelle
unverletzbar

Ich schreibe, weil ich schreibend am intensivsten lebe und weil ich so vielleicht einigen wenigen Menschen helfen kann, intensiver zu leben, was wiederum für meine eigene Lebensintensität wichtig ist. Ich schreibe, um einem freudigen Moment vielleicht für eine kurze Spanne Dauer zu geben, oder um innere Not zu wenden. Das Schreiben ist für mich also eine innere Notwendigkeit. Der Grund zu schreiben, dieser Urgrund, diese Urmotivation, ist also keine primär politische, sondern eine rein existentielle Motivation. Das ist das eine. Das andere: Dichtung ist nie Illustration vorgegebener Ideen, ist nie ein Ins-Bild-Setzen von vorgegebenen Meinungen, von Ideologien, sondern Dichtung ist immer – und ich betone *immer*, sonst ist es eben keine Dichtung – Selbstentdeckung, die uns etwas über das menschliche Leben aussagt. Das ist das andere. Aber wenn ich etwas über das menschliche Leben aussage, wenn ich etwas aufdecke, was in uns ist, was im Menschen ist, dann decke ich natürlich auch indirekt die Umstände auf, unter denen wir leben, unter denen der Mensch lebt, unter denen sich das menschliche Leben in einer bestimmten Zeit entwickelt. Und damit decke ich natürlich auch politische Umstände auf. Und außerdem kann es geschehen, daß solche Entdeckungen, die über das menschliche Leben aussagen, eine Ideologie in Frage stellen, einer Ideologie widersprechen. Aber das steht nicht in der Macht des Autors, des Dichters, sondern es liegt einfach an der Diskrepanz zwischen den Vorstellungen, die zum einen die Ideologie vermittelt und zum andern die Realität selbst. Der Autor muß nur den Kopf dafür hinhalten, und insofern gibt es keine unpolitische Dichtung und keinen unpolitischen Autor.

Aus einem Fernsehinterview mit Reiner Kunze in der Sendung »Aspekte«, 17. Mai 1977

Die wunderbaren Jahre: Erstausgabe 1976.
Gedichte aus: *auf eigene Hoffnung* (1981) und *gespräch mit der amsel* (1984).

Reiner Kunze wurde am 16. August 1933 in Oelsnitz/Erzgebirge als Sohn eines Bergarbeiters geboren. Studium der Philosophie und Journalistik an der Universität Leipzig, dort bis 1959 wissenschaftlicher Assistent mit Lehrauftrag, nach Entlassung aus dem Universitätsdienst Hilfsschlosser. Seit 1962 freiberuflicher Schriftsteller. 1977 Übersiedelung von der DDR in die Bundesrepublik Deutschland. Reiner Kunze ist Mitglied der Bayerischen Akademie der Schönen Künste, der Akademie der Künste, Berlin, und der Deutschen Akademie für Sprache und Dichtung. Er erhielt Literaturpreise in der Tschechoslowakei, in Schweden, in Österreich und in der Bundesrepublik Deutschland, hier u. a. den Deutschen Jugendbuchpreis (1971), den Literaturpreis der Bayerischen Akademie der Schönen Künste (1973), den Georg-Büchner-Preis (1977), den Geschwister-Scholl-Preis (1981) und den Eichendorff-Literaturpreis (1984). Seine Lyrik und Prosa wurden in mehr als zwanzig Sprachen übersetzt.

Die lieferbaren Titel
der Autoren des Klassischen Programms
S. Fischer Verlag
Fischer Taschenbuch Verlag

Die in diesem Lesebuch vorgestellten Titel
des Klassischen Programms
wurden in das Verzeichnis nicht aufgenommen

Das Manuskript zu diesem Verzeichnis wurde
am 1. August 1985 abgeschlossen.
Änderungen vorbehalten.

Ilse Aichinger

Auckland. Vier Hörspiele. 152 S. Brosch. DM 14,–
Besuch im Pfarrhaus. Ein Hörspiel. *Drei Dialoge.* 94 S. Kart. DM
2,50
Die größere Hoffnung. Roman. 315 S. Geb. DM 16,80; Fischer
Taschenbuch Bd. 1432, DM 7,80
Meine Sprache und ich. Erzählungen. Fischer Taschenbuch Bd.
2081, DM 8,80
schlechte Wörter. Erzählungen. 135 S. Ln. DM 28,–
verschenkter Rat. Gedichte. 100 S. Ln. DM 26,–; Fischer Taschenbuch Bd. 5126, DM 6,80
zu keiner Stunde. Szenen und Dialoge. 143 S. Ln. DM 28,–

Paul Celan

Die Niemandsrose. Gedichte. 95 S. Ln. DM 14,–
Die Niemandsrose / Sprachgitter. Gedichte. Fischer Taschenbuch
Bd. 2223, DM 6,80

Joseph Conrad

Almayers Wahn. Roman. Fischer Taschenbuch Bd. 2057, DM
7,80
Der Freibeuter. Roman. 305 S. Ln. DM 36,–; Fischer Taschen-
buch Bd. 2055, DM 8,80
Freya von den Sieben Inseln. Eine Geschichte von seichten Gewäs-
sern. 164 S. Geb. DM 14,80
Gaspar Ruiz und andere Erzählungen. Fischer Taschenbuch Bd.
5358, DM 12,80
Der Geheimagent. Eine einfache Geschichte. 343 S. Ln. DM 36,–
Geschichten der Unrast. Fünf Erzählungen. Fischer Taschenbuch
Bd. 5724, DM 9,80
Geschichten der Unrast und *Sechs Erzählungen.* 528 S. Ln. DM 39,80

Geschichten vom Hörensagen. 355 S. Ln. DM 36,–
Der goldene Pfeil. Eine Geschichte zwischen zwei Bemerkungen.
390 S. Ln. DM 36,–
Herz der Finsternis. Erzählung. 135 S. Geb. DM 14,80
Im Wechsel der Gezeiten. Erzählungen. 232 S. Ln. DM 29,80
Jugend. Herz der Finsternis. Das Ende vom Lied. Drei Erzählungen.
385 S. Ln. DM 34,–
Lord Jim. Eine Geschichte. 462 S. Ln. DM 39,80
Mit den Augen des Westens. Roman. 430 S. Ln. DM 36,–; Fischer
Taschenbuch Bd. 5780, DM 14,80
Der Nigger von der »Narzissus«. Eine Seemannsgeschichte. Fischer
Taschenbuch Bd. 2054, DM 7,80
Der Nigger von der »Narzissus«. Eine Seemannsgeschichte. *Die
Schattenlinie.* Ein Bekenntnis »meiner unauslöschlichen Ach-
tung würdig«. 354 S. Ln. DM 34,–
Nostromo. Eine Geschichte von der Meeresküste. 625 S. Ln. DM
44,–; Fischer Taschenbuch Bd. 5781, DM 16,80
Die Rettung. Ein Roman von den Untiefen. 500 S. Ln. DM 39,80;
Fischer Taschenbuch Bd. 2058, DM 12,80
Die Schattenlinie. Ein Bekenntnis »meiner unauslöschlichen Ach-
tung würdig«. Fischer Taschenbuch Bd. 2059, DM 6,80
Sieg. Eine Inselgeschichte. 449 S. Ln. DM 36,–; Fischer Taschen-
buch Bd. 5352, DM 14,80
Spannung. Ein Roman aus Napoleonischer Zeit. 289 S. Ln. DM
29,80; Fischer Taschenbuch Bd. 5355, DM 10,80
Der Spiegel der See. Erinnerungen und Eindrücke. 235 S. Ln. DM
30,–
Spiel des Zufalls. Eine Geschichte in zwei Teilen. 500 S. Ln. DM
39,80
Taifun und *Zwischen Land und See.* Drei Erzählungen. 378 S. Ln.
DM 34,–
Über mich selbst. Einige Erinnerungen. 174 S. Ln. DM 22,–;
Fischer Taschenbuch Bd. 5725, DM 8,80
Der Verdammte der Inseln. Roman. Fischer Taschenbuch Bd. 2056,
DM 9,80

Der Verdammte der Inseln. Almayers Wahn. 593 S. Ln. DM 39,80
Zwischen Land und See. Drei Erzählungen. Fischer Taschenbuch
Bd. 5826, DM 9,80

Das Joseph Conrad Buch. 432 S. Geb. DM 25,–

Tibor Déry

Ambrosius. Roman. 320 S. Ln. DM 26,–
Herr G. A. in X. Roman. 471 S. Ln. DM 28,–
Lieber Schwiegervater. Roman. 186 S. Ln. DM 24,–; Fischer
Taschenbuch Bd. 5399, DM 9,80
Niki oder Die Geschichte eines Hundes. 128 S. Geb. DM 14,80

Sigmund Freud

Werkausgaben

Gesammelte Werke in Einzelbänden. Unter Mitwirkung von
Marie Bonaparte, Prinzessin Georg von Griechenland, herausge-
geben von Anna Freud, E. Bibring, W. Hoffer, E. Kris, O. Isa-
kower
Band I. Werke aus den Jahren 1892–1899. 596 S. Ln. DM 178,–
Band II/III. Die Traumdeutung. Über den Traum. 724 S. Ln. DM
198,–
Band IV. Zur Psychopathologie des Alltagslebens. 330 S. Ln. DM 90,–
Band V. Werke aus den Jahren 1904–1905. 339 S. Ln. DM 92,–
Band VI. Der Witz und seine Beziehung zum Unbewußten. 273 S. Ln.
DM 84,–
Band VII, Werke aus den Jahren 1906–1909. 504 S. Ln. DM 148,–
Band VIII. Werke aus den Jahren 1909–1913. 510 S., 1 Taf. Ln. DM
148,–
Band IX. Totem und Tabu. 216 S. Ln. DM 78,–

Band X. Werke aus den Jahren 1913–1917. 488 S., 1 Taf. Ln. DM 135,–
Band XI. Vorlesungen zur Einführung in die Psychoanalyse. 506 S., 2 Taf. Ln. DM 148,–
Band XII. Werke aus den Jahren 1917–1920. 362 S. Ln. 98,–
Band XIII. Jenseits des Lustprinzips. Massenpsychologie und Ich-Analyse. Das Ich und das Es. Und andere Werke aus den Jahren 1920–1924. 486 S. Ln. DM 135,–
Band XIV. Werke aus den Jahren 1925–1931. 614 S., 3 Taf. Ln. DM 168,–
Band XV. Neue Folge der Vorlesungen zur Einführung in die Psychoanalyse. 212 S. Ln. DM 60,–
Band XVI. Werke aus den Jahren 1932–1939. 304 S. Ln. DM 84,–
Band XVII. Schriften aus dem Nachlaß 1892–1938. 161 S. Ln. DM 48,–
Band XVIII. Gesamtregister der Bände I-XVII. 1099 S. Ln. DM 298,–

Studienausgabe in zehn Bänden mit einem Ergänzungsband sowie einem Band Konkordanz und Gesamtbibliographie. Herausgegeben von Alexander Mitscherlich, Angela Richards, James Strachey, Ilse Grubrich-Simitis (Mitherausgeber des Ergänzungsbandes)
Kassette mit zwölf Bänden. Fischer Taschenbuch Nr. 7300, DM 298,–
Einzelbände
Band I. Vorlesungen zur Einführung in die Psychoanalyse; und Neue Folge. Fischer Taschenbuch Bd. 7301, DM 38,80
Band II. Die Traumdeutung. 697 S. Kt. DM 38,–; Fischer Taschenbuch Bd. 7302, DM 39,80
Band III. Psychologie des Unbewußten. 465 S. Kt. DM 34,–; Fischer Taschenbuch Bd. 7303, DM 32,80
Band IV. Psychologische Schriften. 334 S. Kt. 28,–; Fischer Taschenbuch Bd. 7304, DM 24,80
Band V. Sexualleben. 355 S. Kt. DM 28,–; Fischer Taschenbuch Bd. 7305, DM 24,80

Band VI. Hysterie und Angst. Fischer Taschenbuch Bd. 7306, DM 26,80

Band VII. Zwang, Paranoia und Perversion. 361 S. Kt. DM 32,–; Fischer Taschenbuch Bd. 7307, DM 26,80

Band VIII. Zwei Kinderneurosen. 257 S. Kt. DM 26,–; Fischer Taschenbuch Bd. 7308, DM 19,80

Band IX. Fragen der Gesellschaft. Ursprünge der Religion. Fischer Taschenbuch Bd. 7309, DM 38,80

Band X. Bildende Kunst und Literatur. Fischer Taschenbuch Bd. 7310, DM 24,80

Ergänzungsband. Schriften zur Behandlungstechnik. Fischer Taschenbuch Bd. 7311, DM 32,80

Konkordanz und Gesamtbibliographie. Fischer Taschenbuch Bd. 7312, DM 12,80

Werkausgabe in zwei Bänden. Herausgegeben und kommentiert von Anna Freud und Ilse Grubrich-Simitis
Band 1. Elemente der Psychoanalyse. 590 S.
Band 2. Anwendungen der Psychoanalyse. 616 S., 3 Abb. auf Taf. Beide Bände Ln. i. Sch., zusammen DM 68,–

Einzelausgaben

Abriß der Psychoanalyse. Das Unbehagen in der Kultur. Fischer Taschenbuch Bd. 6043, DM 6,80

Analyse der Phobie eines fünfjährigen Knaben. Fischer Taschenbuch Bd. 6715, DM 5,80

Beiträge zur Psychologie des Liebeslebens und andere Schriften. Fischer Taschenbuch Bd. 6732, DM 7,80

Bruchstück einer Hysterie-Analyse. Fischer Taschenbuch Bd. 6736, DM 6,80

Darstellungen der Psychoanalyse. Fischer Taschenbuch Bd. 6016, DM 8,80

Drei Abhandlungen zur Sexualtheorie. 120 S. Kt. DM 2,80

Drei Abhandlungen zur Sexualtheorie und verwandte Schriften. Fischer Taschentuch Bd. 6044, DM 8,80

Hemmung, Symptom und Angst. Fischer Taschenbuch Bd. 42196, DM 4,80

Das Ich und das Es und andere metapsychologische Schriften. Fischer Taschenbuch Bd. 6394, DM 8,80

Eine Kindheitserinnerung des Leonardo da Vinci. Fischer Taschenbuch Bd. 5705, DM 6,80

Der Mann Moses und die monotheistische Religion. Schriften über die Religion. Fischer Taschenbuch Bd. 6300, DM 6,80

Massenpsychologie und Ich-Analyse. Die Zukunft einer Illusion. Fischer Taschenbuch Bd. 6054, DM 5,80

Das Motiv der Kästchenwahl. Hrsg. u. transkr. v. Ilse Grubrich-Simitis. Faks.-Ausg. 64 S., 16 S. Transkription. Ln. i. Sch. DM 196,–

Neue Folge der Vorlesungen zur Einführung in die Psychoanalyse. Fischer Taschenbuch Bd. 6390, DM 6,80

»Selbstdarstellung«. Schriften zur Geschichte der Psychoanalyse. Fischer Taschenbuch Bd. 6096, DM 9,80

Studien über Hysterie. Mit Beitr. v. J. Breuer. Fischer Taschenbuch Bd. 6001, DM 9,80

Totem und Tabu. Fischer Taschenbuch Bd. 6053, DM 7,80

Die Traumdeutung. Fischer Taschenbuch Bd. 6344, DM 16,80

Über Träume und Traumdeutungen. Fischer Taschenbuch Bd. 6073, DM 6,80

Übersicht der Übertragungsneurosen. Mit vollständigem Faksimile. Hrsg. u. m. e. Essay v. Ilse Grubrich-Simitis. 128 S. Ln. DM 34,–

Vorlesungen zur Einführung in die Psychoanalyse. Fischer Taschenbuch Bd. 6348, DM 11,80

Der Wahn und die Träume in W. Jensens »Gradiva«. Hrsg. u. eingel. v. B. Urban u. J. Cremerius. Fischer Taschenbuch Bd. 6172, DM 5,80

Der Witz und seine Beziehung zum Unbewußten. Fischer Taschenbuch Bd. 6083, DM 7,80

Zur Psychopathologie des Alltagslebens. Fischer Taschenbuch Bd. 6079, DM 8,80

Zwei Falldarstellungen. Der Rattenmann. Der Fall Schreber. Fischer Taschenbuch Bd. 6745, DM 8,80

Briefausgaben

Briefe 1873–1939. Ausgew. u. hrsg. v. Ernst u. Lucie Freud. 539 S., 8 Fotos auf Taf., 2 Faks. Ln. DM 78,–

Sigmund Freud / Karl Abraham. Briefe 1907–1926. Hrsg. v. Hilda Abraham u. Ernst Freud. 375 S., 2 Fotos auf Taf. Ln. DM 58,–

Sigmund Freud / Lou Andreas-Salomé. Briefwechsel. Hrsg. v. E. Pfeifer, 301 S. Ln. DM 48,–

Briefe an Wilhelm Fließ 1887–1904. Ungekürzte Ausgabe. Hrsg. v. J. M. Masson. Etwa 640 S., m. Faks. u. Abb. Ln. ca. DM 68,– (Herbst 1985)

Georg Groddeck / Sigmund Freud. Briefe über das Es. Fischer Taschenbuch Bd. 42117, DM 6,80

Sigmund Freud / C. G. Jung. Briefwechsel. Hrs. v. W. McGuire u. W. Sauerländer. 722 S., 24 Taf. Ln. DM 76,–; Fischer Taschenbuch Bd. 6775, DM 18,80

Sigmund Freud / Oskar Pfister. Briefe 1909–1939. Hrsg. v. Ernst Freud u. Heinrich Meng. 168 S. Ln. DM 28,–

Sigmund Freud / Eduardo Weiss. Briefe zur psychoanalytischen Praxis. M. d. Erinnerungen v. E. Weiss. Vorbem. u. Einl. v. M. Grotjahn. 93 S. Brosch. DM 6,–

Sigmund Freud / Arnold Zweig. Briefwechsel. Hrsg. v. Ernst Freud. 202 S. Ln. DM 28,–; Fischer Taschenbuch Bd. 5629, DM 9,80

Über Sigmund Freud

Ronald W. Clark: *Sigmund Freud.* 686 S. Geb. DM 68,–; Fischer Taschenbuch Bd. 5647, DM 19,80

Freud im Gespräch mit seinen Mitarbeitern. Aus den Protokollen der Wiener Psychoanalytischen Vereinigung. Hrsg. v. Ernst Federn. Fischer Taschenbuch Bd. 6774, DM 14,80

Hermann Glaser: *Sigmund Freuds Zwanzigstes Jahrhundert*. Seelen-
bilder einer Epoche. Fischer Taschenbuch Bd. 6395, DM
10,80
Der Wolfsmann vom Wolfsmann. Sigmund Freuds berühmtester
Fall. Hrsg. v. Muriel Gardiner. Fischer Taschenbuch Bd.
6764, DM 19,80

Albrecht Goes

Aber im Winde das Wort. Prosa und Verse aus zwanzig Jahren.
371 S. Ln. DM 29,80.
Das Brandopfer. Erzählung. Fischer Taschenbuch Bd. 1524, DM
3,80
Das Brandopfer. Das Löffelchen. Zwei Erzählungen. 141 S. Geb.
DM 14,80
Dichter und Gedicht. Zwanzig Deutungen. Fischer Taschenbuch
Bd. 5248, DM 8,80
Lichtschatten du. Gedichte aus fünfzig Jahren. 103 S. Ln. DM 24,–
Tagwerk. Prosa und Verse. 248 S. Ln. DM 24,–

Herausgegeben von Albrecht Goes

Wolfgang Amadeus Mozart: *Briefe*. Fischer Taschenbuch Bd.
2140, DM 7,80

Ernest Hemingway

*Schnee auf dem Kilimandscharo. Das kurze glückliche Leben des Francis
Macomber.* Zwei Stories. 116 S. Geb. DM 14,80
Wem die Stunde schlägt. Roman. 478 S. Ln. DM 34,–; Fischer
Taschenbuch Bd. 408, DM 10,80

Hermann Hesse

Schön ist die Jugend. Erzählungen. Fischer Taschenbuch Bd. 1273, DM 4,80

Hermann Hesse / Thomas Mann. Briefwechsel. Hrsg. v. Anni Carlsson. Fischer Taschenbuch Bd. 5633, DM 12,80

Hugo von Hofmannsthal

Werkausgaben

Sämtliche Werke. Kritische Ausgabe. Veranstaltet vom Freien Deutschen Hochstift. Herausgegeben von Rudolf Hirsch, Clemens Köttelwesch, Heinz Rölleke, Ernst Zinn

Band I. Gedichte 1. Hrsg. v. E. Weber. 468 S. Ln. i. Sch. DM 220,–

Band III. Dramen 1. Hrsg. v. G. E. Hübner, K. G. Pott, Ch. Michael. 854 S. Ln. i. Sch. DM 368,–

Band IV. Dramen 2. Das gerettete Venedig. Hrsg. v. M. Müller. 312 S. Ln. i. Sch. DM 190,–

Band VIII. Dramen 6. Ödipus und die Sphinx. König Ödipus. Hrsg. v. W. Nehring, K. E. Bohnenkamp. 748 S. Ln. i. Sch. DM 368,–

Band X. Dramen 8. Das Salzburger Große Welttheater. Pantomimen. Hrsg. v. H. H. Lendner, H. G. Dewitz. 336 S. Ln. i. Sch. DM 160,–

Band XIV. Dramen 12. Timon der Redner. Hrsg. v. J. Fackert. 664 S. Ln. i. Sch. DM 280,–

Band XXIII. Operndichtungen 1. Der Rosenkavalier. Hrsg. v. D. Hoffmann, W. Schuh. Etwa 768 S. Ln. i. Sch. ca. DM 380,– (Frühjahr 1986)

Band XXIV. Operndichtungen 2. Ariadne auf Naxos. Die Ruinen von Athen. Hrsg. v. M. Hoppe. Etwa 320 S. Ln. i. Sch. ca. DM 190,– (Herbst 1985)

Band XXVI. Operndichtungen 4. Arabella. Lucidor. Der Fiaker als
Graf. Hrsg. v. H. A. Koch. 356 S. Ln. i. Sch. DM 160,–
Band XXVIII. Erzählungen 1. Hrsg. v. E. Ritter. 462 S. Ln. i. Sch.
DM 160,–
Band XXIX. Erzählungen 2. Hrsg. v. E. Ritter. 424 S. Ln. i. Sch.
DM 160,–
Band XXX. Roman. Biographie. Andreas. Der Herzog von Reich-
stadt. Philipp II. und Don Juan d'Austria. Hrsg. v. M. Pape.
504 S. Ln. i. Sch. DM 248,–

Gesammelte Werke in Einzelausgaben. Herausgegeben von Her-
bert Steiner
Aufzeichnungen. 384 S. Ln. DM 44,–
Dramen I. 476 S. Ln. DM 56,–
Dramen II. 547 S. Ln. DM 64,–
Dramen III. 506 S. Ln. DM 56,–
Dramen IV. 514 S. Ln. DM 56,–
Die Erzählungen. 379 S. Ln. DM 44,–
Geschichte und Lyrische Dramen. 551 S. Ln. DM 70,–
Lustspiele I. 484 S. Ln. DM 68,–
Lustspiele II. 397 S. Ln. DM 58,–
Lustspiele III. 404 S. Ln. DM 54,–
Lustspiele IV. 479 S. Ln. DM 46,–
Prosa II. 392 S. Ln. DM 44,–
Prosa III. 525 S. Ln. DM 68,–
Prosa IV. 532 S. Ln. DM 58,–

Gesammelte Werke in zehn Einzelbänden. Herausgegeben von
Bernd Schoeller in Beratung mit Rudolf Hirsch. 10 Bände in
Kassette. Etwa 6336 S. Ln. ca. DM 398,–. Alle Bände sind auch
einzeln lieferbar. Pro Band ca. DM 46,– (Ende 1985)
Gedichte. Dramen I. (1891–1898). 652 S.
Dramen II (1892–1905). 518 S.
Dramen III (1893–1927). 638 S.
Dramen IV (Lustspiele). 580 S.

Dramen V (Operndichtungen). 640 S.

Dramen VI (Ballette, Pantomimen, Bearbeitungen, Übersetzungen). 716 S.

Erzählungen. Erfundene Gespräche und Briefe. Reisen. 694 S.

Reden und Ausätze I (1891–1913). 688 S.

Reden und Aufsätze II (1914–1924). 548 S.

Reden und Aufsätze III (1925–1929). *Aufzeichnungen.* 662 S.

Diese Ausgabe ist auch in Einzelbänden als Taschenbuch lieferbar: Fischer Taschenbuch Bd. 2159-2168, pro Band DM 19,80 (außer Bd. 2160 und 2167: je DM 16,80)

Einzelausgaben

Danae oder die Vernunftheirat. Szenarium und Notizen zu einer kleinen Oper. 52 S. Brosch. DM 4,–

Deutsches Lesebuch. Eine Auswahl deutscher Prosastücke aus dem Jahrhundert 1750–1850. Eingeleitet und herausgegeben von Hugo von Hofmannsthal. Fischer Taschenbuch Bd. 1930, DM 13,80

Jedermann. Fischer Taschenbuch Bd. 7021, DN 4,80

Jedermann. Das Spiel vom Sterben des reichen Mannes und Max Reinhardts Inszenierungen. Texte, Dokumente, Bilder. Vorgel. u. Mitw. v. E. Leisler, G. Prossnitz. 264 S., 24 S. Abb. Brosch. DM 22,–

Komödien. 516 S. Ln. DM 25,–

Das Märchen der 672. Nacht. Reitergeschichte. Das Erlebnis des Marschalls von Bassompierre. Fischer Taschenbuch Bd. 1357, DM 4,80

Reitergeschichte. Und andere Erzählungen. 159 S. Geb. DM 14,80

Der Schwierige. Der Unbestechliche. Fischer Taschenbuch Bd. 7016, DM 7,80

Hofmannsthal Lesebuch. 519 S. Geb. DM 28,–

Briefausgaben

Hugo von Hofmannsthal / Leopold von Andrian. Briefwechsel. Hrsg. v.
W. H. Perl. 527 S. Ln. 48,–
Hugo von Hofmannsthal / Richard Beer-Hofmann. Briefwechsel. Hrsg.
v. R. Hirsch, E. Weber. 263 S. Ln. DM 32,–
Hugo von Hofmannsthal / Eduard Karg von Bebenburg. Briefwechsel.
Hrsg. v. M. E. Gilbert. 255 S. Ln. DM 34,–
Hugo von Hofmannsthal / Josef Redlich. Briefwechsel. Hrsg. v. H. Eb-
ner-Fußgänger. 261 S. Ln. DM 28,–
Hugo von Hofmannsthal / Arthur Schnitzler. Briefwechsel. Hrsg. v.
Th. Nickl, H. Schnitzler. Fischer Taschenbuch Bd. 2535, DM
16,80

Max Horkheimer

Werkausgaben

Gesammelte Schriften in achtzehn Bänden. Herausgegeben von
Alfred Schmidt und Gunzelin Schmid Noerr
Band 7. Vorträge und Aufzeichnungen 1949–1973. 494 S. Geb.
DM 56,–; Fischer Taschenbuch Bd. 7381, DM 24,80
Band 8. Vorträge und Aufzeichnungen 1949–1973. 475 S. Geb.
DM 56,–; Fischer Taschenbuch Bd. 7382, DM 24,80
Band 12. Nachgelassene Schriften 1931–1949. Etwa 608 S. Geb. ca.
DM 56,–; Fischer Taschenbuch Bd. 7386, ca. DM 24,80 (beide
Ende 1985)

Einzelausgaben

Gesellschaft im Übergang. Aufsätze, Reden und Vorträge 1942–
1970. Fischer Taschenbuch Bd. 6545, DM 7,80
Notizen 1950–1969 und *Dämmerung.* Hrsg. v. W. Brede. 360 S.
Geb. DM 58,–
Sozialphilosophische Studien. Aufsätze, Reden und Vorträge 1930–
1972. Hrsg. v. W. Brede. Fischer Taschenbuch Bd. 6540, DM
8,80

Traditionelle und kritische Theorie. Vier Aufsätze. Fischer Taschenbuch Bd. 6015, DM 8,80
Zur Kritik der instrumentellen Vernunft. Fischer Taschenbuch Bd. 7355, DM 16,80

Max Horkheimer / Theodor W. Adorno

Dialektik der Aufklärung. Philosophische Fragmente. 275 S. Ln. DM 48,–; Fischer Taschenbuch Bd. 6144, DM 7,80

Franz Kafka

Werkausgaben

Kritische Ausgabe der Werke von Franz Kafka. Schriften, Tagebücher, Briefe. Unter Beratung von Nahum Glatzer, Rainer Gruenter, Paul Raabe und Marthe Robert herausgegeben von Jürgen Born, Gerhard Neumann, Malcolm Pasley und Jost Schillemeit
Das Schloß. Roman. Hrsg. v. M. Pasley. Textband: 498 S. Apparatband: 488 S., 5 Faks. Text- und Apparatband werden nur geschlossen abgegeben. 2 Bd. Ln. i. Sch. DM 196,–
Der Verschollene. Roman. Hrsg. v. J. Schillemeit. Textband: 421 S. Apparatband: 277 S., 3 Faks. Text- und Apparatband werden nur geschlossen abgegeben. 2 Bd. Ln. i. Sch. DM 148,–

Gesammelte Werke in Einzelbänden in der Fassung der Handschrift (Leseausgabe der Kritischen Ausgabe)
Das Schloß. Roman. Hrsg. u. m. e. Nachw. v. M. Pasley. 503 S. Ln. DM 48,–
Der Verschollene. Roman. Hrsg. u. m. e. Nachw. v. J. Schillemeit. 427 S. Ln. DM 48,–

Einzelausgaben

Die Aeroplane in Brescia und andere Texte. Zusammengest. v. Knut Beck. 143 S. Geb. DM 14,80

*Amerika. Roman. Hrsg. v. Max Brod. Fischer Taschenbuch Bd. 132, DM 8,80

Beschreibung eines Kampfes. Novellen, Skizzen, Aphorismen aus dem Nachlaß. Hrsg. v. Max Brod. 280 S. Ln. DM 48,–; Fischer Taschenbuch Bd. 2066, DM 6,80

Brief an den Vater. Fischer Taschenbuch Bd. 1629, DM 4,80

Erzählungen. Hrsg. v. Max Brod. 245 S. Ln. DM 48,–

Hochzeitsvorbereitungen auf dem Lande. Und andere Prosa aus dem Nachlaß. Hrsg. v. Max Brod. 359 S. Ln. DM 48,–; Fischer Taschenbuch Bd. 2067, DM 8,80

Der Prozeß. Roman. Hrsg. v. Max Brod. Fischer Taschenbuch Bd. 676, DM 7,80

Sämtliche Erzählungen. Hrsg. v. Paul Raabe. Fischer Taschenbuch Bd. 1078, DM 9,80

*Das Schloß. Roman. Hrsg. v. Max Brod. Fischer Taschenbuch Bd. 900, DM 8,80

Tagebücher 1910–1923. Hrsg. v. Max Brod. 543 S. Ln. DM 44,–; Fischer Taschenbuch Bd. 1346, DM 13,80

Über das Schreiben. Hrsg. v. E. Heller, J. Beug. Fischer Taschenbuch Bd. 2528, DM 7,80

Das Urteil und andere Erzählungen. Fischer Taschenbuch Bd. 19, DM 4,80

Die Verwandlung. Das Urteil. In der Strafkolonie. Drei Erzählungen. 144 S. Geb. DM 14,80

Die Verwandlung. M. e. Kommentar v. Vladimir Nabokov. Fischer Taschenbuch Bd. 5875, ca. DM 6,80 (Ende 1985)

Das Franz Kafka Buch. Zusammengestellt von Knut Beck. 480 S. Geb. DM 25,–

* auch innerhalb der beiden Werkausgaben lieferbar (s. o.). *Amerika* dort unter dem Titel *Der Verschollene*

Franz Kafka. Eine innere Biographie in Selbstzeugnissen. Hrsg. v. Heinz Politzer. Fischer Taschenbuch Bd. 708, DM 8,80

Briefausgaben

Briefe 1902–1924. Hrsg. v. Max Brod. Fischer Taschenbuch Bd. 1575, DM 14,80
Briefe an Felice und andere Korrespondenz aus der Verlobungszeit. Hrsg. v. E. Heller, J. Born. 784 S. Ln. i. Sch. DM 48,–; Fischer Taschenbuch Bd. 1697, DM 16,80
Briefe an Milena. Erw. Neuausgabe. Hrsg. v. J. Born, M. Müller. 432 S., 4 Faks. Ln. DM 48,–
Briefe an Ottla und die Familie. Hrsg. v. H. Binder, K. Wagenbach. 249 S., 25 Abb. Ln. DM 42,–; Fischer Taschenbuch Bd. 5016, DM 9,80

Über Franz Kafka

Max Brod: *Über Franz Kafka.* Fischer Taschenbuch Bd. 1496, DM 10,80
Margarete Buber-Neumann: *Milena, Kafkas Freundin.* Fischer Taschenbuch Bd. 5638, DM 9,80
Franz Kafka. Eine innere Biographie in Selbstzeugnissen. Hrsg. v. Heinz Politzer. Fischer Taschentuch Bd. 708, DM 8,80
Franz Kafka. Kritik und Rezeption zu seinen Lebzeiten. 1912–1924. Hrsg. v. Jürgen Born unter Mitw. v. H. Mühlfeit, F. Spicker. 216 S. Brosch. DM 32,–
Franz Kafka. Kritik und Rezeption 1924–1938. Hrsg. v. Jürgen Born unter Mitw. v. E. Koch, H. Mühlfeit, M. Treckmann. 504 S., ca. 15 Faks. Pb. DM 56,–
Jiři Gruša: *Franz Kafka aus Prag.* 128 S., 70 Abb. Brosch. DM 29,80
Gustav Janouch: *Gespräche mit Kafka.* Aufzeichnungen und Erinnerungen. Fischer Taschenbuch Bd. 5093, DM 9,80

Marthe Robert: *Einsam wie Franz Kafka.* 233 S. Geb. DM 34,–
–: *Das Alte im Neuen.* Von Don Quichote zu Franz Kafka. Fischer
Taschenbuch Bd. 7346, DM 16,80
Walter H. Sokel: *Franz Kafka.* Tragik und Ironie. Fischer
Taschenbuch Bd. 1790, DM 19,80
Joachim Unseld: *Franz Kafka.* Ein Schriftstellerleben. Fischer
Taschenbuch Bd. 6493, DM 9,80
Neue Rundschau. Heft 2/1983. *Schwerpunktthema: Franz Kafka.*
Mit Beiträgen von Ilse Aichinger, Wolfgang Hilbig, Milan
Kundera, Marthe Robert u. a. Fischer Taschenbuch Bd. 9013,
DM 10,80

Reiner Kunze

auf eigene hoffnung. gedichte. 112 S. Ln. DM 22,–
gespräch mit der amsel. frühe gedichte. sensible wege. zimmerlautstärke.
215 S. Ln. DM 28,–
Das Kätzchen. M. farb. Bildern v. Horst Sauerbruch, 44 S. Pb.
DM 26,–
Der Löwe Leopold. Fast Märchen, fast Geschichten. Fischer Ta-
schenbuch Bd. 1534, DM 4,80
Die wunderbaren Jahre. Prosa. 131 S. Ln. DM 22,–; Fischer
Taschenbuch Bd. 2074, DM 5,80
Die wunderbaren Jahre. Ein Film. Lesefassung des Drehbuchs.
Fischer Taschenbuch Bd. 7053, DM 9,80
zimmerlautstärke. gedichte. Fischer Taschenbuch Bd. 1934, DM
4,80

Ossip Mandelstam

Gedichte. Aus dem Russischen übertragen von Paul Celan.
Fischer Taschenbuch Bd. 5312, DM 6,80

Golo Mann

Deutsche Geschichte 1919–1945. Überarbeitete Ausg. Fischer
Taschenbuch Bd. 6196, DM 8,80
Deutsche Geschichte des 19. und 20. Jahrhunderts. Rev. u. erg. Ausg.
1064 S. Ln. DM 34.–
Nachtphantasien. Erzählte Geschichte. 128 Seiten. Gebunden.
DM 14,80
Wallenstein. Sein Leben erzählt von Golo Mann. 1368 S. Ln. DM
68,–; Fischer Taschenbuch Bd. 3492, DM 19,80
Zeiten und Figuren. Schriften aus vier Jahrzehnten. Fischer
Taschenbuch Bd. 3428, DM 12,80
Zwölf Versuche. 334 S. Ln. DM 29,80

Für Golo Mann

Was die Wirklichkeit lehrt. Golo Mann zum 70. Geburtstag. Hrsg.
v. Hartmut von Hentig, August Nitschke. 364 S. Ln.
DM 48,–

Thomas Mann

Werkausgaben

Gesammelte Werke in Einzelbänden. Frankfurter Ausgabe. Her-
ausgegeben von Peter de Mendelssohn
Bekenntnisse des Hochstaplers Felix Krull. Der Memoiren erster Teil.
452 S. Ln. i. Sch. DM 58,–
Betrachtungen eines Unpolitischen. 624 S. Ln i. Sch. DM 68,–
Buddenbrooks. Verfall einer Familie. Roman. 816 S. Ln. i. Sch.
DM 78,–
Doktor Faustus. Das Leben des deutschen Tonsetzers Adrian Le-
verkühn erzählt von einem Freunde. 748 S. Ln. i. Sch. DM
68,–

Der Erwählte. Roman. 304 S. Ln. i. Sch. DM 44,–
Frühe Erzählungen. 718 S. Ln. i. Sch. DM 68,–
Joseph und seine Brüder. Die Geschichten Jaakobs. 424 S. Ln. i. Sch.
DM 58,–
Joseph und seine Brüder. Der junge Joseph. 308 S. Ln. i. Sch. DM 48,–
Joseph und seine Brüder. Joseph in Ägypten. 648 S. Ln. i. Sch. DM
68,–
Joseph und seine Brüder. Joseph, der Ernährer. 584 S. Ln. i. Sch. DM
64,–
Königliche Hoheit. Roman. 396 S. Ln. i. Sch. DM 58,–
Leiden und Größe der Meister. 1190 S. Ln. i. Sch. DM 98,–
Lotte in Weimar. Roman. 475 S. Ln. i. Sch. DM 58,–
Rede und Antwort. 738 S. Ln. i. Sch. DM 78,–
Späte Erzählungen. 540 S. Ln. i. Sch. DM 58,–
Über mich selbst. Autobiographische Schriften. 528 S. Ln. i. Sch.
DM 58,–
Von deutscher Republik. Politische Schriften und Reden in Deutsch-
land. 408 S. Ln. i. Sch. DM 64,–
Der Zauberberg. Roman. 1084 S. Ln. i. Sch. DM 88,–

Stockholmer Gesamtausgabe der Werke von Thomas Mann
Altes und Neues. Kleine Prosa aus fünf Jahrzehnten. 756 S. Ln.
DM 58,–
Nachlese. Prosa 1951–1955. 244 S. Ln. DM 28,–
Reden und Aufsätze I. 790 S. Ln. DM 68,–
Reden und Aufsätze II. 832 S. Ln. DM 68,–

Einzelausgaben

*_Bekenntnisse des Hochstaplers Felix Krull._ Der Memoiren erster
Teil. 390 S. Pb. DM 9,80; Fischer Taschenbuch Bd. 639, DM
8,80

* auch innerhalb der ›Gesammelten Werke in Einzelbänden. Frankfurter
Ausgabe‹ lieferbar. S. u. Werkausgaben

Buddenbrooks. Verfall einer Familie. Roman. 673 S. Pb. DM 26,–; Fischer Taschenbuch Bd. 661, DM 12,80

Doktor Faustus. Das Leben des deutschen Tonsetzers Adrian Leverkühn erzählt von einem Freunde. Fischer Taschenbuch Bd. 1230, DM 14,80

Doktor Faustus. Das Leben des deutschen Tonsetzers Adrian Leverkühn erzählt von einem Freunde. *Die Entstehung des Doktor Faustus.* Roman eines Romans. 848 S. Pb. DM 29,80

Die Entstehung des Doktor Faustus. Roman eines Romans. Fischer Taschenbuch Bd. 5779, DM 7,80

Der Erwählte. Roman. Fischer Taschenbuch Bd. 1532, DM 8,80

Die Erzählungen. Bd. 1. Fischer Taschenbuch Bd. 1591, DM 12,80

Die Erzählungen, Bd. 2. Fischer Taschenbuch Bd. 1592, DM 11,80

Essays. Bd. 1: Literatur. Hrsg. v. Michael Mann. Fischer Taschenbuch Bd. 1906, DM 11,80

Essays. Bd. 2: Politik. Hrsg. v. Hermann Kurzke. Fischer Taschenbuch Bd. 1907, DM 12,80

Essays. Bd. 3: Musik und Philosophie. Hrsg. v. Hermann Kurzke. Fischer Taschenbuch Bd. 1908, DM 10,80

Fiorenza. Drei Akte. 115 S. Kart. DM 2,50

Das Gesetz. Erzählung. 95 S. Geb. DM 12,80

Goethe's Laufbahn als Schriftsteller. Zwölf Essays und Reden zu Goethe. Fischer Taschenbuch Bd. 5715, DM 12,80

Herr und Hund. Ein Idyll. 128 S. Geb. DM 14,80; Fischer Taschenbuch Bd. 85, DM 5,80

Joseph und seine Brüder. Die Geschichten Jaakobs. Der junge Joseph. Fischer Taschenbuch Bd. 1183, DM 12,80

Joseph und seine Brüder. Joseph in Ägypten. Fischer Taschenbuch Bd. 1184, DM 14,80

---

* auch innerhalb der ›Gesammelten Werke in Einzelbänden. Frankfurter Ausgabe‹ lieferbar. S. u. Werkausgaben

Joseph und seine Brüder. Joseph der Ernährer. Fischer Taschenbuch
   Bd. 1185, DM 12,80
Der kleine Herr Friedemann. Der Wille zum Glück. Tristan. 174 S.
   Geb. DM 14,80
*Königliche Hoheit. Roman. 384 S. Pb. DM 24,–; Fischer Taschen-
   buch Bd. 2, DM 8,80
*Lotte in Weimar. Roman. Fischer Taschenbuch Bd. 300, DM
   8,80
Tagebücher 1918–1921. Hrsg. v. Peter de Mendelssohn. 908 S.
   Ln. i. Sch. DM 82,–
Tagebücher 1933–1934. Hrsg. v. Peter de Mendelssohn. 818 S.
   Ln. i. Sch. DM 78,–
Tagebücher 1935–1936. Hrsg. v. Peter de Mendelssohn. 722 S.
   Ln. i. Sch. DM 72,–
Tagebücher 1937–1939. Hrsg. v. Peter de Mendelssohn. 929 S.
   Ln. i. Sch. DM 86,–
Tagebücher 1940–1943. Hrsg. v. Peter de Mendelssohn. 1152 S.
   Ln. i. Sch. DM 94,–
Der Tod in Venedig. 128 S. Geb. DM 14,80
Der Tod in Venedig und andere Erzählungen. Fischer Taschenbuch
   Bd. 54, DM 7,80
Tonio Kröger. 128 S. Geb. DM 14,80
Tonio Kröger. Mario und der Zauberer. Zwei Erzählungen. Fischer
   Taschenbuch Bd. 1381, DM 5,80
Waelsungenblut. Illustr. v. Th. Th. Heine. Faksimile-Ausg. 92 S.
   Ln. DM 28,–; Fischer Taschenbuch Bd. 5778, DM 7,80
Wagner und seine Zeit. Aufsätze, Betrachtungen, Briefe. Fischer
   Taschenbuch Bd. 2534, DM 9,80
*Der Zauberberg. Roman. Fischer Taschenbuch Bd. 800, DM
   15,80

* auch innerhalb der ›Gesammelten Werke in Einzelbänden. Frankfurter
   Ausgabe‹ lieferbar. S. u. Werkausgaben

Schallplatte:

Thomas Mann liest seine Novelle »Tonio Kröger«. 4 Langspielpl.
30 cm ∅, 33 U/Min. DM 98,–

Briefausgaben

Briefe 1889–1936. Hrsg. v. Erika Mann. 584 S. Ln. DM 58,–;
Fischer Taschenbuch Bd. 2136, DM 13,80
Briefe 1937–1947. Hrsg. v. Erika Mann. 767 S. Ln. DM 68,–;
Fischer Taschenbuch Bd. 2137, DM 15,80
Briefe 1948–1955 und Nachlese. Hrsg. v. Erika Mann. 656 S. Ln.
DM 64,–; Fischer Taschenbuch Bd. 2138, DM 14,80
Briefe an Otto Grautoff 1894–1901 und Ida Boy-Ed 1902–1927.
Hrsg. v. Peter de Mendelssohn. 305 S. Ln. DM 38,–
*Briefwechsel mit seinem Verleger Gottfried Bermann Fischer 1932–
1955.* Hrsg. v. Peter de Mendelssohn. 891 S. Ln. DM 88,–;
Fischer Taschenbuch Bd. 1566, DM 13,60
Hermann Hesse / Thomas Mann. Briefwechsel. Fischer Taschenbuch
Bd. 5633, DM 12,80
Thomas Mann / Heinrich Mann. Briefwechsel 1900–1949. Hrsg. v.
H. Wysling. Fischer Taschenbuch Bd. 1610, DM 7,80
Thomas Mann / Heinrich Mann. Briefwechsel 1900–1949. Erweiterte
Neuausgabe. Hrsg. v. H. Wysling. 548 S. Ln. DM 48,–

Über Thomas Mann

Die Briefe Thomas Manns. Regesten und Register. Bearb. u. hrsg. un-
ter Mitw. d. Thomas Mann-Archivs d. Eidgenöss. Techn.
Hochsch. Zürich v. Hans Bürgin u. Hans-Otto Mayer
Band I. Die Briefe von 1889 bis 1933. 762 S. Ln. i. Sch.
Band II. Die Briefe von 1934 bis 1943. 816 S. Ln. i. Sch.
Band III. Die Briefe von 1944 bis 1950. 832 S. Ln. i. Sch.
Subskr.-Preis bis z. Erscheinen d. letzten Bands je DM 360,–
Käte Hamburger: *Thomas Manns biblisches Werk.* Der Joseph-Ro-
man. Die Moses-Erzählung »Das Gesetz«. Fischer Taschen-
buch Bd. 6492, DM 12,80

Hermann Kurzke: *Thomas Mann-Forschung 1969–1976.* Ein kritischer Bericht. 292 S. m. Anh. Brosch. DM 48,–

Erika Mann: *Das letzte Jahr.* Bericht über meinen Vater. 96 S. Geb. DM 12,80

Katia Mann: *Meine ungeschriebenen Memoiren.* Hrsg. v. Elisabeth Plessen, Michael Mann. 176 S., 20 S. Abb. Geb. DM 16,80; Fischer Taschenbuch Bd. 1750, DM 6,80

Viktor Mann: *Wir waren fünf.* Bildnis der Familie Mann. Fischer Taschenbuch Bd. 1678, DM 14,80

Peter de Mendelssohn: *Nachbemerkungen zu Thomas Mann 1.* Fischer Taschenbuch Bd. 5770, DM 10,80

–: *Nachbemerkungen zu Thomas Mann 2.* Fischer Taschenbuch Bd. 5771, DM 10,80

–: *Der Zauberer.* Das Leben des deutschen Schriftstellers Thomas Mann. Erster Teil 1875–1918. 1185 S. Ln. i. Sch. DM 88,–

Neue Rundschau. *Sonderausgabe zu Thomas Manns 70. Geburtstag.* Hrsg. v. Gottfried Bermann Fischer. Faks.-Ausg. (Fotomechan. Nachdr. d. Ausg. v. Juni 1945). 200 S. Brosch. DM 10,–

Thomas Mann. Eine Chronik seines Lebens. Zusammengest. v. Hans Bürgin u. Hans-Otto Mayer. 285 S. Ln. DM 34,–; Fischer Taschenbuch Bd. 1470, DM 8,80

Thomas Mann. Ton- und Filmaufnahmen. Ein Verzeichnis. Zusammengest. u. bearb. v. Ernst Loewy. 173 S. Brosch. DM 34,–

Thomas Mann 1875–1975. Vorträge in München – Zürich – Lübeck. Hrsg. v. B. Bludau, E. Heftrich, H. Koopmann. 704 S. Ln. i. Sch. DM 124,–

Thomas Mann. Wirkung und Gegenwart. Aus Anlaß des hundertsten Geburtstags am 6. Juni 1975 herausgegeben von S. Fischer Verlag. Redaktion Wolfgang Mertz. 80 S. Brosch. DM 1,–

Boris Pasternak

Doktor Schiwago. 640 S. Ln. DM 39,80; Fischer Taschenbuch Bd. 587, DM 14,80

Luise Rinser

Abenteuer der Tugend. Roman. Fischer Taschenbuch Bd. 1027, DM 7,80

Baustelle. Eine Art Tagebuch. 390 S. Ln. DM 29,80; Fischer Taschenbuch Bd. 1820, DM 9,80

Bruder Feuer. Roman. Fischer Taschenbuch Bd. 2124, DM 5,80

Ein Bündel weißer Narzissen. Erzählungen. Fischer Taschenbuch Bd. 1612, DM 8,80

Daniela. Roman. Fischer Taschenbuch Bd. 1116, DM 6,80

Die Erzählungen. 359 S. Geb. DM 19,80

Gefängnistagebuch. Fischer Taschenbuch Bd. 1327, DM 5,80

Geh fort wenn du kannst. Novelle. 160 S. Geb. DM 14,80

Die gläsernen Ringe. Eine Erzählung. Fischer Taschenbuch Bd. 393, DM 5,80

Grenzübergänge. Tagebuch-Notizen 1970–1972. Fischer Taschenbuch Bd. 2043, DM 9,80

Hochebene. Roman. Fischer Taschenbuch Bd. 532, DM 6,80

Ich bin Tobias. Roman. Fischer Taschenbuch Bd. 1551, DM 7,80

Im Dunkeln singen. 1982–1985. 252 S. Ln. DM 30,–

Jan Lobel aus Warschau. Erzählung. 80 S. Ln. DM 6,80; Fischer Taschenbuch Bd. 5134, DM 4,80

Kriegsspielzeug. Tagebuch 1972–1978. Fischer Taschenbuch Bd. 2247, DM 7,80

Mein Lesebuch. Fischer Taschenbuch Bd. 2207, DM 7,80

Mirjam. Roman. 332 S. Ln. DM 36,–

Mit wem reden. Fischer Taschenbuch Bd. 5379. DM 5,80

Mitte des Lebens. Roman. Fischer Taschenbuch Bd. 256, DM 7,80

Nordkoreanisches Reisetagebuch. Fischer Taschenbuch Bd. 4233, DM 6,80

Die rote Katze. Erzählungen. 124 S. Geb. DM 12,80

Der schwarze Esel. Roman. 271 S. Ln. 26,80, geb. DM 16,80; Fischer Taschenbuch Bd. 1741, DM 7,80

Septembertag. 144 S. Geb. DM 14,80; Fischer Taschenbuch Bd.
1695, DM 4,80

Der Sündenbock. Roman. Fischer Taschenbuch Bd. 469, DM
5,80

Die vollkommene Freude. Roman. Fischer Taschenbuch Bd. 1235,
DM 8,80

Winterfrühling. 1979–1982. 237 S. Ln. DM 28,–; Fischer
Taschenbuch Bd. 5797, DM 8,80

Den Wolf umarmen. 414 S., 8 S. Abb. Ln. DM 34,–; Fischer
Taschenbuch Bd. 5866, DM 9,80

Luise Rinser / Isang Yun. Der verwundete Drache. Dialog über Leben
und Werk des Komponisten. 247 S., 25 schw.-w. Abb. Ln. DM
48,–

Arno Schmidt

Abend mit Goldrand. Eine Märchenposse. 55 Bilder aus der Länd-
lichkeit für Gönner der Verschreibkunst. Faksimilewiedergabe des 216 Blätter umfassenden Original-Typoskripts im For-
mat 32,5 x 44 cm, mit 49 vom Autor in den Text gezeichneten
oder eingefügten Bildern. – Ausabe A: Ln. i. Sch. DM 268,–;
Ausgabe B: kart. i. Sch. DM 148,–; engl. Ausgabe (Evening
Edged in Gold), kart. i. Sch. DM 248,–

Alexander oder Was ist Wahrheit? 3 Erzählungen. Fischer Taschenbuch Bd. 1550*

Aus dem Leben eines Fauns. Kurzroman. 168 S. Ln. DM 22,–;
Fischer Taschenbuch Bd. 1366*

Aus julianischen Tagen. Essays. Fischer Taschenbuch Bd.
1926*

Belphegor. Nachrichten von Büchern und Menschen. 453 S. Ln.
DM 34,–

---

* Mit Rücksicht auf einen schwebenden Rechtsstreit z. Zt. nicht lieferbar.

Brand's Haide. Kurzroman. Fischer Taschenbuch Bd. 1420*
Brand's Haide. Zwei Erzählungen. 259 S. Ln. DM 24,–
Dya Na Sore. Gespräche in einer Bibliothek. 425 S. Ln. DM 32,–
Die Gelehrtenrepublik. Kurzroman aus den Roßbreiten. 225 S. Ln. DM 28,–; Fischer Taschenbuch Bd. 685*
KAFF auch Mare Crisium. Roman. 346 S. Ln. DM 38,–; Fischer Taschenbuch Bd. 1080*
Kühe in Halbtrauer. 10 Prosastücke. 347 S. Ln. DM 26,–
Leviathan. 3 Erzählungen. 116 S. Pb. DM 16,–
Leviathan und *Schwarze Spiegel*. Fischer Taschenbuch Bd. 1476*
Nachrichten aus dem Leben eines Lords. 6 Nachtprogramme. Fischer Taschenbuch Bd. 1622*
Nachrichten von Büchern und Menschen. Bd. 1: Zur Literatur des 18. Jahrhunderts. Fischer Taschenbuch Bd. 1164*
Nachrichten von Büchern und Menschen. Bd. 2: Zur Literatur des 19. Jahrhunderts. Fischer Taschenbuch Bd. 1165*
Orpheus. 5 Erzählungen. Fischer Taschenbuch Bd. 1133*
Porträt einer Klasse. Arno Schmidt zum Gedenken. Herausgegeben von Ernst Krawehl. 432 S., über 200 Abb. Ln. i. Sch. DM 98,–
Die Ritter vom Geist. Von vergessenen Kollegen. 317 S. Ln. DM 26,–
Rosen & Porree. 4 Prosastücke, nebst »Berechnungen I + II«. 308 S. Ln. DM 34,–
Die Schule der Atheisten. Novellen-Comödie in 6 Aufzügen. Faksimilewiedergabe des Großtyposkripts. 271 S. Ln. i. Sch. DM 148,–; brosch. i. Sch. DM 98,–
Schwänze. 5 Erzählungen. Fischer Taschenbuch Bd. 1742*
Seelandschaft mit Pocahontas. Erzählungen. Fischer Taschenbuch Bd. 719*

* Mit Rücksicht auf einen schwebenden Rechtsstreit z. Zt. nicht lieferbar.

Sitara und der Weg dorthin. Eine Studie über Wesen, Werk & Wirkung Karl May's. 363 S. Ln. DM 28,–; Fischer Taschenbuch Bd. 968*

Sommermeteor. 23 Kurzgeschichten. Fischer Taschenbuch Bd. 1046*

Das steinerne Herz. Historischer Roman aus dem Jahre 1954. 288 S. Ln. DM 24,–; Fischer Taschenbuch Bd. 802*

Tina / oder über die Unsterblichkeit. Tina/Dya Na Sore/Müller/Massenbach. Fischer Taschenbuch Bd. 755*

Der Triton mit dem Sonnenschirm. Großbritannische Gemütsergetzungen. 426 S. Ln. DM 32,–

Trommler beim Zaren. 42 Kurzgeschichten und Essays. 360 S. Ln. DM 28,–

Vorläufiges zu Zettels Traum. Schallpl.-Kass. mit 2 Langspielpl., Faks.-Beigaben d. gelesenen Textseiten aus Zettels Traum sowie Textheft. 30 cm ∅, 33 U/Min. DM 78,–

Über Arno Schmidt

Porträt einer Klasse. Arno Schmidt zum Gedenken. Hrsg. v. Ernst Krawehl. 432 S., über 200 Abb. Ln. i. Sch. DM 98,–

Arthur Schnitzler

Werkausgaben

Gesammelte Werke in Einzelbänden
Aphorismen und Betrachtungen. Hrsg. v. Robert O. Weiss. 520 S. Ln. i. Sch. DM 78,–; Ld. i. Sch. DM 198,–
Die Dramatischen Werke. 2 Bände. Bd. 1: 1080 S., Bd. 2: 1045 S. Ln. i. Sch. DM 148,–; Ld. i. Sch. DM 396,–

* Mit Rücksicht auf einen schwebenden Rechtsstreit z. Zt. nicht lieferbar.

Entworfenes und Verworfenes. Aus d. Nachlaß hrsg. u. eingel. v. Reinhard Urbach. 527 S. Ln. i. Sch. DM 68,–; Ld. i. Sch. 198,–

Die Erzählenden Schriften. 2 Bände. Bd. 1: 1014 S., Bd. 2: 998 S. Ln. i. Sch. DM 148,–; Ld. i. Sch. DM 396, –

Alle sechs Bände Leder in Kassette DM 998,–

Gesammelte Werke in Einzelausgaben

Das erzählerische Werk

Band 1. Die Frau des Weisen und andere Erzählungen. Fischer Taschenbuch Bd. 1960, DM 9,80

Band 2. Leutnant Gustl und andere Erzählungen. Fischer Taschenbuch Bd. 1961, DM 9,80

Band 3. Doktor Gräsler, Badearzt und andere Erzählungen. Fischer Taschenbuch Bd. 1962, DM 10,80

Band 4. Der Weg ins Freie und andere Erzählungen. Fischer Taschenbuch Bd. 1963, DM 9,80

Band 5. Casanovas Heimfahrt und andere Erzählungen. Fischer Taschenbuch Bd. 1964, DM 9,80

Band 6. Traumnovelle und andere Erzählungen. Fischer Taschenbuch Bd. 1965, DM 10,80

Band 7. Therese. Chronik eines Frauenlebens. Fischer Taschenbuch Bd. 1966, DM 9,80

Das dramatische Werk

Band 1. Liebelei und andere Dramen. Fischer Taschenbuch Bd. 1967, DM 8,80

Band 2. Reigen und andere Dramen. Fischer Taschenbuch Bd. 1968, DM 9,80

Band 3. Der grüne Kakadu und andere Dramen. Fischer Taschenbuch Bd. 1969, DM 8,80

Band 4. Der einsame Weg und andere Dramen. Fischer Taschenbuch Bd. 1970, DM 9,80

Band 5. Komtesse Mizzi und andere Dramen. Fischer Taschenbuch Bd. 1971, DM 7,80

Band 6. Professor Bernhardi und andere Dramen. Fischer Taschenbuch Bd. 1972, DM 9,80
Band 7. Fink und Fliederbusch und andere Dramen. Fischer Taschenbuch Bd. 1973, DM 7,80
Band 8. Komödie der Verführung und andere Dramen. Fischer Taschenbuch Bd. 1974, DM 7,80

Einzelausgaben

Casanovas Heimfahrt. Erzählungen. Fischer Taschenbuch Bd. 1343, DM 8,80
Jugend in Wien. Eine Autobiographie. Hrsg. v. Therese Nickl, Heinrich Schnitzler, 381 S. Ln. DM 36,–; Fischer Taschenbuch Bd. 2068, DM 11,80
Leutnant Gustl. Fräulein Else. 142 S. Geb. DM 12,80
Meisterdramen. 493 S. Ln. DM 34,–
Meistererzählungen. 527 S. Ln. DM 29,80
Reigen. Liebelei. Fischer Taschenbuch Bd. 7009, DM 6,80
Spiel im Morgengrauen. Mit 16 Ill. v. Georg Eisler. 188 S. Ln. DM 18,–
Traumnovelle. 151 S. Geb. DM 14,80

Schnitzler Lesebuch. 480 S. Geb. DM 24,–

Briefausgaben

Briefe 1875–1912. Hrsg. v. Therese Nickl, Heinrich Schnitzler. 1104 S. Ln. i. Sch. DM 98,–; Ld. DM 198,–
Briefe 1913–1931. Hrsg. v. P. M. Braunwarth, R. Miklin, S. Pertlik, H. Schnitzler. 1198 S. Ln. i. Sch. DM 98,–
Hugo von Hofmannsthal / Arthur Schnitzler. Briefwechsel. Hrsg. v. Therese Nickl, Heinrich Schnitzler. Fischer Taschenbuch Bd. 2535, DM 16,80
Adele Sandrock und Arthur Schnitzler. Geschichte einer Liebe in Briefen, Bildern und Dokumenten. Zusammengest. v. R. Wagner. Fischer Taschenbuch Bd. 5609, DM 16,80

Über Arthur Schnitzler

Arthur Schnitzler. Sein Leben – Sein Werk – Seine Zeit. Hrsg. v. Heinrich Schnitzler, Ch. Brandstätter, R. Urbach. 368 S., 324 Abb. Ln. i. Sch. DM 98,–

Arthur Schnitzler. Sein Leben und seine Zeit. Bildband. Hrsg. v. Heinrich Schnitzler, Ch. Brandstätter, R. Urbach. 144 S. Brosch. DM 29,80

Adele Sandrock und Arthur Schnitzler. Geschichte einer Liebe in Briefen, Bildern und Dokumenten. Zusammengest. v. R. Wagner. Fischer Taschenbuch Bd. 5609, DM 16,80

Renate Wagner: *Arthur Schnitzler.* Eine Biographie. Fischer Taschenbuch Bd. 5623, DM 12,80

–: *Frauen um Arthur Schnitzler.* Fischer Taschenbuch Bd. 5614, DM 8,80

Franz Werfel

Der Abituriententag. Roman. Fischer Taschenbuch Bd. 1893, DM 7,80

Eine blaßblaue Frauenschrift. Erzählung. 180 S. Geb. DM 14,80

Cella oder Die Überwinder. Versuch eines Romans. Fischer Taschenbuch Bd. 5706, DM 12,80

Erzählungen aus zwei Welten. Bd. 3. Hrsg. v. A. D. Klarmann. 472 S. Ln. DM 34,–

Die Geschwister von Neapel. Roman. 391 S. Ln. DM 30,–; Fischer Taschenbuch Bd. 1806, DM 12,80

Jakobowsky und der Oberst. Komödie einer Tragödie. Fischer Taschenbuch Bd. 7025, DM 6,80

Jeremias. Höret die Stimme. Roman. Fischer Taschenbuch Bd. 2064, DM 19,80

Das Lied von Bernadette. Roman. Fischer Taschenbuch Bd. 1621, DM 15,80

Nicht der Mörder, der Ermordete ist schuldig und andere Erzählungen. Fischer Taschenbuch Bd. 5054, DM 8,80

Stern der Ungeborenen. Ein Reiseroman. Fischer Taschenbuch Bd.
2063, DM 19,80
Der Tod des Kleinbürgers und andere Erzählungen. Fischer
Taschenbuch Bd. 2060, DM 9,80
Verdi. Roman der Oper. 435 S. Ln. DM 29,80; Fischer Taschenbuch Bd. 2061, DM 9,80
Der veruntreute Himmel. Die Geschichte einer Magd. Roman.
256 S. Ln. DM 26,–; Fischer Taschenbuch Bd. 5053, DM
10,80
Die vierzig Tage des Musa Dagh. Roman. Fischer Taschenbuch Bd.
2062, DM 19,80

Thornton Wilder

Der achte Schöpfungstag. Roman. Fischer Taschenbuch Bd. 1444,
DM 11,80
Die Alkestiade. Schauspiel. Fischer Taschenbuch Bd. 7076, DM
7,80
Die Brücke von San Luis Rey. Roman. 171 S. Geb. DM 14,80;
Fischer Taschenbuch Bd. 1, DM 4,80
Die Cabala. Roman. 262 S. Ln. DM 28,–
Drei Romane. Die Cabala. Die Iden des März. Die Brücke von San
Luis Rey. 495 S. Ln. DM 28,–
Einakter und Dreiminutenspiele. Fischer Taschenbuch Bd. 7066,
DM 8,80
Die Frau aus Andros. Roman. 128 S. Geb. 14,80
Dem Himmel bin ich auserkoren. Roman. Fischer Taschenbuch Bd.
5316, DM 9,80
Die Iden des März. Roman. 303 S. Geb. DM 16,80; Fischer
Taschenbuch Bd. 1638, DM 7,80
Theophilus North oder Ein Heiliger wider Willen. Roman. 400 S. Ln.
DM 16,80; Fischer Taschenbuch Bd. 1826, DM 8,80
Unsere kleine Stadt. Schauspiel in drei Akten. Fischer Taschen-
buch Bd. 7022, DM 4,80

Wir sind noch einmal davongekommen. Schauspiel in drei Akten. Fischer Taschenbuch Bd. 7029, DM 4,80

Thornton Wilder Lesebuch. 460 S. Geb. DM 18,–

Virginia Woolf

Augenblicke. Skizzierte Erinnerungen. Fischer Taschenbuch Bd. 5789, DM 8,80

Die Dame im Spiegel und andere Erzählungen. Fischer Taschenbuch Bd. 1984, DM 6,80

Die Fahrt zum Leuchtturm. Roman. 255 S. Geb. DM 16,80; Fischer Taschenbuch Bd. 2119, DM 8,80

Flush. Die Geschichte eines berühmten Hundes. 176 S. Geb. DM 16,80; Fischer Taschenbuch Bd. 2122, DM 4,80

Jacobs Raum. Roman. 232 S. Ln. DM 32,–; Fischer Taschenbuch Bd. 5870, DM 9,80

Die Jahre. Roman. Fischer Taschenbuch Bd. 2120, DM 8,80

Mrs. Dalloway. Roman. 240 S. Geb. DM 16,80; Fischer Taschenbuch Bd. 1982, DM 7,80

Nacht und Tag. Roman. 647 S. Geb. DM 44,–; Fischer Taschenbuch Bd. 5869, DM 16,80

Orlando. Eine Biographie. Fischer Taschenbuch Bd. 1981, DM 8,80

Die Wellen. Roman. Fischer Taschenbuch Bd. 2121, DM 8,80

Ein Zimmer für sich allein. Fischer Taschenbuch Bd. 2116, DM 6,80

Zwischen den Akten. Roman. Fischer Taschenbuch Bd. 1983, DM 6,80

Über Virginia Woolf

George Spater/Ian Parsons: *Porträt einer ungewöhnlichen Ehe.* Virginia & Leonard Woolf. Fischer Taschenbuch Bd. 2221, DM 10,80

Carl Zuckmayer

Als wär's ein Stück von mir. Horen der Freundschaft. 654 S., 155 Abb., 8 S. Faks. Ln. DM 38,–; Fischer Taschenbuch Bd. 1049, DM 14,80

Aufruf zum Leben. Porträts und Zeugnisse aus bewegten Zeiten. 384 S. Ln. DM 36,–; Fischer Taschenbuch Bd. 5214, DM 8,80

Einmal, wenn alles vorüber ist. Briefe an Kurt Grell, Gedichte, Dramen, Prosa aus den Jahren 1914-1920. 239 S., 8 S. Abb. Ln. DM 36,–

Engele von Löwen und andere Erzählungen. Fischer Taschenbuch Bd. 2536, DM 6,80

Die Fastnachtsbeichte. Eine Erzählung. 242 S. Geb. DM 16,80; Fischer Taschenbuch Bd. 1599, DM 5,80

Der fröhliche Weinberg. Schinderhannes. Zwei Stücke. Fischer Taschenbuch Bd. 7007, DM 4,80

Gedichte. 219 S. Ln. DM 22,–

Der Hauptmann von Köpenick. Ein deutsches Märchen in drei Akten. Fischer Taschenbuch Bd. 7002, DM 4,80

Herr über Leben und Tod. Fischer Taschenbuch Bd. 6, DM 5,80

Die langen Wege. Ein Stück Rechenschaft. Fischer Taschenbuch Bd. 5829, DM 6,80

Das Leben des Horace A. W. Tabor. Ein Stück aus den Tagen der letzten Könige. 153 S. Brosch. DM 15,–

Eine Liebesgeschichte. 99 S. Geb. DM 12,80; Fischer Taschenbuch Bd. 1560, DM 4,80

Meisterdramen. 592 S. Ln. DM 36,–

Rembrandt. Ein Film. Fischer Taschenbuch Bd. 2296, DM 6,80

Salwàre oder die Magdalena von Bozen. Roman. 252 S. Ln. DM 24,–; Fischer Taschenbuch Bd. 5729, DM 10,80

Der Seelenbräu. Erzählung. Fischer Taschenbuch Bd. 140, DM 6,80

Sitting Bull. Ein Indianer-Roman und einige Geschichten. Fischer Taschenbuch Bd. 5828, DM 6,80

Des Teufels General. Drama in drei Akten. Fischer Taschenbuch Bd. 7019, DM 6,80
Ein voller Erdentag. Drei Essays. Fischer Taschenbuch Bd. 5830, DM 9,80

Über Carl Zuckmayer

Carl Zuckmayer. Das Bühnenwerk im Spiegel der Kritik. Hrsg. v. B. Glauert. 417 S., 59 Abb., Reg. Ln. DM 38,‹
Carl Zuckmayer '78. Ein Jahrbuch. 400 S. Brosch. DM 32,–
Alice Herdan-Zuckmayer: *Die Farm in den grünen Bergen.* 320 S. Geb. DM 18,80; Fischer Taschenbuch Bd. 142, DM 7,80
–: *Das Scheusal.* Die Geschichte einer sonderbaren Erbschaft. 200 S. Geb. DM 16,80; Fischer Taschenbuch Bd. 1528, DM 6,80
Arnold John Jacobius: *Carl Zuckmayer. Eine Bibliographie 1917–1971.* Ab 1955 fortgeführt und auf den jüngsten Stand gebracht von Harro Kieser. 344 S. Pb. DM 28,–

Stefan Zweig

Werkausgabe

Gesammelte Werke in Einzelbänden. Herausgegeben und mit Nachbemerkungen versehen von Knut Beck
Kassette I: *Maria Stuart/Marie Antoinette/Triumph und Tragik des Erasmus von Rotterdam/Joseph Fouché/Ungeduld des Herzens/Die Welt von Gestern/Der Kampf mit dem Dämon/Drei Dichter ihres Lebens/Drei Meister/Sternstunden der Menschheit.* 10 Bände. 3499 S. Ln. i. Kass. DM 250,–
Kassette II: *Rausch der Verwandlung/Phantastische Nacht/Die Heilung durch den Geist/Tersites. Jeremias/Silberne Saiten.* 5 Bände. 1594 S. Ln. i. Kass. DM 128,–
Kassette III: *Verwirrung der Gefühle/Magellan/Die schlaflose Welt/Begegnungen mit Büchern/Rhythmen.* 5 Bände. 1507 S. Ln. i. Kass. DM 148,–

Kassette IV: *Der Amokläufer/Emile Verhaeren/Das Lamm des Armen/ Das Geheimnis des künstlerischen Schaffens/Tagebücher.* 5 Bände. 2092 S. Ln. i. Kass. DM 168,–

Alle Bände dieser Kassetten sind auch einzeln lieferbar (s. u. Einzelausgaben). Die Ausgabe wird fortgesetzt.

Einzelausgaben

Der Amokläufer. Erzählungen. 204 S. Ln. DM 28,–
Balzac. Roman. Hrsg. u. Nachw. v. Richard Friedenthal. 430 S. Ln. DM 28,–; Fischer Taschenbuch Bd. 2183, DM 9,80
Begegnungen mit Büchern. Aufsätze und Einleitungen aus den Jahren 1902–1939. 248 S. Ln. DM 28,–; Fischer Taschenbuch Bd. 2292, DM 9,80
Ben Jonsons »Volpone«. Fischer Taschenbuch Bd. 2293, DM 7,80
Brief einer Unbekannten. Die Hochzeit von Lyon. Der Amokläufer. Drei Erzählungen. 158 S. Geb. DM 16,80
Castellio gegen Calvin oder Ein Gewissen gegen die Gewalt. Fischer Taschenbuch Bd. 2295, DM 10,80
Drei Dichter ihres Lebens. Casanova, Stendhal, Tolstoi. 336 S. Ln. DM 26,–; Fischer Taschenbuch Bd. 2290, DM 10,80
Drei Meister. Balzac, Dickens, Dostojewski. 192 S. Ln. DM 20,–; Fischer Taschenbuch Bd. 2289, DM 7,80
Emile Verhaeren. 425 S. Ln. DM 34,–
Erstes Erlebnis. Vier Geschichten aus Kinderland. 223 S. Geb. DM 14,80
Europäisches Erbe. Fischer Taschenbuch Bd. 2284, DM 7,80
Das Geheimnis des künstlerischen Schaffens. Essays. 381 S. Ln. DM 38,–
Das Geheimnis des künstlerischen Schaffens. Fischer Taschenbuch Bd. 2288, DM 8,80
Ein Gewissen gegen die Gewalt. Castellio gegen Calvin. 208 S. Geb. DM 28,–; Fischer Taschenbuch Bd. 2295, DM 10,80

Die Heilung durch den Geist. Mesmer, Mary Baker-Eddy, Freud.
397 S. Ln. DM 34,–; Fischer Taschenbuch Bd. 2300, DM
12,80
Die Hochzeit von Lyon und andere Erzählungen. Fischer Taschen-
buch Bd. 2281, DM 7,80
Joseph Fouché. Bildnis eines politischen Menschen. 288 S., 8 S.
Abb. Ln. DM 24,–; Fischer Taschenbuch Bd. 1915, DM 9,80
Der Kampf mit dem Dämon. Hölderlin, Kleist, Nietzsche. 304 S.
Ln. DM 24,–; Fischer Taschenbuch Bd. 2282, DM 9,80
Länder, Städte, Landschaften. Fischer Taschenbuch Bd. 2286, DM
8,80
Das Lamm des Armen und andere Dramen. 422 S. Ln. DM 38,–
Legenden. 239 S. Geb. DM 14,80
Magellan. Der Mann und seine Tat. 318 S., 36 S. Abb. Ln. DM
36,–; Fischer Taschenbuch Bd. 5356, DM 10,80
Maria Stuart. 408 S., 8 S. Abb. Ln. DM 34,–; Fischer Taschen-
buch Bd. 1714, DM 13,80
Marie Antoinette. Bildnis eines mittleren Charakters. 592 S., 8 S.
Abb. Ln. DM 38,–; Fischer Taschenbuch Bd. 2220, DM 14,80
Menschen und Schicksale. Fischer Taschenbuch Bd. 2285, DM 8,80
Phantastische Nacht. Sechs Erzählungen. 255 S. Ln. DM 28,–;
Fischer Taschenbuch Bd. 5703, DM 9,80
Rausch der Verwandlung. Roman aus dem Nachlaß. 329 S. Ln. DM
32,–; Fischer Taschenbuch Bd. 5874, DM 9,80
Rhythmen. Nachdichtungen. 233 S. Ln. DM 28,–
Schachnovelle. 127 S. Geb. DM 14,80; Fischer Taschenbuch Bd.
1522, DM 4,80
Die schlaflose Welt. Aufsätze und Vorträge aus den Jahren 1909–
1941. 299 S. Ln. DM 28,–
Silberne Saiten. Gedichte. 245 S. Ln. DM 28,–
Sternstunden der Menschheit. Zwölf historische Miniaturen. 256 S.
Ln. DM 22,–, Pb. DM 22,–; Fischer Taschenbuch Bd. 595,
DM 7,80
Tagebücher. 660 S. Ln. DM 48,–
Tersites. Jeremias. Zwei Dramen. 368 S. Ln. DM 34,–

Triumph und Tragik des Erasmus von Rotterdam. 192 S. Ln. DM 20,–;
    Fischer Taschenbuch Bd. 2279, DM 7,80
Ungeduld des Herzens. Roman. 463 S. Ln. DM 34,–; Fischer
    Taschenbuch Bd. 1679, DM 10,80
Verwirrung der Gefühle. Acht Erzählungen. 373 S. Ln. DM 34,–;
    Fischer Taschenbuch Bd. 5790, DM 9,80
Vierundzwanzig Stunden aus dem Leben einer Frau. Novelle. 96 S.
    Geb. DM 12,80
Die Welt von Gestern. Erinnerungen eines Europäers. 464 S. Ln.
    DM 36,–; Fischer Taschenbuch Bd. 1152, DM 11,80
Zeit und Welt. Fischer Taschenbuch Bd. 2287, DM 8,80

Das Stefan Zweig Buch. Zusammengestellt von Knut Beck. 408 S.
    Geb. DM 25,–

Briefausgaben:

Briefe an Freunde. Hrsg. u. eingel. v. Richard Friedenthal. Fischer
    Taschenbuch Bd. 5362, DM 14,80
Stefan Zweig / Paul Zech. Briefe 1910–1942. Hrsg. v. Donald G.
    Daviau. Fischer Taschenbuch Bd. 5911, ca. DM 12,80 (Früh-
    jahr 1986)
Friderike Zweig / Stefan Zweig. Unrast der Liebe. Ihr Leben und ihre
    Zeit im Spiegel ihres Briefwechsels. Fischer Taschenbuch Bd.
    5366, DM 12,80

Über Stefan Zweig

Der große Europäer Stefan Zweig. Hrsg. v. Hanns Arens. Fischer
    Taschenbuch Bd. 5098, DM 8,80
Donald A. Prater: *Stefan Zweig.* Das Leben eines Ungeduldigen.
    Fischer Taschenbuch Bd. 5619, DM 14,80
Friderike Zweig: *Spiegelungen des Lebens.* Fischer Taschenbuch Bd.
    5639, DM 12,80

Publikationen zur Verlagsgeschichte

Gottfried Bermann Fischer: *Bedroht – Bewahrt.* Weg eines Verlegers. 428 S., 6 Falttaf. Ln. DM 38,–; Fischer Taschenbuch Bd. 1169, DM 9,80

In memoriam S. Fischer. Hrsg. v. Brigitte und Gottfried Bermann Fischer. 152 S. Ln. DM 25,–

Thomas Mann: *Briefwechsel mit seinem Verleger Gottfried Bermann Fischer.* Hrsg. v. Peter de Mendelssohn. 891 S. Ln. DM 88,–; Fischer Taschenbuch Bd. 1566, DM 13,60

Peter de Mendelssohn: *S. Fischer und sein Verlag.* 1487 S. Ln. i. Sch. DM 88,–

S. Fischer, Verlag. Von der Gründung bis zur Rückkehr aus dem Exil. Eine Ausstellung des Deutschen Literaturarchivs im Schiller-Nationalmuseum Marbach am Neckar. Katalog. Ausstellung und Katalog: Friedrich Pfäfflin und Ingrid Kussmaul. 784 S. Brosch. DM 48,–

In Vorbereitung

Samuel Fischer/Hedwig Fischer und ihre Autoren. Briefe. Hrsg. v. Pierre Bertaux

Gottfried Bermann Fischer/Brigitte Bermann Fischer und ihre Autoren. Briefe. Hrsg. v. Pierre Bertaux

Der S. Fischer Verlag 1886–1986. Eine Bibliographie. Bearbeitet u. hrsg. v. Knut Beck

Quellenhinweise

Ilse Aichinger	*Foto:* Hilde Zemann
Raymond Aron	*Foto:* Studio Lipnitzki, Paris
Paul Celan	*Foto:* Gisèle Celan-Lestrange
Joseph Conrad	Briefzitat entnommen aus: Frederick R. Karl: Joseph Conrad. Eine Biographie. Hoffmann und Campe Verlag, Hamburg 1983. Zitat Virginia Woolfs entnommen aus: Das Joseph Conrad Buch. S. Fischer Verlag 1982.
Ernest Hemingway	Glücklich wie die Könige. Ausgewählte Briefe 1917–1961. Herausgegeben von Carlos Baker. Rowohlt Verlag, Reinbek 1984. *Foto:* Editions du Seuil, Paris
Albrecht Goes	*Foto:* Hartmut Schwenk
Hermann Hesse	*Foto:* Suhrkamp Verlag, Frankfurt am Main
Max Horkheimer und Theodor W. Adorno	*Fotos:* Digne Meller Markovicz
Franz Kafka	*Zeichnungen:* Klaus Wagenbach, Berlin
Reiner Kunze	*Foto:* Peter Lillebø
Golo Mann	Peter de Mendelssohn: Golo Mann/ Wallenstein. In: Neue Rundschau, 83. Jg. (1972), Heft 2. *Abbildung Wallenstein:* Archiv für Kunst und Geschichte, Berlin
Henri Michaux	*Foto:* Gisèle Freund
Boris Pasternak	*Foto:* Cornell Capa, Magnum Photos
Francis Ponge	*Foto:* André Bonin

Walther Rathenau	*Abbildung:* Märkisches Museum, Berlin
Luise Rinser	*Foto:* Modeste von Unruh
Arno Schmidt	*Foto:* Kai Geiser
Arthur Schnitzler	Briefe 1913–1931. Herausgegeben von Peter Michael Braunwarth, Richard Miklin, Susanne Pertlik und Heinrich Schnitzler. S. Fischer Verlag 1984. Tagebuch. Unter Mitarbeit von Peter Michael Braunwarth u. a. herausgegeben von der Kommission für literarische Gebrauchsformen der Österreichischen Akademie der Wissenschaften. Bd. 2: 1913–1916. Verlag der Österreichischen Akademie der Wissenschaften, Wien 1983. *Abbildung Casanova:* Ullstein
Bruno Walter	*Foto:* Roger Hauert
Thornton Wilder	*Foto:* Fritz Eschen
Virginia Woolf	Tagebuchauszüge in: Neue Rundschau, 66. Jg. (1955), Heft 1. *Grafik:* Nach einer Gouache von Klaus Böttger, Wiesbaden 1984.
Carl Zuckmayer	Carl Zuckmayer/Karl Barth: Späte Freundschaft in Briefen. Theologischer Verlag Zürich 1977. Carl J. Burckhardt: Für Carl Zuckmayer. In: Neue Rundschau, 77. Jg. (1966), Heft 4.

Alle weiteren Abbildungen stammen aus dem Archiv des S. Fischer Verlags, Frankfurt am Main